LES
AUTEURS GRECS

EXPLIQUÉS D'APRÈS UNE MÉTHODE NOUVELLE

PAR DEUX TRADUCTIONS FRANÇAISES

L'UNE LITTÉRALE ET JUXTALINÉAIRE PRÉSENTANT LE MOT A MOT FRANÇAIS
EN REGARD DES MOTS GRECS CORRESPONDANTS
L'AUTRE CORRECTE ET PRÉCÉDÉE DU TEXTE GREC

avec des arguments et des notes

PAR UNE SOCIÉTÉ DE PROFESSEURS

ET D'HELLÉNISTES

PLATON

RÉPUBLIQUE

HUITIÈME LIVRE

EXPLIQUÉ LITTÉRALEMENT

ET TRADUIT EN FRANÇAIS

PAR B. AUBÉ

Professeur de philosophie au lycée Condorcet

PARIS

LIBRAIRIE HACHETTE ET Cie
79, BOULEVARD SAINT-GERMAIN, 79

LES

AUTEURS GRECS

EXPLIQUÉS D'APRÈS UNE MÉTHODE NOUVELLE

PAR DEUX TRADUCTIONS FRANÇAISES

Cet ouvrage a été expliqué littéralement et traduit en français par M. B. Aubé, professeur de rhétorique au lycée Condorcet.

10400. — Imprimerie A. Lahure, rue de Fleurus, 9, à Paris.

LES
AUTEURS GRECS

EXPLIQUÉS D'APRÈS UNE MÉTHODE NOUVELLE

PAR DEUX TRADUCTIONS FRANÇAISES

UNE LITTÉRALE ET JUXTALINÉAIRE PRÉSENTANT LE MOT A MOT FRANÇAIS
EN REGARD DES MOTS GRECS CORRESPONDANTS
L'AUTRE CORRECTE ET PRÉCÉDÉE DU TEXTE GREC

avec des arguments et des notes

PAR UNE SOCIÉTÉ DE PROFESSEURS

ET D'HELLÉNISTES

———

PLATON
RÉPUBLIQUE

HUITIÈME LIVRE

———

PARIS
LIBRAIRIE HACHETTE ET Cie
79, BOULEVARD SAINT-GERMAIN, 79
———
1884

AVIS

On a réuni par des traits les mots français qui traduisent un seul mot grec.

On a imprimé en *italique* les mots qu'il était nécessaire d'ajouter pour rendre intelligible la traduction littérale, et qui n'ont pas leur équivalent dans le grec.

Enfin, les mots placés entre parenthèses, dans le français, doivent être considérés comme une seconde explication, plus intelligible que la version littérale.

ARGUMENT ANALYTIQUE

DES DIX-NEUF CHAPITRES DE LA RÉPUBLIQUE.

I. La forme politique la plus parfaite est celle qui comporte et réalise l'unité et l'harmonie les plus pures. C'est le gouvernement, où le meilleur en l'homme, à savoir la raison, exerce la souveraineté, soit par un seul (monarchie), soit par plusieurs (aristocratie). Toutes les autres formes politiques sont défectueuses quoique inégalement, car l'unité est le mieux, et le mieux est unique. Or les autres formes politiques défectueuses sont, en allant du moins mauvais au pire : 1° le gouvernement dont celui de la Crète ou de Sparte offre un spécimen, la timocratie ou, en considérant le principe moral de cet État, la thymarchie (où le θυμός domine) ; 2° l'oligarchie ; 3° la démocratie ; 4° la tyrannie.

II. Les formes politiques correspondent à autant de caractères moraux d'où elles découlent, car elles ne sont pas tombées du ciel toutes faites. On a traité du gouvernement parfait et du caractère moral individuel qui y répond. On se propose d'étudier les autres types politiques et moraux afin d'opposer l'extrême injustice à la justice parfaite et de montrer par suite combien celle-ci nous rend heureux et celle-là malheureux. On procédera synthétiquement dans cette étude en commençant par les caractères de l'État avant de passer aux traits de l'individu.

III. *Origine de la timocratie.* — Elle est une déchéance ou une corruption du gouvernement parfait, une rupture d'unité née de quelque division qui se sera produite parmi ceux qui ont le pouvoir. Explication mythique par le nombre nuptial. Altération des mœurs par suite de mariages mal assortis et de fâcheux mélanges des races d'or, d'argent, de fer et d'airain. La gymnastique prend le pas sur la musique ; le goût des richesses s'introduit ; la propriété individuelle et l'esclavage sont institués.

IV. *Caractères généraux ou mœurs de la timocratie.* — C'est une forme politique intermédiaire entre l'aristocratie et l'oligarchie. Ce qu'elle retient de l'aristocratie ; ce qu'elle possède en propre ; ce par quoi elle se rapproche de l'oligarchie. On respecte encore la loi, mais on cherche à l'éluder, on ruse avec elle. L'ambition et la brigue dominent. La raison n'est pas étouffée, mais le θυμός tend à prendre le pas sur elle. La gymnastique et la guerre sont plus estimées que les exercices auxquels les Muses président et que les arts de la paix.

V. *L'homme timocratique. Son caractère, de quelle manière il se forme.* — Fils d'un homme de bien et d'une mère ambitieuse, jalouse, féconde en récriminations sur la mollesse de son mari et l'indifférence qu'il montre à l'endroit du pouvoir, tiré en sens contraire par les discours de sa mère et de ses serviteurs, et d'autre part par les discours et les pratiques de son père, il prend, entre le parti de la raison et celui des appétits vulgaires, un certain milieu et livre le gouvernement de son âme au principe intermédiaire (τὸ θυμοειδές).

VI. *Comment la démocratie dégénère en oligarchie.* — La maxime générale est de s'enrichir. Le prix de la vertu baisse à mesure qu'on estime davantage la fortune. L'esprit d'ambition et d'intrigue laisse la place à la cupidité et à l'avarice, et une loi assure le pouvoir aux riches à l'exclusion des pauvres. Défauts de l'oligarchie : son principe même où la richesse remplace le mérite et la vertu. Deux états rivaux et ennemis divisent l'État, les riches et les pauvres. Impuissance de ce gouvernement à faire la guerre sans courir cette alternative ou d'armer la multitude des pauvres et de se mettre à leur merci, ou de n'avoir pas assez de soldats ni assez d'argent, vu l'avarice de ceux qui possèdent.

VII. *Défauts de l'oligarchie (suite).* — Chacun peut vendre et aliéner son bien ou acheter celui des autres, et ceux qui se sont ainsi dépouillés demeurent dans l'État sans y remplir aucune fonction utile, réduits au seul titre de pauvres et d'indigents. Auparavant, ils n'étaient que des dissipateurs inutiles à la société, ils sont devenus des frelons, fléau de l'État, comme les frelons ailés de la ruche. De ces frelons à deux pieds, les uns, sans aiguillon, sont des mendiants ; les autres, armés d'aiguillon, des malfaiteurs, le tout par suite de l'ignorance, de la mauvaise éducation et du principe du gouvernement.

VIII. *L'homme oligarchique. Comment il se forme.* — Le citoyen de la timocratie s'est jeté dans les affaires publiques et les luttes de l'ambition, mais bientôt il s'est brisé contre l'État. Il a été calomnié, accusé, envoyé en exil, dépouillé de ses biens, noté d'infamie ou mis à mort. Son fils devant cet exemple, pris de découragement et humilié par la pauvreté, laisse les nobles ambitions et ne songe qu'à amasser de l'argent. Devant l'appétit de la fortune, il abaisse la raison et le courage, ou ne les emploie qu'à s'enrichir de toute manière.

IX. *L'homme oligarchique (suite). Son caractère.* — Il place les richesses avant toute autre chose, n'accorde à la nature que la satisfaction des désirs nécessaires, est sordide et ne songe qu'à thésauriser. Il y a en lui des désirs qui sont de la nature des frelons, les uns qui sont comme des mendiants, les autres comme des malfaiteurs, mais le plus souvent il ne cède pas à ces derniers, non par raison, mais par crainte.

X. *Origine de la démocratie.* — L'oligarchie se change en démocratie par l'exagération de son principe. Les chefs laissent la dissipation et le libertinage se donner carrière, d'où naît l'accroissement des pauvres, naturellement ennemis de ceux qui ont acquis leurs biens, nulle loi n'empêchant l'aliénation des propriétés ni l'usure. Or dans les occasions où les comparaisons se peuvent faire, les pauvres s'aperçoivent que les riches qui gouvernent sont bien peu de chose : alors, au moindre prétexte, la discorde éclate ; les riches sont chassés ou se retirent, et les pauvres s'installent à leur place et se partagent le pouvoir.

XI. *Caractère et mœurs de la démocratie.* — La pleine liberté de parler et d'agir règne dans cet État, d'où une confusion prodigieuse de mœurs et de caractère, si bien que la démocratie est moins un gouvernement qu'une foire de gouvernements. Chacun jouit du plaisir de faire ce qu'il veut, est ou n'est pas, comme il l'aime mieux, magistrat, juge ou soldat. La plus extrême indulgence pour les crimes y sévit et le plus sublime dédain de ce qu'on appelle principes. L'essentiel pour parvenir est de se dire ami du peuple.

XII. *L'homme démocratique. Comment il se forme.* — Distinction des désirs nécessaires et des désirs superflus ; les premiers qu'il faut satisfaire pour maintenir la vie, la santé, la vigueur du corps et l'activité, les seconds qui portent à des objets dont on peut et dont on doit savoir se passer.

XIII. *L'homme démocratique, sa formation et son caractère.* — Le jeune homme nourri dans l'amour du gain se laisse aller aux désirs superflus en dépit des remontrances de son père et de ses proches. Ces appétits grandissent, se multiplient, s'emparent du gouvernement de son âme, en chassent avec mépris les vertus et y installent des vices sous de beaux noms.

Alors, sans distinguer les appétits, il se livre aux uns et aux autres, établissant lui aussi une sorte d'égalité entre des choses inégales, ne faisant nulle différence entre les plaisirs, les cultivant tour à tour à sa fantaisie et vivant au jour le jour sans ordre, sans cohérence et sans unité.

XIV. *Origine et formation de la tyrannie.* — Le désir insatiable de la liberté et le mépris de tout le reste perd la démocratie et produit la tyrannie. Dans la démocratie les chefs facilement suspects. L'obéissance aux magistrats, taxée de servilité. Tout le monde veut être le maître. Le fils désapprend le respect filial, le père la dignité et la tenue. Le maître se fait le camarade de son élève. Les esclaves, les animaux mêmes, sont indociles et plus émancipés qu'ailleurs. Les lois écrites et les lois naturelles sont méprisées : on n'admet aucun frein.

XV. *Formation de la tyrannie (suite).* — L'extrême liberté engendre l'extrême servitude, car tout excès amène d'ordinaire l'excès contraire.

La foule des frelons armés d'aiguillon et des frelons sans aiguillon qui se sont formés peu à peu dans l'oligarchie, augmente et ruine bientôt la démocratie.

XVI. *Formation de la tyrannie (suite).* — La démocratie comprend trois classes : les frelons qui gouvernent ; le menu peuple qui travaille ; les riches qui servent de proie aux uns et aux autres. Les riches, attaqués, dépouillés, forment un parti. Contre eux la démocratie s'arme, confiant ses intérêts et le soin de la défendre à un protecteur. Alors naissent les mises en accusation et, à leur suite, les factions et les complots. Le protecteur menacé demande des gardes pour sa sûreté, les obtient du peuple qui ne craint rien pour lui-même, se guinde alors sur le char de l'État, opprime tout le monde et de protecteur se fait tyran.

XVII. *Conduite et caractère du tyran.* — Premières séductions pour gagner la multitude, affabilité, belles promesses, largesses aux dépens des riches, mesures populaires. Recours à la guerre extérieure pour trois raisons : 1° pour qu'on ait toujours besoin de lui ; 2° pour que les citoyens appauvris par les impôts ne songent qu'à leurs besoins de chaque jour ; 3° pour se défaire de ceux dont il redoute l'indépendance et la fierté. Ceux de ses anciens partisans qui sont mécontents sont mis à mort. Il purge l'État des plus honnêtes et des meilleurs citoyens.

XVIII. *Conduite et caractère du tyran (suite).* — S'étant rendu odieux et insupportable à ceux qui valent quelque chose, et même à tous, le tyran s'entoure d'une garde composée d'étrangers de tous les pays et d'esclaves qu'il a affranchis. De cette tourbe d'homme perdus, délaissé des bons, il fait ses familiers et ses amis. Les poètes tragiques qui vantent les tyrans et leur cour ne savent vraiment pas ce qu'ils disent.

XIX. *Conduite et caractère du tyran (suite).* — Pour nourrir et satisfaire ses satellites nombreux et incessamment renouvelés, le tyran commence par dépouiller les temples de leurs richesses, ensuite il pille le peuple lui-même, et si celui-ci se plaint et prétend le faire rentrer dans l'ordre, il lui montre qu'il est le plus fort. Ainsi, pour éviter la dépendance des hommes libres, le peuple est tombé dans la servitude des esclaves.

ΠΟΛΙΤΕΙΑΣ

ΔΙΑΛΟΓΟΣ ΟΓΔΟΟΣ.

I. ΣΩΚΡΑΤΗΣ. Εἶεν· ταῦτα μὲν δὴ ὡμολόγηται, ὦ Γλαύκων, τῇ μελλούσῃ ἄκρως οἰκεῖν πόλει κοινὰς μὲν γυναῖκας, κοινοὺς δὲ παῖδας εἶναι καὶ πᾶσαν παιδείαν, ὡσαύτως δὲ τὰ ἐπιτηδεύματα κοινὰ ἐν πολέμῳ τε καὶ εἰρήνῃ, βασιλέας δὲ αὐτῶν εἶναι
τοὺς ἐν φιλοσοφίᾳ τε καὶ πρὸς τὸν πόλεμον γεγονότας ἀρίστους.

ΓΛΑΥΚΩΝ. Ὡμολόγηται, ἔφη.

ΣΩΚΡΑΤΗΣ. Καὶ μὴν καὶ τάδε ξυνεχωρήσαμεν, ὡς, ὅταν δὴ
καταστῶσιν οἱ ἄρχοντες, ἄγοντες τοὺς στρατιώτας κατοικιοῦσιν εἰς

I. SOCRATE. Fort bien. C'est donc une chose reconnue entre
nous, mon cher Glaucon, que, dans un État qui veut être parfait,
tout doit être commun, les femmes, les enfants, l'éducation, les
exercices qui se rapportent à la paix et à la guerre, et qu'il faut
lui donner pour chefs des hommes consommés dans la philosophie
et dans l'art militaire.

GLAUCON. Oui.

SOCRATE. Nous sommes convenus aussi qu'après leur institu-
tion, les chefs iront avec les guerriers qu'ils commandent, habiter

HUITIÈME LIVRE.

I. ΣΩΚΡΑΤΗΣ. Εἶεν·
ταῦτα μὲν δὴ
ὡμολόγηται,
ὦ Γλαύκων,
εἶναι τῇ πόλει μελλούσῃ
οἰκεῖν ἄκρως
μὲν γυναῖκας κοινάς,
παῖδας δὲ κοινοὺς
καὶ πᾶσαν παιδείαν
ὡσαύτως δὲ κοινά,
τὰ ἐπιτηδεύματα
ἐν πολέμῳ τε καὶ εἰρήνῃ
τοὺς δὲ γεγονότας
ἀρίστους
ἐν φιλοσοφίᾳ τε
καὶ πρὸς τὸν πόλεμον
εἶναι
βασιλέας αὐτῶν
   ΓΛΑΥΚΩΝ.
Ὡμολόγηται,
ἔφη.
   ΣΩΚΡΑΤΗΣ. Καὶ μὴν
ξυνεχωρήσαμεν
καὶ τάδε, ὡς,
ὅταν δὴ οἱ ἄρχοντες
καταστῶσιν
ἄγοντες τοὺς στρατιώτας
κατοικιοῦσιν

I. SOCRATE. Soit ;
ces choses d'une part certes
ont été convenues,
ô Glaucon,
qu'il-y-ait pour la cité qui-doit
être organisée parfaitement
d'une part femmes communes,
d'autre part enfants communs
et toute éducation *commune*,
et également communs
les exercices
et en guerre et en paix
et ceux qui-sont
les meilleurs,
et dans la philosophie
et sous-le-rapport-de la guerre
être (qu'ils soient)
rois (chefs) d'eux.
   GLAUCON.
Ces choses ont été convenues,
dit-il.
   SOCRATE. Et certes
nous avons accordé-ensemble
aussi ces choses, que,
après que les chefs
auront été établis,
conduisant les soldats
ils *les* installeront

οἰκήσεις οἵας προείπομεν, ἴδιον μὲν οὐδὲν οὐδενὶ ἐχούσας, κοινὰς δὲ πᾶσι· πρὸς δὲ ταῖς τοιαύταις οἰκήσεσι καὶ τὰς κτήσεις, εἰ μνημονεύεις, διωμολογησάμεθά που οἷαι ἔσονται αὐτοῖς.

ΓΛΑΥΚΩΝ. Ἀλλὰ μνημονεύω, ἔφη, ὅτι γε οὐδὲν οὐδένα ᾠόμεθα δεῖν κεκτῆσθαι ὧν νῦν οἱ ἄλλοι, ὥσπερ δὲ ἀθλητάς τε πολέμου καὶ φύλακας, μισθὸν τῆς φυλακῆς δεχομένους εἰς ἐνιαυτὸν τὴν εἰς ταῦτα τροφὴν παρὰ τῶν ἄλλων, αὐτῶν τε δεῖν καὶ τῆς ἄλλης πόλεως ἐπιμελεῖσθαι.

ΣΩΚΡΑΤΗΣ. Ὀρθῶς, ἔφην, λέγεις. Ἀλλ' ἄγε, ἐπειδὴ τοῦτ' ἀπετελέσαμεν, ἀναμνησθῶμεν, πόθεν δεῦρο ἐξετραπόμεθα, ἵνα πάλιν τὴν αὐτὴν ἴωμεν.

dans des maisons telles que nous avons dit, communes à tous, et où personne n'aura rien en propre. Outre le logement, tu te rappelles peut-être ce que nous avons réglé sur les propriétés de ces guerriers.

GLAUCON. Oui, je me souviens que nous n'avons pas jugé à propos qu'aucun d'eux possédât quoi que ce soit, comme les guerriers d'aujourd'hui; mais que, se regardant comme autant d'athlètes destinés à combattre et à veiller pour le bien public, ils devaient pourvoir à leur sûreté et à celle de leurs concitoyens, et recevoir annuellement des autres, pour prix de leurs services, ce qui leur était nécessaire pour leur nourriture.

SOCRATE. Bien. Mais, puisque nous avons tout dit sur ce point rappelons-nous l'endroit où nous en étions, lorsque nous sommes entrés dans cette digression, afin de reprendre notre première voie.

εἰς οἰκήσεις	dans des habitations
οἴας	*telles que* celles-que
προείπομεν,	nous avons dites-plus-haut,
ἐχούσας οὐδὲ	n'ayant rien
ἴδιον μὲν	de propre à la vérité
οὐδενί,	à aucun *d'eux*,
κοινὰς δὲ πᾶσι	mais communes à tous ;
πρὸς δὲ ταῖς τοιαύταις οἰκήσεσι	et outre les telles habitations
διωμολογησάμεθά	nous sommes tombés d'accord
που,	en-quelque-sorte,
εἰ μνημονεύεις,	si tu t'en souviens,
καὶ τὰς κτήσεις	aussi les possessions
οἷαι ἔσονται αὐτοῖς.	quelles *elles* seront à eux.
ΓΛΑΥΚΩΝ. Ἀλλὰ μνημονεύω,	GLAUCON. *Oui* je me souviens,
ἔφη,	dit-il,
ὅτι γε ᾠόμεθα	que nous pensions certes
δεῖν οὐδένα	qu'il-fallait qu'aucun *d'eux*
κεκτῆσθαι οὐδὲν	ne possédât rien
ὧν νῦν	des choses-que maintenant
καὶ οἱ ἄλλοι,	les autres aussi *possèdent*,
ὥσπερ δὲ ἀθλητάς τε	mais comme et athlètes
καὶ φύλακας πολέμου	et gardiens de guerre
δεχομένους εἰς ἐνιαυτὸν	recevant pour *chaque* année
παρὰ τῶν ἄλλων	des autres *citoyens*
τὴν τροφὴν εἰς ταῦτα	la subsistance pour ces choses
μισθὸν τῆς φυλακῆς,	*en* salaire de la garde,
δεῖν	qu'il-fallait
ἐπιμελεῖσθαι	*eux* prendre (qu'ils prissent) soin
αὐτῶν τε	et d'eux-mêmes
καὶ τῆς ἄλλης πόλεως	et du reste de la cité.
ΣΩΚΡΑΤΗΣ. Λέγεις ὀρθῶς, ἔφην.	SOCRATE. Tu dis bien, dis-je.
Ἀλλὰ ἄγε	Mais allons
ἐπειδὴ ἀπετελέσαμεν τοῦτο	puisque nous avons achevé ceci
ἀναμνησθῶμεν	rappelons-nous
πόθεν	de-quel-point
ἐξετραπόμεθα	nous nous sommes détournés
δεῦρο,	*jusqu'ici*,
ἵνα πάλιν ἴωμεν	afin que de nouveau nous prenions
τὴν αὐτήν.	la même *voie*.

ΓΛΑΥΚΩΝ. Οὐ χαλεπόν, ἔφη. Σχεδὸν γὰρ, καθάπερ νῦν, ὡς
διεληλυθὼς περὶ τῆς πόλεως τοὺς λόγους ἐποιοῦ λέγων, ὡς ἀγαθὴν
μὲν τὴν τοιαύτην, οἵαν τότε διῆλθες, τιθείης πόλιν, καὶ ἄνδρα τὸν
ἐκείνῃ ὅμοιον, καὶ ταῦτα, ὡς ἔοικας, καλλίω ἔτι ἔχων εἰπεῖν πόλιν
τε καὶ ἄνδρα · ἀλλ' οὖν δὴ τὰς ἄλλας ἡμαρτημένας ἔλεγες, εἰ αὕτη
ὀρθή. Τῶν δὲ λοιπῶν πολιτειῶν ἔφησθα, ὡς μνημονεύω, τέτταρα
εἴδη εἶναι, ὧν καὶ πέρι λόγον ἄξιον εἴη ἔχειν καὶ ἰδεῖν αὐτῶν τὰ
ἁμαρτήματα καὶ τοὺς ἐκείναις αὖ ὁμοίους, ἵνα πάντας αὐτοὺς ἰδόντες καὶ ὁμολογησάμενοι τὸν ἄριστον καὶ τὸν κάκιστον ἄνδρα ἐπισκεψαίμεθα, εἰ ὁ ἄριστος εὐδαιμονέστατος καὶ ὁ κάκιστος ἀθλιώτατος ἢ ἄλλως ἔχοι · καὶ ἐμοῦ ἐρομένου, τίνας λέγοις τὰς τέτταρας

GLAUCON. Il est aisé de le faire. Tu semblais avoir épuisé ce qui
regarde l'État, et tu concluais à peu près comme tout à l'heure, disant qu'un État, pour être parfait, devait ressembler à celui que tu
venais de décrire; que l'homme de bien était celui qui serait formé
sur le type de cet État; quoiqu'il te parût possible de présenter de
l'un ou de l'autre un modèle encore plus achevé. Mais, ajoutais-
tu, si cette forme de gouvernement est bonne, toutes les autres
sont défectueuses. Autant qu'il m'en souvient, tu en comptais
quatre espèces, dont il était à propos de faire mention et d'examiner les défauts, en les comparant à ceux des particuliers dont
le caractère répondait à chacune de ces espèces, afin qu'après les
avoir considérés avec soin, et exactement reconnu le caractère de
l'homme de bien et du méchant, nous fussions en état de juger si
le premier est le plus heureux, et le second le plus malheureux des
hommes, ou s'il en est autrement. Et dans le moment où je te

ΓΛΑΥΚΩΝ. Οὐ χαλεπόν,
ἔφη.
Σχεδὸν γὰρ,
καθάπερ νῦν,
ὡς διεληλυθὼς
περὶ τῆς πόλεως
ἐποιοῦ τοὺς λόγους
λέγων, ὡς
τιθείης ἀγαθὴν μὲν
τὴν τοιαύτην πόλιν
οἵαν τότε διῆλθες
καὶ ἄνδρα
τὸν ὅμοιον ἐκείνῃ
καὶ ταῦτα, ὡς ἔοικας,
ἔχων εἰπεῖν
πόλιν τε καὶ ἄνδρα
ἔτι καλλίω ·
ἀλλ' οὖν δὴ
ἔλεγες ἡμαρτημένας
τὰς ἄλλας
εἰ αὕτη ὀρθή.
Τῶν δὲ λοιπῶν πολιτειῶν,
ὡς μνημονεύω, ἔφησθα
εἶναι τέτταρα εἴδη
περὶ ὧν καὶ ἄξιον εἴη
ἔχειν λόγον
καὶ ἰδεῖν
τὰ ἁμαρτήματα αὐτῶν
καὶ τοὺς αὖ
ὁμοίους ἐκείναις,
ἵνα ἰδόντες αὐτοὺς πάντας
καὶ ὁμολογησάμενοι
τὸν ἄνδρα ἄριστον
καὶ τὸν κάκιστον
ἐπισκεψαίμεθα,
εἰ ὁ ἄριστος εὐδαιμονέστατος
καὶ ὁ κάκιστος ἀθλιώτατος
ἢ ἄλλως ἔχοι ·
καὶ ἐμοῦ ἐρομένου τίνας λέγοις,

GLAUCON. *Ce n'est* pas difficile,
dit-il.
A peu près, en effet,
ainsi-que maintenant,
comme ayant fourni la carrière
au sujet de la cité
tu faisais les discours (tu discourais)
disant que
tu poserais *comme* bonne à la vérité
la cité telle   [rue
que celle-que tu avais alors parcou-
et *comme bon* un homme
le (qui serait) semblable à celle-là,
et cela, comme tu as semblé,
*bien qu'*ayant à dire
et une cité et un homme
encore plus beaux ;
mais certes donc
tu disais étant-défectueuses
les autres *cités*
si celle-ci *est* correcte.   [ments,
Et de tous les autres gouverne-
comme je me souviens, tu disais
être (qu'il y a) quatre types
desquels aussi il était à propos
d'avoir connaissance
et d'avoir vu (de voir)
les défauts d'eux
et les *hommes* d'autre part
semblables à ces *gouvernements*-ci,
afin que, *les* ayant vus eux tous
et ayant reconnu - de - commun-
l'homme le meilleur   [accord
et le pire,
nous examinassions
si le meilleur *est* le plus heureux
et le pire le plus malheureux
ou s'il *en* serait autrement ;
et moi demandant quels tu disais

πολιτείας, ἐν τούτῳ ὑπέλαβε Πολέμαρχός τε καὶ Ἀδείμαντος, καὶ οὕτω δὴ σὺ ἀναλαβὼν τὸν λόγον δεῦρ' ἀφῖξαι.

ΣΩΚΡΑΤΗΣ. Ὀρθότατα, εἶπον, ἐμνημόνευσας.

ΓΛΑΥΚΩΝ. Πάλιν τοίνυν, ὥσπερ παλαιστής, τὴν αὐτὴν λαβὴν πάρεχε, καὶ τὸ αὐτὸ ἐμοῦ ἐρομένου πειρῶ εἰπεῖν, ἅπερ τότε ἔμελλες λέγειν.

ΣΩΚΡΑΤΗΣ. Ἐάνπερ, ἦν δ' ἐγώ, δύνωμαι.

ΓΛΑΥΚΩΝ. Καὶ μήν, ἦ δ' ὅς, ἐπιθυμῶ καὶ αὐτὸς ἀκοῦσαι, τίνας ἔλεγες τὰς τέτταρας πολιτείας.

ΣΩΚΡΑΤΗΣ. Οὐ χαλεπῶς, ἦν δ' ἐγώ, ἀκούσει. Εἰσὶ γὰρ ἅς λέγω, αἵπερ καὶ ὀνόματα ἔχουσιν, ἥ τε ὑπὸ τῶν πολλῶν ἐπαινουμένη, ἡ Κρητική τε καὶ Λακωνικὴ αὕτη· καὶ δευτέρα ἡ δευτέρως ἐπαινουμένη, καλουμένη δ' ὀλιγαρχία, συχνῶν γέμουσα κακῶν πο-

priais de me nommer ces quatre sortes de gouvernements, Adimante et Polémarque nous interrompirent, et l'engagèrent dans la digression qui nous a conduits où nous en sommes.

SOCRATE. Ta mémoire est très fidèle.

GLAUCON. Fais donc comme les athlètes : donne-moi encore la même prise et réponds à la même question ce que tu avais dessein de répondre alors.

SOCRATE. Si je puis.

GLAUCON. Je désire savoir quels sont ces quatre gouvernements dont tu parlais.

SOCRATE. Je n'aurai pas de peine à te satisfaire : ils sont très connus tous quatre. Le premier, et le plus vanté, est celui de la Crète et de Lacédémone. Le second, que l'on met aussi au second rang, par l'estime qu'on en fait, est l'oligarchie, gouvernement

τὰς τέτταρας πολιτείας,	les quatre gouvernements,
ἐν τούτῳ	en ce *moment*
Πολέμαρχός τε	et Polémarque
ὑπέλαβέ	interrompit
καὶ Ἀδείμαντος,	et Adimante,
καὶ οὕτω δὴ	et ainsi alors
σὺ ἀναλαβὼν τὸν λόγον	toi ayant repris le discours
ἀφῖξαι δεῦρο.	tu *en* es venu ici.
ΣΩΚΡΑΤΗΣ. Ἐμνημόνευσας	SOCRATE. Tu t'es souvenu,
εἶπον, ὀρθότατα,	dis-je, très exactement.
ΓΛΑΥΚΩΝ. Πάλιν τοίνυν,	GLAUCON. De nouveau donc,
ὥσπερ παλαιστής,	comme un lutteur,
πάρεχε τὴν αὐτὴν λαβήν,	donne la même prise,
καὶ ἐμοῦ ἐρομένου	et, moi demandant
τὸ αὐτὸ,	la même chose,
πειρῶ εἰπεῖν,	efforce-toi de dire
ἅπερ ἔμελλες	ce que tu étais-sur-le-point
λέγειν τότε.	de dire alors.
ΣΩΚΡΑΤΗΣ. Ἐάνπερ δυνώμαι,	SOCRATE. Si toutefois je *le* puis,
ἦν δὲ ἐγώ.	dis-je.
ΓΛΑΥΚΩΝ. Καὶ μὴν, ἦ δὲ ὅς,	GLAUCON. Et certes, dit-il,
ἐπιθυμῶ καὶ αὐτὸς	je désire aussi moi
ἀκοῦσαι τίνας ἔλεγες	entendre quels tu disais
τὰς τέτταρας πολιτείας.	les quatre gouvernements.
ΣΩΚΡΑΤΗΣ. Ἀκούσει	SOCRATE. Tu entendras,
οὐ χαλεπῶς, ἦν δὲ ἐγώ.	non difficilement, dis-je.
Ἃς γὰρ	En effet *les gouvernements* que
λέγω,	je dis,
αἵπερ καὶ	lesquels aussi
ἔχουσιν ὀνόματα,	ont des noms (sont connus),
εἰσί·	sont :
ἥ τε ἐπαινουμένη	et le *gouvernement* vant
ὑπὸ τῶν πολλῶν,	par la plupart,
ἡ Κρητική τε	et *celui* de la Crète
καὶ αὕτη Λακωνική·	et celui de la Laconie ;
καὶ δευτέρα	et *le* second
ἡ δευτέρως ἐπαινουμένη,	le en second-lieu vanté,
καλουμένη δὲ ὀλιγαρχία,	appelé aussi oligarchie,
πολιτεία	gouvernement

λιτεία· ἥ τε ταύτῃ διάφορος καὶ ἐφεξῆς γιγνομένη δημοκρατία, καὶ ἡ γενναία δὴ τυραννὶς καὶ [ἡ] πασῶν τούτων διαφέρουσα, τέταρτόν τε καὶ ἔσχατον πόλεως νόσημα. Ἤ τινα ἄλλην ἔχεις ἰδέαν πολιτείας, ἥτις καὶ ἐν εἴδει διαφανεῖ τινὶ κεῖται; δυναστεῖαι γὰρ καὶ ὠνηταὶ βασιλεῖαι καὶ τοιαῦταί τινες πολιτεῖαι μεταξύ τι τούτων πού εἰσιν, εὕροι δ᾽ ἄν τις αὐτὰς οὐκ ἐλάττους περὶ τοὺς βαρβάρους ἢ τοὺς Ἕλληνας.

ΓΛΑΥΚΩΝ. Πολλαὶ γοῦν καὶ ἄτοποι, ἔφη, λέγονται.

II. ΣΩΚΡΑΤΗΣ. Οἶσθ᾽ οὖν, ἦν δ᾽ ἐγώ, ὅτι καὶ ἀνθρώπων εἴδη τοσαῦτα ἀνάγκη τρόπων εἶναι, ὅσαπερ καὶ πολιτειῶν; ἢ οἴει ἐκ δρυός ποθεν ἢ ἐκ πέτρας τὰς πολιτείας γίγνεσθαι, ἀλλ᾽ οὐχὶ ἐκ τῶν ἠθῶν τῶν ἐν ταῖς πόλεσιν, ἃ ἂν ὥσπερ ῥέψαντα τἆλλα ἐφελκύσηται;

sujet à un grand nombre de maux. Le troisième, entièrement opposé à l'oligarchie, et qui vient après elle, est la démocratie. Enfin, en quatrième lieu, la noble tyrannie, qui ne ressemble à aucun des trois autres gouvernements, et qui est la plus grande maladie d'un État. Peux-tu me nommer quelque gouvernement qui ait une forme propre et distincte de celles-ci? Les souverainetés et les principautés vénales et quelques autres gouvernements de même espèce rentrent dans ceux dont j'ai parlé, et l'on n'en trouve pas moins chez les Barbares que chez les Grecs.

GLAUCON. On en cite en effet d'étranges et en grand nombre.

II. SOCRATE. Tu sais apparemment qu'il y a de nécessité autant de caractères d'hommes que d'espèces de gouvernements? Ou crois-tu que les États viennent des chênes et des rochers, et non des mœurs des citoyens qui les composent, et de la direction que ces mœurs prennent et impriment à tout le reste?

γέμουσα κακῶν συχνῶν·
ἥ τε δημοκρατία
διάφορος ταύτῃ,
καὶ γιγνομένη ἐφεξῆς,
καὶ ἡ γενναῖα δὴ τυραννὶς
ἡ διαφέρουσα καὶ
πασῶν τούτων,
τέταρτόν τε καὶ ἔσχατον
νόσημα πόλεως.
Ἦ ἔχεις τινὰ ἄλλην
ἰδέαν πολιτείας,
ἥτις καὶ κεῖται
ἔν τινι εἴδει διαφανεῖ;
Δυναστεῖαι γὰρ
καὶ βασιλεῖαι ὠνηταὶ
καί τινες τοιαῦταί
πολιτεῖαι
εἰσί που
μεταξύ τι τούτων,
τις δ' ἂν εὕροι αὐτὰς
οὐκ ἐλάττους
περὶ τοὺς βαρβάρους
ἢ τοὺς Ἕλληνας.
ΓΛΑΥΚΩΝ. Πολλαὶ γοῦν,
ἔφη,
καὶ ἄτοποι λέγονται.
II. ΣΩΚΡΑΤΗΣ. Οἶσθα οὖν,
ἦν δὲ ἐγώ, ὅτι καὶ
ἀνάγκη εἶναι
τοσαῦτα εἴδη
τρόπων ἀνθρώπων
ὅσαπερ καὶ πολιτειῶν;
ἢ οἴει τὰς πολιτείας
γίγνεσθαι ποθεν
ἐκ δρυὸς ἢ ἐκ πέτρας,
ἀλλὰ οὐχὶ ἐκ τῶν ἠθῶν
τῶν ἐν ταῖς πόλεσιν,
ἃ ὥσπερ ῥέψαντα
ἂν ἐφελκύσηται τὰ ἄλλα;

rempli de maux abondants :
et la démocratie
opposée à celle-ci (l'oligarchie)
et se produisant à sa suite,
et la noble tyrannie,
celle différant également
de tous ceux-ci,
et quatrième et dernier
fléau d'une cité.
Ou as-tu quelque autre
type de gouvernement,
lequel aussi consiste
dans une forme distincte?
Car des principautés
et des souverainetés vénales
et quelques semblables
gouvernements
sont en quelque sorte
un *terme moyen* entre ceux-ci,
et quelqu'un trouvera eux
non moins nombreux
parmi les barbares
que *parmi* les Grecs.
GLAUCON. De nombreux du moins,
dit-il,
et d'étranges sont dits (cités).
II. SOCRATE. Sais-tu donc,
dis-je, que aussi
il y a nécessité être (qu'il y ait)
d'aussi nombreuses espèces
de caractères d'hommes
que aussi de gouvernements?
ou penses-tu les gouvernements
naître de quelque part
d'un chêne ou d'un rocher,
mais non des mœurs
celles *qui sont* dans les cités, [cher,
lesquelles, comme ayant-fait-pen-
pourront entraîner tout-le reste?

ΓΛΑΥΚΩΝ. Οὐδαμῶς ἔγωγ', ἔφη, ἄλλοθεν ἢ ἐντεῦθεν.

ΣΩΚΡΑΤΗΣ. Οὐκοῦν εἰ τὰ τῶν πόλεων πέντε, καὶ αἱ τῶν ἰδιωτῶν κατασκευαὶ τῆς ψυχῆς πέντε ἂν εἶεν.

ΓΛΑΥΚΩΝ. Τί μήν;

ΣΩΚΡΑΤΗΣ. Τὸν μὲν δὴ τῇ ἀριστοκρατίᾳ ὅμοιον διεληλύθαμεν ἤδη, ὃν ἀγαθόν τε καὶ δίκαιον ὀρθῶς φαμὲν εἶναι.

ΓΛΑΥΚΩΝ. Διεληλύθαμεν.

ΣΩΚΡΑΤΗΣ. Ἆρ' οὖν τὸ μετὰ τοῦτο διιτέον τοὺς χείρους, τὸν φιλόνεικόν τε καὶ φιλότιμον, κατὰ τὴν Λακωνικὴν ἑστῶτα πολιτείαν, καὶ ὀλιγαρχικὸν αὖ καὶ δημοκρατικὸν καὶ τὸν τυραννικόν, ἵνα τὸν ἀδικώτατον ἰδόντες ἀντιθῶμεν τῷ δικαιοτάτῳ καὶ ἡμῖν τελέα ἡ σκέψις ᾖ, πῶς ποτὲ ἡ ἄκρατος δικαιοσύνη πρὸς ἀδικίαν τὴν ἄκρα-

GLAUCON. Les sociétés ne peuvent se former autrement.

SOCRATE. Ainsi, puisqu'il y a cinq espèces de gouvernement, doit y avoir cinq caractères de l'âme qui leur répondent dans les individus.

GLAUCON. Sans doute.

SOCRATE. Nous avons déjà traité du caractère qui répond à l'aristocratie, et nous avons dit avec raison qu'il est bon et juste.

GLAUCON. Oui.

SOCRATE. Il nous faut parcourir à présent les caractères vicieux, d'abord celui qui est jaloux et ambitieux, formé sur le modèle du gouvernement de Lacédémone ; ensuite les caractères oligarchique, démocratique et tyrannique. Quand nous aurons reconnu quel est le plus injuste de ces caractères, nous l'opposerons au plus juste ; et comparant la justice pure avec l'injustice aussi sans mélange, nous

ΓΛΑΥΚΩΝ. Ἔγωγε,
ἔφη, οὐδαμῶς
ἄλλοθεν ἢ ἐντεῦθεν.

ΣΩΚΡΑΤΗΣ. Οὐκοῦν
εἰ τὰ τῶν πόλεων
πέντε,
καὶ αἱ κατασκευαὶ
τῆς ψυχῆς τῶν ἰδιωτῶν
ἂν εἶεν πέντε.

ΓΛΑΥΚΩΝ. Τί μήν;

ΣΩΚΡΑΤΗΣ. Διεληλύθαμεν
ἤδη τὸν μὲν
δὴ ὅμοιον
τῇ ἀριστοκρατίᾳ,
ὃν φαμεν ὀρθῶς εἶναι
ἀγαθόν τε καὶ δίκαιον.

ΓΛΑΥΚΩΝ. Διεληλύθαμεν.

ΣΩΚΡΑΤΗΣ. Ἆρα οὖν
τὸ μετὰ τοῦτο
διιτέον
τοὺς χείρους,
τὸν φιλόνεικόν τε
καὶ φιλότιμον,
ἑστῶτα
κατὰ τὴν πολιτείαν
Λακωνικήν,
καὶ αὖ
ὀλιγαρχικὸν
καὶ δημοκρατικὸν
καὶ τὸν τυραννικόν,
ἵνα ἰδόντες
τὸν ἀδικώτατον
ἀντιθῶμεν τῷ δικαιοτάτῳ,
καὶ ἡ σκέψις
ᾖ ἡμῖν τελέα,
πῶς ἔχει ποτὲ
ἡ δικαιοσύνη ἄκρατος
πρὸς τὴν ἀδικίαν
ἄκρατον

GLAUCON. Moi,
dit-il, nullement
d'ailleurs que de là-même.

SOCRATE. Par conséquent
si les *types* des cités
sont cinq,
aussi les dispositions
de l'âme des particuliers
seraient cinq.   [elles?

GLAUCON. Quoi en effet *seraient-*

SOCRATE. Nous avons parcouru
déjà *l'homme* à la vérité [(étudié)
assurément semblable
à l'aristocratie,
lequel nous disons à-bon-droit être
et bon et juste.

GLAUCON. Nous *l'*avons parcouru.

SOCRATE. Est-ce donc que
après cela
il *ne* faut *pas* passer-en-revue
les pires,
l'homme et ami-de-la dispute
et ami-de-l'honneur,
constitué
selon le gouvernement
laconique (lacédémonien)
et d'autre part
l'homme oligarchique
et *le* démocratique
et le tyrannique,
afin que ayant vu
le plus injuste
nous *l'*opposions au plus juste,
et que l'examen
soit pour nous achevé
comment se comporte enfin
la justice sans mélange
par rapport à l'injustice
sans mélange

τον ἔχει εὐδαιμονίας τε πέρι τοῦ ἔχοντος καὶ ἀθλιότητος, ἵνα ἢ Θρα-
συμάχῳ πειθόμενοι διώκωμεν ἀδικίαν ἢ τῷ νῦν προφαινομένῳ λόγῳ
δικαιοσύνην;

ΓΛΑΥΚΩΝ. Παντάπασι μὲν οὖν, ἔφη, οὕτω ποιητέον.

ΣΩΚΡΑΤΗΣ. Ἆρ᾽ οὖν, ὥσπερ ἠρξάμεθα ἐν ταῖς πολιτείαις
πρότερον σκοπεῖν τὰ ἤθη ἢ ἐν τοῖς ἰδιώταις, ὡς ἐναργέστερον ὄν,
καὶ νῦν οὕτω πρῶτον μὲν τὴν φιλότιμον σκεπτέον πολιτείαν· —
ὄνομα γὰρ οὐκ ἔχω λεγόμενον ἄλλο· ἢ τιμοκρατίαν ἢ τιμαρχίαν
αὐτὴν κλητέον· — πρὸς δὲ ταύτην τὸν τοιοῦτον ἄνδρα σκεψόμεθα,
ἔπειτα ὀλιγαρχίαν καὶ ἄνδρα ὀλιγαρχικόν, αὖθις δὲ εἰς δημοκρατίαν
ἀποβλέψαντες θεασόμεθα ἄνδρα δημοκρατικόν, τὸ δὲ τέταρτον εἰς

finirons par voir jusqu'à quel point l'une et l'autre nous rendent
heureux ou malheureux, et s'il faut nous attacher à l'injustice, suivant le conseil de Thrasymaque, ou suivre le parti de la justice,
conformément aux raisons déjà présentées en sa faveur

GLAUCON. Oui, c'est ainsi qu'il faut procéder.

SOCRATE. Nous avons déjà commencé par examiner le caractère
moral de l'État avant de passer à celui des particuliers, parce que
nous avons cru que cette méthode était la plus lumineuse ; n'est-
il point à propos de continuer de la suivre, et, après avoir considéré
d'abord le gouvernement ambitieux (car je ne sais quel autre
nom lui donner, si ce n'est peut-être celui de *timocratie* ou de *timarchie*), d'examiner concurremment l'homme qui lui ressemble?
Nous ferons la même chose à l'égard de l'oligarchie et de l'homme
oligarchique. De là, après avoir jeté les yeux sur la démocratie,
nous porterons nos regards sur l'ho...me démocratique. Enfin, en

περί τε εὐδαιμονίας | au sujet et du bonheur
καὶ ἀθλιότητος | et du malheur [injustice),
τοῦ ἔχοντος, | de celui qui *la* possède (justice ou
ἵνα ἢ πειθόμενοι | afin que ou obéissant
Θρασυμάχῳ | à Thrasymaque
διώκωμεν ἀδικίαν | nous suivions *l*'injustice,
ἢ δικαιοσύνην | ou bien *la* justice
τῷ λόγῳ | *obéissant* au raisonnement
νῦν προφαινομένῳ; | maintenant exposé?

ΓΛΑΥΚΩΝ. Παντάπασι | GLAUCON. Tout à fait
μὲν οὖν, ἔφη, | décidément, dit-il,
ποιητέον οὕτω. | il-faut-faire ainsi.

ΣΩΚΡΑΤΗΣ. Ὥσπερ | SOCRATE. De même que
ἠρξάμεθα | nous avons commencé
σκοπεῖν τὰ ἤθη | à étudier les mœurs
ἐν ταῖς πολιτείαις | dans les gouvernements
πρότερον ἢ | avant de *les étudier*
ἐν τοῖς ἰδιώταις, | dans les simples-particuliers,
ὡς ὂν ἐναργέστερον, | comme étant chose-plus-claire,
οὕτω καὶ νῦν | de même maintenant aussi
ἆρα οὖν σκεπτέον πρῶτον μὲν | ne faut-il *pas* examiner d'abord
τὴν πολιτείαν φιλότιμον· — | le gouvernement ami-de-l'hon-
οὐκ ἔχω γὰρ | car je n'ai pas [neur —
ἄλλο ὄνομα λεγόμενον· | d'autre nom dit (usité);
ἢ κλητέον | ou faut-il-appeler
αὐτὴν | lui (le gouvernement)
τιμοκρατίαν | timocratie
ἢ τιμαρχίαν· — | ou timarchie —
πρὸς δὲ ταύτην | et en face de ce *gouvernement*
σκεψόμεθα | examinerons-nous
τὸν ἄνδρα τοιοῦτον, | l'homme tel (semblable),
ἔπειτα ὀλιγαρχίαν | ensuite *l*'oligarchie
καὶ ἄνδρα ὀλιγαρχικόν, | et *l*'homme oligarchique,
αὖθις δὲ ἀποβλέψαντες | et puis ayant tourné-les-yeux
εἰς δημοκρατίαν | vers *la* démocratie
θεασόμεθα | considérerons-nous
ἄνδρα δημοκρατικόν, | *l*'homme démocratique,
τὸ δὲ τέταρτον | et en quatrième *lieu*
ἐλθόντες | étant venus

τυραννουμένην πόλιν ἐλθόντες καὶ ἰδόντες, πάλιν εἰς τυραννικὴν ψυχὴν βλέποντες, πειρασόμεθα περὶ ὧν προυθέμεθα ἱκανοὶ κριταὶ γενέσθαι;

ΓΛΑΥΚΩΝ. Κατὰ λόγον γέ τοι ἄν, ἔφη, οὕτω γίγνοιτο ἥ τε θέα καὶ ἡ κρίσις.

III. ΣΩΚΡΑΤΗΣ. Φέρε τοίνυν, ἦν δ' ἐγώ, πειρώμεθα λέγειν, τίνα τρόπον τιμοκρατία γένοιτ' ἂν ἐξ ἀριστοκρατίας. Ἢ τόδε μὲν ἁπλοῦν, ὅτι πᾶσα πολιτεία μεταβάλλει ἐξ αὐτοῦ τοῦ ἔχοντος τὰς ἀρχάς, ὅταν ἐν αὐτῷ τούτῳ στάσις ἐγγένηται· ὁμονοοῦντος δέ, κἂν πάνυ ὀλίγον ᾖ, ἀδύνατον κινηθῆναι;

ΓΛΑΥΚΩΝ. Ἔστι γὰρ οὕτως.

ΣΩΚΡΑΤΗΣ. Πῶς οὖν δή, εἶπον, ὦ Γλαύκων, ἡ πόλις ἡμῖν κινηθήσεται, καὶ πῇ στασιάσουσιν οἱ ἐπίκουροι καὶ οἱ ἄρχοντες πρὸς ἀλλήλους τε καὶ πρὸς ἑαυτούς; ἢ βούλει, ὥσπερ Ὅμηρος, εὐχώμεθα ταῖς Μούσαις εἰπεῖν ἡμῖν, ὅπως δὴ πρῶτον στάσις

quatrième lieu, nous considérerons le gouvernement et le caractère tyrannique et nous tâcherons de prononcer avec connaissance de cause sur la question que nous avons entrepris de résoudre.

GLAUCON. On ne peut procéder avec plus d'ordre dans cet examen et ce jugement.

III. SOCRATE. Essayons d'abord d'expliquer de quelle manière se peut faire le passage de l'aristocratie à la timocratie. N'est-il pas vrai, en général, que les changements qui arrivent dans tout gouvernement politique ont leur source dans la partie qui gouverne, lorsqu'il s'élève en elle quelque division; et que, quelque petite qu'on suppose cette partie, tant qu'elle sera d'accord avec elle-même, il est impossible qu'il se fasse dans l'État aucune révolution.

GLAUCON. C'est une chose certaine.

SOCRATE. Comment donc un État tel que le nôtre subira-t-il un changement? Par où l'esprit de division se glissera-t-il entre les guerriers et les chefs, armera-t-il chacun de ces corps contre l'autre et contre lui-même? Veux-tu que, à l'imitation d'Homère, nous conjurions les Muses de nous expliquer l'origine de la querelle, et

εἰς πόλιν τυραννουμένην
καὶ ἰδόντες,
πάλιν βλέποντες
εἰς ψυχὴν τυραννικήν,
πειρασόμεθα γενέσθαι
κριταὶ ἱκανοὶ
περὶ ὧν
προυθέμεθα;
   ΓΛΑΥΚΩΝ. Ἥ τε θέα
καὶ ἡ κρίσις, ἔφη,
ἂν γίγνοιτο οὕτω
κατὰ λόγον γέ τοι.
   III. ΣΩΚΡΑΤΗΣ. Φέρε
τοίνυν, ἦν δὲ ἐγώ,
πειρώμεθα λέγειν
τίνα τρόπον
τιμοκρατία γένοιτο ἂν
ἐξ ἀριστοκρατίας.
Ἦ τόδε μὲν ἁπλοῦν,
ὅτι πᾶσα πολιτεία μεταβάλλει
ἐξ αὐτοῦ τοῦ ἔχοντος τὰς ἀρχάς,
ὅταν ἐν τούτῳ αὐτῷ
στάσις ἐγγένηται·
ὁμονοοῦντος δέ,
καὶ ἂν ᾖ πάνυ ὀλίγον,
ἀδύνατον κινηθῆναι;
   ΓΛΑΥΚΩΝ. Ἔστι γὰρ οὕτως.
   ΣΩΚΡΑΤΗΣ. Πῶς οὖν δή,
εἶπον, ὦ Γλαύκων,
ἡ πόλις κινηθήσεται ἡμῖν,
καὶ πῇ οἱ ἐπίκουροι
καὶ οἱ ἄρχοντες
στασιάσουσι
πρὸς ἀλλήλους τε
καὶ πρὸς ἑαυτούς;
ἢ βούλει, ὥσπερ Ὅμηρος,
εὐχώμεθα ταῖς Μούσαις
ἡμῖν εἰπεῖν,
ὅπως δὴ πρῶτον

à une cité sous-un-tyran
et l'ayant regardée,
ensuite portant-les-yeux
sur l'âme tyrannique,
tâcherons-nous d'être
des juges suffisants (éclairés)
sur les choses que
nous avons proposées?
   GLAUCON. Et l'examen
et le jugement, dit-il,
seraient ainsi
selon la raison assurément.
   III. SOCRATE. Eh bien
donc, dis-je,
tâchons de dire
de quelle manière
la timocratie résulterait
de l'aristocratie.
Ceci n'est-il pas simple (évident)
que tout gouvernement change
de cela même qui a le pouvoir
lorsque dans cela même
une discorde se sera produite:
mais cela (cette partie) étant d'ac-
même s'il est fort petit, [cord,
il est impossible qu'il soit ébranlé?
   GLAUCON. Il en est en effet ainsi.
   SOCRATE. Comment donc alors,
dis-je, ô Glaucon,
la cité sera-t-elle ébranlée pour
et par où les défenseurs [nous,
et les chefs
viendront-ils-en-dissension
et les uns avec les autres
et avec eux-mêmes?
ou veux-tu, comme Homère,
que nous conjurions les Muses
de nous dire
comment donc d'abord

ἔμπεσε, καὶ φῶμεν αὐτὰς τραγικῶς, ὡς πρὸς παῖδας ἡμᾶς παιζούσας καὶ ἐρεσχηλούσας, ὡς δὴ σπουδῇ λεγούσας, ὑψηλολογουμένας
λέγειν;

ΓΛΑΥΚΩΝ. Πῶς;

ΣΩΚΡΑΤΗΣ. Ὧδέ πως· χαλεπὸν μὲν κινηθῆναι πόλιν οὕτω
ξυστᾶσαν· ἀλλ' ἐπεὶ γενομένῳ παντὶ φθορά ἐστιν, οὐδ' ἡ τοιαύτη
ξύστασις τὸν ἅπαντα μενεῖ χρόνον, ἀλλὰ λυθήσεται· λύσις δὲ ἥδε.
Οὐ μόνον φυτοῖς ἐγγείοις, ἀλλὰ καὶ ἐν ἐπιγείοις ζῴοις φορὰ καὶ
ἀφορία ψυχῆς τε καὶ σωμάτων γίγνονται, ὅταν περιτροπαὶ ἑκάστοις
κύκλων περιφορὰς ξυνάπτωσι, βραχυβίοις μὲν βραχυπόρους, ἐναντίοις δὲ ἐναντίας· γένους δὲ ὑμετέρου εὐγονίας τε καὶ ἀφορίας καί-
περ ὄντες σοφοὶ, οὓς ἡγεμόνας πόλεως ἐπαιδεύσασθε, οὐδὲν μᾶλλον

que nous les fassions parler sur un ton tragique et sublime, moitié
en badinant et en se jouant avec nous comme avec des enfants, et
moitié sérieusement?

GLAUCON. Comment?

SOCRATE. A peu près ainsi.

« Il est difficile que la constitution d'un État tel que le vôtre
s'altère; mais, comme tout ce qui naît est soumis à la ruine, cet
établissement ne se maintiendra pas à jamais; il se dissoudra, et
voici comment. Il y a non seulement pour les plantes qui vivent
dans le sein de la terre, mais encore à l'égard de l'âme et du corps
des animaux qui vivent sur sa surface, des retours de fertilité et
de stérilité. Ces retours ont lieu quand chaque espèce termine et
recommence sa révolution circulaire, laquelle est plus courte ou
plus longue, selon que la vie de chaque espèce est plus longue ou
plus courte. Les hommes que vous avez élevés pour être les
chefs de l'État, tout habiles qu'ils sont, pourront fort bien ne

στάσις ἔμπεσε, — une discorde survint,

καὶ φῶμεν αὐτὰς — et que nous disions elles

παιζούσας καὶ ἐρεσχηλούσας — jouant et badinant

πρὸς ἡμᾶς ὡς παῖδας — avec nous comme *avec* des enfants

λέγειν — parler

ὑψηλολογουμένας — s'exprimant-de-façon-sublime

τραγικῶς — à la manière tragique

ὡς λεγούσας δὴ — comme parlant (si elles parlaient)

σπουδῇ; — sérieusement?

ΓΛΑΥΚΩΝ. Πῶς; — GLAUCON. Comment?

ΣΩΚΡΑΤΗΣ. ῟Ωδέ πως· — SOCRATE. Ainsi à peu près :

χαλεπὸν μὲν — *il est* difficile, il est vrai,

πόλιν οὕτω ξυστᾶσαν — qu'une cité ainsi constituée

κινηθῆναι· — soit ébranlée;

ἀλλὰ ἐπεὶ — mais puisque

φθορά ἐστιν — la corruption est *inhérente*

παντὶ γενομένῳ, — à tout *ce* qui-est-né

ἡ ξύστασις τοιαύτη — la constitution telle

οὐδὲ μενεῖ — ne demeurera pas non plus

τὸν ἅπαντα χρόνον, — *pendant* le temps tout entier,

ἀλλὰ λυθήσεται· — mais elle sera dissoute ;

λύσις δὲ ἥδε. — et la dissolution *sera* celle-ci.

Οὐ μόνον — Non seulement [terre,

φυτοῖς ἐγγείοις, — pour les semences qui sont sous la

ἀλλὰ καὶ — mais aussi

ἐν ζώοις — pour les êtres-vivants

ἐπιγείοις — qui sont sur la terre

φορὰ καὶ ἀφορία — fécondité et stérilité

ψυχῆς τε καὶ σωμάτων — et d'âme et de corps

γίγνονται, — arrivent

ὅταν περιτροπαὶ — lorsque les révolutions

ξυνάπτωσιν ἑκάστοις — réunissent pour chacun

περιφορὰς κύκλων, — les circonférences des cercles,

βραχυβίοις μὲν — pour ceux-qui-ont-une-vie-courte

βραχυπόρους, — d'une courte étendue, [res;

ἐναντίοις δὲ ἐναντίας· — et pour les contraires des contrai-

οὓς δὲ ἐπαιδεύσασθε — or *ceux* que vous avez élevés

ἡγεμόνας πόλεως. — chefs de la cité

οὐδὲν μᾶλλον τεύξονται — n'obtiendront *en* rien davantage

λογισμῷ μετ' αἰσθήσεως τεύξονται, ἀλλὰ πάρεισιν αὐτοὺς καὶ γεννή-
σουσι παῖδάς ποτε οὐ δέον. Ἔστι δὲ θείῳ μὲν γεννητῷ περίοδος,
ἣν ἀριθμὸς περιλαμβάνει τέλειος, ἀνθρωπείῳ δὲ ἀριθμὸς γεωμετρι-
κὸς τοιούτου κύριος, ἀμεινόνων τε καὶ χειρόνων γενέσεων, ἃς ὅταν
ἀγνοήσαντες ὑμῖν οἱ φύλακες συνοικίζωσι νύμφας νυμφίοις παρὰ
καιρόν, οὐκ εὐφυεῖς οὐδ' εὐτυχεῖς παῖδες ἔσονται · ὧν καταστή-
σουσι μὲν τοὺς ἀρίστους οἱ πρότεροι, ὅμως δὲ ὄντες ἀνάξιοι, εἰς
τὰς τῶν πατέρων αὖ δυνάμεις ἐλθόντες, ἡμῶν πρῶτον ἄρξονται
ἀμελεῖν φύλακες ὄντες, παρ' ἔλαττον τοῦ δέοντος ἡγησάμενοι τὰ
μουσικῆς[, δεύτερον δὲ τὰ γυμναστικῆς] · ὅθεν ἀμουσότεροι γενή-

pas saisir juste par le calcul et l'observation sensible, l'instant
favorable ou contraire à la propagation de leur espèce. Cet instant
leur échappera, et ils donneront des enfants à l'État à des époques
défavorables. Pour les générations divines, la révolution est com-
prise dans un nombre parfait. En ce qui touche les hommes, il y
a un nombre géométrique dont la vertu préside aux bonnes et
aux mauvaises générations. Ignorant le mystère de ce nombre,
vos magistrats feront contracter à contre-temps des mariages où
naîtront, sous de funestes auspices, des enfants d'un mauvais naturel. Leurs pères choisiront, à la vérité, les meilleurs d'entre eux
pour les remplacer; mais, comme ceux-ci seront indignes de leur
succéder dans leurs fonctions, ils n'y seront pas plutôt élevés, qu'ils
commenceront par nous négliger, en ne faisant pas d'abord de la
musique le cas qu'il convient d'en faire, puis en négligeant pareillement la gymnastique : d'où il arrivera que la génération nou·

λογίσμῷ	par le raisonnement
μετὰ αἰσθήσεως,	joint à la sensation.
καίπερ ὄντες σοφοὶ	quoique étant habiles
εὐγονίας τε καὶ ἀφορίας	et fécondités et stérilités
γένους ὑμετέρου,	de votre race,
ἀλλὰ	mais *fécondités et stérilités*
πάρεισιν αὐτοὺς	échapperont à eux
καὶ γεννήσουσι παῖδάς	et ils engendreront des enfants
ποτε οὐ δέον.	parfois quand il ne faut pas.
Ἔστι δὲ	Or il y a
γεννητῷ μὲν	d'une part pour ce-qui-est-engendré
θείῳ	divin
περίοδος, ἣν	une période, laquelle
ἀριθμὸς τέλειος	un nombre parfait
περιλαμβάνει,	comprend [*gendré* humain
ἀνθρωπείῳ δὲ	et d'autre part pour *ce qui est en-*
ἀριθμὸς γεωμετρικὸς κύριος,	une nombre géométrique maître,
γενέσεων	des générations
ἀμεινόνων τε καὶ χειρόνων,	et bonnes et mauvaises
τοιούτου,	de *ce qui est* tel,
ἃς ἀγνοήσαντες ὑμῖν	lesquelles ayant ignoré pour vous
ὅταν οἱ φύλακες	lorsque les gardiens
συνοικίζωσι παρὰ καιρὸν	auront uni à contre-temps
νύμφας νυμφίοις,	fiancés à fiancées
παῖδες ἔσονται	des enfants seront
οὐκ εὐφυεῖς οὐδὲ εὐτυχεῖς·	ni de bonne-nature ni fortunés;
ὧν μὲν οἱ πρότεροι	desquels, il est vrai, les précédents
καταστήσουσι τοὺς ἀρίστους,	établiront *gardiens* les meilleurs,
ὅμως δὲ ὄντες ἀνάξιοι	cependant étant indignes
αὖ ἐλθόντες	à leur tour étant venus
εἰς τὰς δυνάμεις τῶν πατέρων,	dans les dignités de *leurs* pères,
ἄρξονται ὄντες φύλακες	ils commenceront étant gardiens
ἀμελεῖν ἡμῶν πρῶτον,	à négliger nous (les Muses) d'abord
ἡγησάμενοι τὰ μουσικῆς	estimant les choses de la musique
παρὰ ἔλαττον τοῦ δέοντος,	moins qu'il ne faut
δεύτερον δὲ	et en second lieu
τὰ γυμναστικῆς·	les choses de la gymnastique;
ὅθεν οἱ νέοι	d'où les jeunes gens [aux-Muses.
γενήσονται ὑμῖν ἀμουσότεροι.	deviendront à vous plus étrangers·

σονται ὑμῖν οἱ νέοι. Ἐκ δὲ τούτων ἄρχοντες οὐ πάνυ φυλακικοὶ
καταστήσονται πρὸς τὸ δοκιμάζειν τὰ Ἡσιόδου τε καὶ τὰ παρ'
ὑμῖν γένη, χρυσοῦν τε καὶ ἀργυροῦν καὶ χαλκοῦν καὶ σιδηροῦν·
ὁμοῦ δὲ μιγέντος σιδήρου ἀργύρῳ καὶ χαλκοῦ χρυσῷ ἀνομοιότης
ἐγγενήσεται καὶ ἀνωμαλία ἀνάρμοστος, ἃ γενόμενα, οὗ ἂν ἐγγένηται, ἀεὶ τίκτει πόλεμον καὶ ἔχθραν. Ταύτης τοι γενεᾶς χρὴ φά-
ναι εἶναι στάσιν, ὅπου ἂν γίγνηται ἀεί.

ΓΛΑΥΚΩΝ. Καὶ ὀρθῶς γ', ἔφη, αὐτὰς ἀποκρίνεσθαι φήσομεν.

ΣΩΚΡΑΤΗΣ. Καὶ γὰρ, ἦν δ' ἐγώ, ἀνάγκη Μούσας γε οὔσας.

ΓΛΑΥΚΩΝ. Τί οὖν, ἦ δ' ὅς; τὸ μετὰ τοῦτο λέγουσιν αἱ Μοῦσαι;

ΣΩΚΡΑΤΗΣ. Στάσεως, ἦν δ' ἐγώ, γενομένης εἱλκέτην ἄρα ἑκα-
τέρω τὼ γένει, τὸ μὲν σιδηροῦν καὶ χαλκοῦν ἐπὶ χρηματισμὸν

velle deviendra étrangère aux Muses, et que les magistrats qui en
sortiront n'auront pas tout le discernement politique qu'il faut
pour distinguer les races d'or et d'argent, d'airain et de fer, dont
parle Hésiode, et qui se trouvent chez vous. Le fer venant donc
à se mêler avec l'argent, et l'airain avec l'or, il résultera de ce
mélange un défaut de convenance et d'harmonie : défaut qui, quelque part qu'il se trouve, engendre toujours l'inimitié et la guerre.
Telle est l'origine de la scission partout où elle se déclare. »

GLAUCON. Et nous dirons que les Muses ont répondu parfaitement.

SOCRATE. Et comment autrement, puisqu'elles sont Muses?

GLAUCON. Hé bien! que disent les Muses après cela?

SOCRATE. « La scission une fois formée, les deux races de fer et
d'airain aspirèrent à s'enrichir et à acquérir des terres, de l'or et

Ἐκ δὲ τούτων ἄρχοντες	Et de ceux-ci des chefs
καταστήσονται	seront établis
οὐ πάνυ φυλακικοὶ	non tout à fait bons-gardiens
πρὸς τὸ δοκιμάζειν	pour le discerner
τὰ γένη Ἡσιόδου τε	les races et d'Hésiode
καὶ τὰ παρὰ ὑμῖν,	et celles *qui sont* chez vous,
χρυσοῦν τε καὶ ἀργυροῦν	et *celle* d'or et *celle* d'argent
καὶ χαλκοῦν καὶ σιδηροῦν·	et *celle* d'airain et *celle* de fer;
σιδηροῦ δὲ	or le fer
μιγέντος ὁμοῦ ἀργυρῷ	ayant été mêlé ensemble à *l'*argent
καὶ χαλκοῦ χρυσῷ	et *l'*airain à l'or
ἀνομοιότης ἐγγενήσεται	une dissemblance naîtra
καὶ ἀνωμαλία ἀνάρμοστος,	et une irrégularité discordante,
ἃ γενόμενα	lesquelles *choses* s'étant produites
τίκτει ἀεί,	enfantent toujours (successivement)
οὗ ἂν ἐγγένηται,	quelque part qu'elles se produisent
πόλεμον καὶ ἔχθραν.	guerre et haine.
Χρή τοι φάναι	Il faut donc dire
στάσιν εἶναι ἀεὶ	qu'il y a discorde toujours
ταύτης γενεᾶς	*venue* de cette race
ὅπου ἂν γίγνηται.	*partout* où elle se trouve.
ΓΛΑΥΚΩΝ. Καὶ φήσομεν,	GLAUCON. Et nous dirons,
ἔφη,	dit-il,
αὐτὰς ἀποκρίνεσθαι ὀρθῶς γε.	qu'elles répondent avec rectitude.
ΣΩΚΡΑΤΗΣ. Καὶ γάρ,	SOCRATE. En effet,
ἦν δὲ ἐγώ,	dis-je, [ainsi
ἀνάγκη	*il y a* nécessité *qu'elles répondent*
οὔσας γε Μούσας.	étant des Muses.
ΓΛΑΥΚΩΝ. Τί οὖν,	GLAUCON. Quoi donc,
ἦ δὲ ὅς,	dit-il,
τὸ μετὰ τοῦτο	après cela
αἱ Μοῦσαι λέγουσιν;	les Muses disent?
ΣΩΚΡΑΤΗΣ. Στάσεως,	SOCRATE. La division,
ἦν δὲ ἐγώ, γενομένης	dis-je, étant née,
ἑκατέρω τὼ γένει	les deux races
τὸ μὲν σιδηροῦν	la *race* de fer d'un côté
καὶ χαλκοῦν	et *celle* d'airain
εἱλκέτην ἄρα	attiraient donc
ἐπὶ χρηματισμὸν	vers le lucre

καὶ γῆς κτῆσιν καὶ οἰκίας χρυσίου τε καὶ ἀργύρου, τὼ δ' αὖ, τὸ
χρυσοῦν τε καὶ ἀργυροῦν, ἅτε οὐ πενομένω, ἀλλὰ φύσει ὄντε πλουσίω, τὰς ψυχὰς ἐπὶ τὴν ἀρετὴν καὶ τὴν ἀρχαίαν κατάστασιν ἡγέ-
την· βιαζομένων δὲ καὶ ἀντιτεινόντων ἀλλήλοις, εἰς μέσον ὡμολόγησαν γῆν μὲν καὶ οἰκίας κατανειμαμένους ἰδιώσασθαι, τοὺς δὲ
πρὶν φυλαττομένους ὑπ' αὐτῶν ὡς ἐλευθέρους φίλους τε καὶ τροφέας
δουλωσάμενοι τότε περιοίκους τε καὶ οἰκέτας ἔχοντες αὐτοὶ πολέμου τε καὶ φυλακῆς αὐτῶν ἐπιμελεῖσθαι.

ΓΛΑΥΚΩΝ. Δοκεῖ μοι, ἔφη, αὕτη ἡ μετάβασις ἐντεῦθεν γίγνεσθαι.

ΣΩΚΡΑΤΗΣ. Οὐκοῦν, ἦν δ' ἐγώ, ἐν μέσῳ τις ἂν εἴη ἀριστοκρατίας τε καὶ ὀλιγαρχίας αὕτη ἡ πολιτεία ;

ΓΛΑΥΚΩΝ. Πάνυ μὲν οὖν.

IV. ΣΩΚΡΑΤΗΣ. Μεταβήσεται μὲν δὴ οὕτω· μεταβᾶσα δὲ
πῶς οἰκήσει ; ἢ φανερὸν ὅτι τὰ μὲν μιμήσεται τὴν προτέραν πολι-

de l'argent; tandis que les races d'or et d'argent, non dépourvues,
mais riches de leur propre fonds, tendaient à la vertu et au main-
tien de la constitution primitive. Après maintes luttes violentes et
de longs déchirements, les guerriers et les magistrats convinrent
de se partager et de s'approprier les terres et les maisons; d'y attacher comme esclaves le reste des citoyens, qu'ils gardaient auparavant comme des hommes libres, comme leurs amis et leurs nourriciers; et de conserver pour eux-mêmes le soin de faire la guerre
et de pourvoir à la sûreté commune. »

GLAUCON. Il me paraît que cette révolution n'aura point d'autre
cause.

SOCRATE. Et ce gouvernement ne tiendra-t-il pas le milieu entre
l'aristocratie et l'oligarchie?

GLAUCON. Tout à fait.

IV. SOCRATE. Le changement se fera donc de la manière que j'ai
expliquée; mais quelle sera la forme de ce nouveau gouvernement?
N'est-il pas évident qu'il gardera quelque chose de l'ancien; qu'il

καὶ κτῆσιν γῆς
καὶ οἰκίας
χρυσίου τε καὶ ἀργύρου,
τὼ δὲ αὖ,
τὸ χρυσοῦν τε καὶ ἀργυροῦν
ἅτε οὐ πενομένω
ἀλλὰ ὄντε πλουσίω φύσει
ἡγέτην τὰς ψυχὰς ἐπὶ τὴν ἀρετὴν
καὶ τὴν ἀρχαίαν κατάστασιν·
βιαζομένων δὲ
καὶ ἀντιτεινόντων ἀλλήλοις,
ὡμολόγησαν εἰς μέσον
κατανειμαμένους·
ἰδιώσασθαι
γῆν μὲν καὶ οἰκίας,
δουλωσάμενοι δὲ
τοὺς πρὶν φυλαττομένους
ὑπὸ αὐτῶν ὡς ἐλευθέρους
φίλους τε καὶ τροφέας
ἔχοντες τότε περιοίκους τε
καὶ οἰκέτας
αὐτοὶ ἐπιμελεῖσθαι
πολέμου τε καὶ φυλακῆς αὐτῶν.
ΓΛΑΥΚΩΝ. Αὕτη ἡ μετάβασις,
ἔφη, δοκεῖ μοι
γίγνεσθαι ἐντεῦθεν.
ΣΩΚΡΑΤΗΣ. Οὐκοῦν,
ἦν δὲ ἐγώ, αὕτη ἡ πολιτεία
ἂν εἴη τις ἐν μέσῳ
ἀριστοκρατίας τε
καὶ ὀλιγαρχίας.
ΓΛΑΥΚΩΝ. Πάνυ μὲν οὖν.
IV. ΣΩΚΡΑΤΗΣ. Μεταβήσεται
μὲν δὴ οὕτω
μεταβᾶσα δὲ
πῶς οἰκήσει;
ἢ φανερὸν ὅτι τὰ μὲν
μιμήσεται
τὴν προτέραν πολιτείαν,

et *vers* la possession de terre
et de maison
et d'or-monnayé et d'argent ;
et les deux *autres* d'autre part
et celle d'or et celle d'argent
comme non-appauvries,
mais étant riches par nature
conduisaient les âmes vers la vertu
et l'ancienne constitution ;
mais *eux* usant de violence
et luttant les uns contre les autres
ils convinrent entre eux,
après avoir partagé,
de s'approprier
la terre et *les* maisons,
et ayant réduit-en-servitude
ceux auparavant gardés
par eux comme des *hommes* libres
et des amis et des nourriciers,
les tenant alors et comme attachés
et comme serviteurs
eux-mêmes s'occuper
et de la guerre et de la garde d'eux.
GLAUCON. Ce changement,
dit-il, semble à moi
naître de là.
SOCRATE. N'est-il pas *vrai* que,
dis-je, ce gouvernement-là
serait un *tenant* le milieu
et de l'aristocratie
et de l'oligarchie ?
GLAUCON. Tout à fait, en effet.
IV. SOCRATE. Il changera
donc ainsi ;
mais ayant changé
comment se constituera-t-il ?
n'est-il pas évident que d'un côté
il imitera
le premier gouvernement,

τείαν, τὰ δὲ τὴν ὀλιγαρχίαν, ἅτ' ἐν μέσῳ οὖσα, τὸ δέ τι καὶ αὐτῆς ἕξει ἴδιον ;

ΓΛΑΥΚΩΝ. Οὕτως, ἔφη.

ΣΩΚΡΑΤΗΣ. Οὐκοῦν τῷ μὲν τιμᾷν τοὺς ἄρχοντας καὶ γεωργιῶν ἀπέχεσθαι τὸ προπολεμοῦν αὐτῆς καὶ χειροτεχνιῶν καὶ τοῦ ἄλλου χρηματισμοῦ, ξυσσίτια δὲ κατεσκευάσθαι καὶ γυμναστικῆς τε καὶ τῆς τοῦ πολέμου ἀγωνίας ἐπιμελεῖσθαι, πᾶσι τοῖς τοιούτοις τὴν προτέραν μιμήσεται ;

ΓΛΑΥΚΩΝ. Ναί.

ΣΩΚΡΑΤΗΣ. Τῷ δέ γε φοβεῖσθαι τοὺς σοφοὺς ἐπὶ τὰς ἀρχὰς ἄγειν, ἅτε οὐκέτι κεκτημένην ἁπλοῦς τε καὶ ἀτενεῖς τοὺς τοιούτους ἄνδρας, ἀλλὰ μικτούς, ἐπὶ δὲ θυμοειδεῖς τε καὶ ἁπλουστέρους ἀποκλίνειν, τοὺς πρὸς πόλεμον μᾶλλον πεφυκότας ἢ πρὸς εἰρήνην, καὶ τοὺς περὶ ταῦτα δόλους τε καὶ μηχανὰς ἐντίμως ἔχειν, καὶ πολε-

prendra aussi quelque chose du gouvernement oligarchique, puisqu'il tient le milieu entre l'un et l'autre ; enfin qu'il aura quelque chose de propre et de distinctif ?

GLAUCON. Sans doute.

SOCRATE. Des traditions de l'aristocratie, il retiendra le respect pour les magistrats, l'aversion des gens de guerre pour l'agriculture, les arts mécaniques et les autres professions lucratives, la coutume de prendre les repas en commun, et le soin de cultiver les exercices gymnastiques et militaires.

GLAUCON. Oui.

SOCRATE. Ce qu'il aura de propre ne sera-ce pas de craindre d'élever des sages aux premières dignités, parce qu'il ne se formera plus dans son sein des hommes d'une vertu simple et pure, mais des natures mélangées ; de choisir plutôt, pour commander, des esprits où le principe irascible domine, et qui sont peu éclairés, plutôt nés pour la guerre que pour la paix ; de faire un grand cas

τὰ δὲ τὴν ὀλιγαρχίαν,   et de l'autre *imitera* l'oligarchie
ἅτε οὖσα ἐν μέσῳ,   comme étant au milieu,
τὸ δὲ ἕξει καί   et d'autre part il aura aussi [même.
τι ἴδιον αὐτῆς.   quelque chose de propre à lui-
   ΓΛΑΥΚΩΝ. Οὕτως, ἔφη.   GLAUCON. *Il en sera* ainsi, dit-il.
   ΣΩΚΡΑΤΗΣ. Οὐκοῦν   SOCRATE. N'est-il pas *vrai* que
τὸ προπολεμοῦν αὐτῆς   les défenseurs de lui
τῷ μὲν τιμᾷν   d'une part par le *fait de* respecter
τοὺς ἄρχοντας   les chefs
καὶ ἀπέχεσθαι   et *de* s'abstenir
γεωργιῶν   des travaux-de-la terre
καὶ χειροτεχνιῶν   et des arts-mécaniques
καὶ τοῦ ἄλλου χρηματισμοῦ,   et des autres états-lucratifs,
κατεσκευάσθαι δὲ   et *de* pratiquer
ξυσσίτια   les repas-en-commun
καὶ ἐπιμελεῖσθαι   et *de* s'occuper
γυμναστικῆς τε   et de la gymnastique
καὶ τῆς ἀγωνίας τοῦ πολέμου   et des exercices de la guerre
πᾶσι τοῖς τοιούτοις   par toutes les choses telles
μιμήσεται   ils imiteront
τὴν προτέραν;   le premier *gouvernement?*
   ΓΛΑΥΚΩΝ. Ναί.   GLAUCON. Oui
   ΣΩΚΡΑΤΗΣ.   SOCRATE.
Τῷ δέ γε φοβεῖσθαι   Mais aussi par le *fait de* craindre
ἄγειν τοὺς σόφους   d'élever les sages
ἐπὶ τὰς ἀρχὰς   aux charges publiques
ἅτε κεκτημένην οὐκέτι   comme *la cité* ne possédant plus
τοὺς τοιούτους ἄνδρας   des hommes tels
ἁπλοῦς τε καὶ ἀτενεῖς,   et simples et rigides,
ἀλλὰ μικτούς,   mais mêlés,
ἀποκλίνειν δὲ   et *par le* incliner
ἐπὶ θυμοειδεῖς τε   vers les *hommes* et irascibles
καὶ ἁπλουστέρους,   et trop simples (grossiers)
τοὺς πεφυκότας πρὸς πόλεμον   qui sont-nés pour la guerre
μᾶλλον ἢ πρὸς εἰρήνην,   plutôt que pour la paix,
καὶ ἐντίμως ἔχειν   et *par le* avoir en-honneur
τοὺς δόλους τε καὶ μηχανὰς   et les ruses et les stratagèmes
περὶ ταῦτα   touchant ces choses (la guerre),
καὶ διάγειν ἀεὶ τὸν χρόνον   et *par le* passer toujours le temps

μοῦσα τὸν ἀεὶ χρόνον διάγειν, αὐτὴ ἑαυτῆς αὖ τὰ πολλὰ τῶν τοιούτων ἴδια ἕξει;

ΓΛΑΥΚΩΝ. Ναί.

ΣΩΚΡΑΤΗΣ. Ἐπιθυμηταὶ δέ γε, ἦν δ᾽ ἐγώ, χρημάτων οἱ τοιοῦτοι ἔσονται, ὥσπερ οἱ ἐν ταῖς ὀλιγαρχίαις, καὶ τιμῶντες ἀγρίως ὑπὸ σκότου χρυσόν τε καὶ ἄργυρον, ἅτε κεκτημένοι ταμιεῖα καὶ οἰκείους θησαυρούς, οἳ θέμενοι ἂν αὐτὰ κρύψειαν, καὶ αὖ περιβόλους οἰκήσεων, ἀτεχνῶς νεοττιὰς ἰδίας, ἐν αἷς ἀναλίσκοντες γυναιξί τε καὶ οἷς ἐθέλοιεν ἄλλοις πολλὰ ἂν δαπανῷντο.

ΓΛΑΥΚΩΝ. Ἀληθέστατα, ἔφη.

ΣΩΚΡΑΤΗΣ. Οὐκοῦν καὶ φειδωλοὶ χρημάτων, ἅτε τιμῶντες καὶ οὐ φανερῶς κτώμενοι, φιλαναλωταὶ δὲ ἀλλοτρίων δι᾽ ἐπιθυμίαν, καὶ λάθρα τὰς ἡδονὰς καρπούμενοι, ὥσπερ παῖδες πατέρα τὸν

des stratagèmes et des ruses de guerre, et d'avoir toujours les armes à la main?

GLAUCON. Oui.

SOCRATE. De tels hommes seront avides [de richesses, comme dans les États oligarchiques. Adorateurs jaloux de l'or et de l'argent, ils les honoreront dans l'ombre, et les tiendront renfermés dans des coffres et des trésors particuliers. Eux-mêmes, retranchés dans l'enceinte de leurs maisons, comme dans autant de nids, ils prodigueront les dépenses pour des femmes, et pour qui bon leur semblera.

GLAUCON. Cela est très vrai.

SOCRATE. Ils seront donc avares de leur argent, parce qu'ils l'aiment et le possèdent loin de tous les regards, et en même temps prodigues du bien d'autrui par le désir qu'ils ont de satisfaire leurs passions. Livrés en secret à tous les plaisirs, ils se cacheront de la

πολεμοῦσα,
αὐτὴ αὖ
ἕξει τὰ πολλὰ τῶν τοιούτων
ἴδια ἑαυτῆς;

ΓΛΑΥΚΩΝ. Ναί.

ΣΩΚΡΑΤΗΣ. Οἱ τοιοῦτοι,
ἦν δὲ ἐγώ,
ἔσονται δέ γε
ἐπιθυμηταὶ χρημάτων,
ὥσπερ
οἱ ἐν ταῖς ὀλιγαρχίαις,
καὶ τιμῶντες ἀγρίως
ὑπὸ σκότου
χρυσόν τε καὶ ἄργυρον,
ἅτε κεκτημένοι
ταμιεῖα
καὶ θησαυροὺς οἰκείους,
οἳ θέμενοι,
ἂν αὐτὰ κρύψειαν,
καὶ αὖ
περιβόλους οἰκήσεων,
ἀτεχνῶς νεοττιὰς ἰδίας,
ἐν αἷς ἀναλίσκοντες
ἂν δαπανῷντο πολλὰ
γυναιξί τε
καὶ ἄλλοις
οἷς ἐθέλοιεν.

ΓΛΑΥΚΩΝ. Ἀληθέστατα,
ἔφη.

ΣΩΚΡΑΤΗΣ. Οὐκοῦν
καὶ φειδωλοὶ χρημάτων,
ἅτε τιμῶντες
καὶ κτώμενοι
οὐ φανερῶς,
φιλαναλωταὶ δὲ
ἀλλοτρίων
διὰ ἐπιθυμίαν,
καὶ καρπούμενοι λάθρα
τὰς ἡδονάς,

faisant-la-guerre,
ce *gouvernement* d'autre part
aura-t-il la plupart des choses telles
propres à lui-même?

GLAUCON. Oui.

SOCRATE. Les *hommes* tels,
dis-je,
seront aussi assurément
désireux de richesses,
comme
les (hommes) dans les oligarchies,
et honorant d'une-façon-farouche
dans l'ombre
et l'or et l'argent,
comme *gens* qui-possèdent
des coffres-forts
et des trésors domestiques,
où ayant placé *leurs richesses*
ils les mettront-à-l'abri,
et de plus *possédant*
des enceintes de maisons,
tout simplement des nids privés,
dans lesquels dissipant
ils dépenseront beaucoup
et pour des femmes
et pour d'autres
qu'ils voudront.

GLAUCON. Très-véritablement,
dit-il.

SOCRATE. Ainsi donc *ils seront*
et avares de *leurs* richesses
comme *gens en* faisant-grand-cas
et les acquiérant
non au grand-jour,
mais amis-de-la-dépense
du bien d'autrui
par désir *de plaisirs*,
et goûtant en cachette
les voluptés,

νόμον ἀποδιδράσκοντες, οὐχ ὑπὸ πειθοῦς ἀλλ' ὑπὸ βίας πεπαιδευ-
μένοι διὰ τὸ τῆς ἀληθινῆς Μούσης τῆς μετὰ λόγων τε καὶ φιλο-
σοφίας ἠμελημέναι καὶ πρεσβυτέρως γυμναστικὴν μουσικῆς τετι-
μηκέναι.

ΓΛΑΥΚΩΝ. Παντάπασιν, ἔφη, λέγεις μεμιγμένην πολιτείαν ἐκ
κακοῦ τε καὶ ἀγαθοῦ.

ΣΩΚΡΑΤΗΣ. Μέμικται γάρ, ἦν δ' ἐγώ, διαφανέστατον δ' ἐν
αὐτῇ ἐστὶν ἕν τι μόνον ὑπὸ τοῦ θυμοειδοῦς κρατοῦντος, φιλονει-
κίαι καὶ φιλοτιμίαι.

ΓΛΑΥΚΩΝ. Σφόδρα γε, ἦ δ' ὅς.

ΣΩΚΡΑΤΗΣ. Οὐκοῦν, ἦν δ' ἐγώ, αὕτη μὲν ἡ πολιτεία οὕτω
γεγονυῖα καὶ τοιαύτη ἄν τις εἴη, ὡς λόγῳ σχῆμα πολιτείας ὑπο-
γράψαντα μὴ ἀκριβῶς ἀπεργάσασθαι διὰ τὸ ἐξαρκεῖν μὲν ἰδεῖν καὶ

loi, comme les enfants déréglés évitent les regards de leur père,
et cela grâce à une éducation dont la force et non la persuasion
a été le principe, parce qu'on a négligé la véritable Muse, celle qui
préside à la dialectique et à la philosophie, et qu'on a préféré la
gymnastique à la musique.

GLAUCON. Le portrait que tu fais est celui d'un gouvernement
mêlé de bien et de mal.

SOCRATE. Tu l'as dit. Comme le principe irascible y domine, ce
qui s'y fait remarquer par-dessus tout, c'est l'ambition et la brigue.

GLAUCON. Il est vrai.

SOCRATE. Telles seraient donc l'origine et les mœurs de ce gouvernement. Je n'en ai pas fait une exacte peinture, mais seulement
une esquisse, parce qu'il suffit à notre dessein de connaître par

ἀποδιδράσκοντες τὸν νόμον	fuyant-les-regards de la loi
ὥσπερ	comme
παῖδες πατέρα,	des enfants *ceux de* leur père,
πεπαιδευμένοι	ayant été élevés
οὐχ ὑπὸ πειθοῦς	non par la persuasion
ἀλλὰ ὑπὸ βίας	mais par la contrainte
διὰ τὸ ἠμεληκέναι	pour avoir négligé
τῆς ἀληθινῆς Μούσης	la véritable Muse,
τῆς μετὰ λόγων τε	celle *qui est* et avec les discours
καὶ φιλοσοφίας	et la philosophie,
καὶ τετιμηκέναι	et *pour* avoir honoré
γυμναστικὴν	la gymnastique
πρεσβυτέρως	antérieurement (de préférence)
μουσικῆς.	à la musique.
ΓΛΑΥΚΩΝ. Παντάπασιν,	GLAUCON. Tout-à-fait,
ἔφη,	dit-il,
λέγεις πολιτείαν μεμιγμένην	tu dis un gouvernement mélangé
ἐκ κακοῦ τε καὶ ἀγαθοῦ.	et de mal et de bien. [effet,
ΣΩΚΡΑΤΗΣ. Μέμικται γάρ,	SOCRATE. Il *en* est mélangé en
ἦν δὲ ἐγώ·	dis-je;
ἐν αὐτῇ δὲ	mais en lui (gouvernement)
ἐστὶν ἕν τι μόνον	il y a une certaine chose seule
διαφανέστατον	très-éclatante
ὑπὸ τοῦ θυμοειδοῦς	à cause du principe-irascible
κρατοῦντος,	qui *y* domine,
φιλονεικίαι	ce sont les rivalités
καὶ φιλοτιμίαι.	et les brigues.
ΓΛΑΥΚΩΝ. Σφόδρα γε, ἦ δὲ ὅς.	GLAUCON. Tout-à-fait, dit-il.
ΣΩΚΡΑΤΗΣ. Οὐκοῦν,	SOCRATE. Ainsi,
ἦν δὲ ἐγώ,	dis-je,
αὕτη μὲν ἡ πολιτεία ἂν εἴη	ce gouvernement sera
γεγονυῖα οὕτω	étant-né de la sorte
καί τις τοιαύτη,	et un *gouvernement* tel,
ὡς	autant qu'*il est possible*
ὑπογράψαντα	*quelqu'un* ayant esquissé
σχῆμα πολιτείας	une figure de gouvernement
μὴ ἀπεργάσασθαι	ne pas l'achever
ἀκριβῶς	exactement
διὰ τὸ ἐξαρκεῖν ἰδεῖν	à cause du suffire de voir

ἐκ τῆς ὑπογραφῆς τόν τε δικαιότατον καὶ τὸν ἀδικώτατον, ἀμήχανον δὲ μήκει ἔργον εἶναι πάσας μὲν πολιτείας, πάντα δὲ ἤθη μηδὲν παραλιπόντα διελθεῖν.

ΓΛΑΥΚΩΝ. Καὶ ὀρθῶς, ἔφη.

V. ΣΩΚΡΑΤΗΣ. Τίς οὖν ὁ κατὰ ταύτην τὴν πολιτείαν ἀνήρ; πῶς τε γενόμενος ποῖός τέ τις ὤν;

ΑΔΕΙΜΑΝΤΟΣ. Οἶμαι μέν, ἔφη ὁ Ἀδείμαντος, ἐγγύς τι αὐτὸν Γλαύκωνος τουτουὶ τείνειν ἕνεκά γε φιλονεικίας.

ΣΩΚΡΑΤΗΣ. Ἴσως, ἦν δ' ἐγώ, τοῦτό γε · ἀλλά μοι δοκεῖ τάδε οὐ κατὰ τοῦτον πεφυκέναι.

ΑΔΕΙΜΑΝΤΟΣ. Τὰ ποῖα;

ΣΩΚΡΑΤΗΣ. Αὐθαδέστερόν τε δεῖ αὐτόν, ἦν δ' ἐγώ, εἶναι καὶ ὑποαμουσότερον, φιλόμουσον δὲ καὶ φιλήκοον μέν, ῥητορικὸν δ' οὐδαμῶς. Καὶ δούλοις μέν τις ἂν ἄγριος εἴη ὁ τοιοῦτος, οὐ καταφρο-

cette esquisse l'homme juste et le méchant; et que, d'ailleurs, nous nous jetterions dans des détails infinis, si nous voulions décrire avec la dernière exactitude chaque gouvernement et chaque caractère.

GLAUCON. Tu as raison.

V. SOCRATE. Quel est l'homme qui répond à ce gouvernement? Comment se forme-t-il, et quel est son caractère?

ADIMANTE. Je m'imagine, dit Adimante, qu'il doit ressembler à Glaucon, du moins pour ce qui est de l'esprit de dispute.

SOCRATE. Oui, peut-être par ce côté; mais il me semble qu'il en diffère par plusieurs autres.

ADIMANTE. Par lesquels, s'il te plaît?

SOCRATE. Il doit être plus vain et un peu plus étranger aux Muses; mais il n'aura aucun amour de la musique, aucun désir de s'instruire, aucun talent pour la parole. Dur envers ses esclaves, sans toutefois les mépriser, comme font ceux qui ont reçu une

καὶ ἐκ τῆς ὑπογραφῆς
τόν τε δικαιότατον
καὶ τὸν ἀδικώτατον,
εἶναι δὲ ἔργον
ἀμήχανον μήκει
παραλιπόντα μηδὲν
διελθεῖν
πάσας μὲν πολιτείας
πάντα δὲ ἤθη.

ΓΛΑΥΚΩΝ. Καὶ ὀρθῶς,
ἔφη.

V. ΣΩΚΡΑΤΗΣ. Τίς οὖν
ὁ ἀνὴρ κατὰ
ταύτην τὴν πολιτείαν;
πῶς τε γενόμενος
ποῖός τέ τις ὤν;

ΑΔΕΙΜΑΝΤΟΣ. Οἶμαι μέν,
ἔφη ὁ Ἀδείμαντος,
αὐτὸν τείνειν τι
ἐγγὺς τουτουῒ Γλαύκωνος
ἕνεκά γε
φιλονεικίας.

ΣΩΚΡΑΤΗΣ. Ἴσως, ἦν δὲ ἐγώ,
τοῦτό γε·
ἀλλὰ δοκεῖ μοι
πεφυκέναι οὐ κατὰ τοῦτον
τάδε.

ΑΔΕΙΜΑΝΤΟΣ. Τὰ ποῖα;

ΣΩΚΡΑΤΗΣ. Δεῖ αὐτόν,
ἦν δὲ ἐγώ, εἶναι
αὐθαδέστερόν τε
καὶ ὑποαμουσότερον,
φιλόμουσον δὲ
καὶ φιλήκοον μέν,
ῥητορικὸν δὲ οὐδαμῶς.
Καὶ ὁ τοιοῦτος ἂν εἴη
δούλοις μέν
τις ἄγριος,
οὐ καταφρονῶν δούλων,

même par l'esquisse
et l'homme le plus juste
et le plus injuste,
et. être une œuvre
inextricable par sa longueur
quelqu'un ne laissant-de-côté rien
parcourir
et tous gouvernements
et toutes mœurs.

GLAUCON. Fort juste,
dit-il.

V. SOCRATE. Quel *est* donc
l'homme selon (qui est conforme à)
ce gouvernement?
et comment étant né
et quel individu étant?

ADIMANTE. Je pense, à la vérité,
dit Adimante,
lui se diriger en quelque chose
près de ce Glaucon-ci
sous le rapport de
l'amour de la dispute.

SOCRATE. Peut-être, dis-je,
par rapport à cela;
mais il semble à moi
être non ressemblant-à lui
par rapport à ces choses-ci.

ADIMANTE. Lesquelles choses?

SOCRATE. Il faut lui,
dis-je, être
et plus fier
et un peu plus étranger-aux-Muses,
mais ami des Muses
et aimant-à-écouter, à la vérité,
et brillant-parleur, pas du tout.
Et l'*homme* tel sera
pour *ses* esclaves
quelqu'un de féroce,
et non méprisant *les* esclaves,

νῶν δούλων, ὥσπερ ὁ ἱκανῶς πεπαιδευμένος, ἐλευθέροις δὲ ἥμερος, ἀρχόντων δὲ σφόδρα ὑπήκοος, φίλαρχος δὲ καὶ φιλότιμος, οὐκ ἀπὸ τοῦ λέγειν ἀξιῶν ἄρχειν οὐδ' ἀπὸ τοιούτου οὐδενός, ἀλλ' ἀπὸ ἔργων τῶν τε πολεμικῶν καὶ τῶν περὶ τὰ πολεμικά, φιλογυμνα- στής τέ τις ὢν καὶ φιλόθηρος.

ΑΔΕΙΜΑΝΤΟΣ. Ἔστι γάρ, ἔφη, τοῦτο τὸ ἦθος ἐκείνης τῆς πολιτείας.

ΣΩΚΡΑΤΗΣ. Οὐκοῦν καὶ χρημάτων, ἦν δ' ἐγώ, ὁ τοιοῦτος, νέος μὲν ὢν καταφρονοῖ ἄν, ὅσῳ δὲ πρεσβύτερος γίγνοιτο, μᾶλλον ἀεὶ ἀσπάζοιτο ἂν τῷ τε μετέχειν τῆς τοῦ φιλοχρημάτου φύσεως καὶ μὴ εἶναι εἰλικρινὴς πρὸς ἀρετὴν διὰ τὸ ἀπολειφθῆναι τοῦ ἀρί- στου φύλακος ;

ΑΔΕΙΜΑΝΤΟΣ. Τίνος; ἦ δ' ὅς ὁ Ἀδείμαντος.

bonne éducation, il sera doux avec ses égaux, et plein de défé- rence pour ses supérieurs. Il croira qu'on mérite le pouvoir, non par l'éloquence ni par aucun talent du même genre, mais par les exploits guerriers et les travaux de cet ordre ; par conséquent, il sera passionné pour la chasse et les exercices du gymnase.

ADIMANTE. Voilà au naturel le caractère des citoyens de cet État.

SOCRATE. Pendant sa jeunesse, il pourra bien n'avoir que du mépris pour les richesses ; mais son attachement pour elles croîtra avec l'âge, parce que sa nature le porte à l'avarice, et que la vertu en lui est destituée de son plus excellent gardien.

ADIMANTE. Quel ce gardien ?

ὥσπερ ὁ πεπαιδευμένος ἱκανῶς,	comme celui qui est élevé convenablement,
ἥμερος δὲ ἐλευθέροις,	mais doux pour *les* hommes-libres,
σφόδρα δὲ ὑπήκοος ἀρχόντων,	et tout-à-fait docile à ceux-qui-gouvernent,
φίλαρχος δὲ καὶ φιλότιμος,	et ami-du-pouvoir et ami-des-honneurs,
ἀξιῶν	prétendant
ἄρχειν	commander (acquérir le pouvoir)
οὐκ ἀπὸ τοῦ λέγειν	non par le *talent de* parler
οὐδὲ ἀπὸ οὐδένος τοιούτου,	ni par aucune chose telle,
ἀλλὰ ἀπὸ ἔργων	mais par des œuvres
τῶν τε πολεμικῶν	et celles de la guerre
καὶ τῶν περὶ τὰ πολεμικά,	et celles relatives à la guerre,
ὦν τις	étant quelqu'un
φιλογυμναστής τε	et ami-de-la-gymnastique
καὶ φιλόθηρος.	et ami-de-la-chasse.
ΑΔΕΙΜΑΝΤΟΣ.	ADIMANTE.
Τοῦτο γὰρ τὸ ἦθος, ἔφη,	En effet ce caractère-là, dit-il,
ἔστι ἐκείνης τῆς πολιτείας.	est *celui* de ce gouvernement-là.
ΣΩΚΡΑΤΗΣ.	SOCRATE.
Οὐκοῦν ὁ τοιοῦτος, ἦν δὲ ἐγώ,	N'est-ce pas que le tel *homme*, dis-je,
ὦν μὲν νέος,	étant à la vérité jeune,
καταφρονοῖ ἂν χρημάτων,	méprisera *les* richesses,
ὅσῳ δὲ γίγνοιτο πρεσβύτερος,	mais à mesure qu'il deviendra plus avancé-en-âge,
μᾶλλον ἀσπάζοιτο ἂν	*d'autant* plus il *les* embrassera
τῷ τε μετέχειν	et par le participer
τῆς φύσεως	du naturel
τοῦ φιλοχρημάτου	de l'ami-des-richesses
καὶ μὴ εἶναι	et *par le* ne point être
εἰλικρινὴς πρὸς ἀρετὴν	pur relativement à *la* vertu
διὰ τὸ ἀπολειφθῆναι	pour avoir été destitué
τοῦ ἀρίστου φύλακος;	du plus excellent gardien?
ΑΔΕΙΜΑΝΤΟΣ.	ADIMANTE.
Τίνος; ἦ δὲ ὃς ὁ Ἀδείμαντος.	De quel? dit Adimante.

ΣΩΚΡΑΤΗΣ. Λόγου, ἦν δ' ἐγώ, μουσικῇ κεκραμένου· ὃς μόνος ἐγγενόμενος σωτὴρ ἀρετῆς διὰ βίου ἐνοικεῖ τῷ ἔχοντι.

ΑΔΕΙΜΑΝΤΟΣ. Καλῶς, ἔφη, λέγεις.

ΣΩΚΡΑΤΗΣ. Καὶ ἔστι μὲν γ', ἦν δ' ἐγώ, τοιοῦτος ὁ τιμοκρατικὸς νεανίας, τῇ τοιαύτῃ πόλει ἐοικώς.

ΑΔΕΙΜΑΝΤΟΣ. Πάνυ μὲν οὖν.

ΣΩΚΡΑΤΗΣ. Γίγνεται δέ γ', εἶπον, οὗτος ὧδέ πως, ἐνίοτε πατρὸς ἀγαθοῦ ὢν νέος υἱὸς ἐν πόλει οἰκοῦντος οὐκ εὖ πολιτευομένῃ, φεύγοντος τάς τε τιμὰς καὶ ἀρχὰς καὶ δίκας καὶ τὴν τοιαύτην πᾶσαν φιλοπραγμοσύνην καὶ ἐθέλοντος ἐλαττοῦσθαι, ὥστε πράγματα μὴ ἔχειν.

ΑΔΕΙΜΑΝΤΟΣ. Πῇ δή, ἔφη, γίγνεται;

ΣΩΚΡΑΤΗΣ. Ὅταν, ἦν δ' ἐγώ, πρῶτον μὲν τῆς μητρὸς ἀκούῃ ἀχθομένης, ὅτι οὐ τῶν ἀρχόντων αὐτῇ ὁ ἀνήρ ἐστι, καὶ ἐλαττουμένης διὰ ταῦτα ἐν ταῖς ἄλλαις γυναιξίν, ἔπειτα ὁρώσης μὴ σφόδρα

SOCRATE. La dialectique tempérée par la musique; elle seule peut conserver la vertu dans un cœur qui la possède.

ADIMANTE. Tu dis bien.

SOCRATE. Tel est le jeune homme ambitieux, image du gouvernement timocratique.

ADIMANTE. Tout-à-fait.

SOCRATE. Voici à présent de quelle manière à peu près il se forme. Il aura pour père un homme de bien, citoyen d'un État mal gouverné, qui fuit les honneurs, les dignités, les fonctions de juge, et tous les embarras que les charges traînent après elles, qui enfin aime mieux la médiocrité de celui qui obéit que les ennuis de celui qui commande.

ADIMANTE. Mais comment se forme le caractère de ce jeune homme?

SOCRATE. D'abord il entend les discours de sa mère: elle se plaint que son mari n'a nulle part au pouvoir dans l'État; qu'elle en est moins considérée des autres femmes; qu'il n'a point assez

ΣΩΚΡΑΤΗΣ. Λόγου,
ἦν δὲ ἐγώ,
κεκραμένου μουσικῇ·
ὃς ἐγγενόμενος
μόνος
ἐνοικεῖ τῷ ἔχοντι
σωτὴρ ἀρετῆς
διὰ βίου.

ΑΔΕΙΜΑΝΤΟΣ. Λέγεις καλῶς,
ἔφη.

ΣΩΚΡΑΤΗΣ. Καὶ τοιοῦτος μέν γε,
ἦν δὲ ἐγώ,
ἐστὶ ὁ νεανίας τιμοκρατικὸς
ἐοικὼς τῇ πόλει τοιαύτῃ.

ΑΔΕΙΜΑΝΤΟΣ. Πάνυ μὲν οὖν.

ΣΩΚΡΑΤΗΣ. Οὗτος δὲ
γίγνεταί γε
ὧδέ πως, εἶπον,
ἐνίοτε ὢν νέος
υἱὸς πατρὸς ἀγαθοῦ
οἰκοῦντος ἐν πόλει
οὐκ εὖ πολιτευομένῃ,
φεύγοντος τάς τε τιμὰς
καὶ ἀρχὰς
καὶ δίκας
καὶ πᾶσαν τὴν φιλοπραγμοσύνην
τοιαύτην
καὶ ἐθέλοντος ἐλαττοῦσθαι,
ὥστε μὴ ἔχειν πράγματα.

ΑΔΕΙΜΑΝΤΟΣ. Πῇ δή,
ἔφη, γίγνεται ;

ΣΩΚΡΑΤΗΣ. Ὅταν, ἦν δὲ ἐγώ,
πρῶτον μὲν ἀκούῃ τῆς μητρὸς
ἀχθομένης
ὅτι ὁ ἀνὴρ αὐτῇ ἐστιν
οὐ τῶν ἀρχόντων,
καὶ διὰ ταῦτα
ἐλαττουμένης
ἐν ταῖς ἄλλαις γυναιξίν,

SOCRATE. De la raison (dialecti- [que),
dis-je,
mélangée à *la* musique ;
laquelle *raison* existant
seule *en quelqu'un*
réside en celui qui-*la*-possède
sauve-garde de la vertu
pendant (tout le temps de) la vie.

ADIMANTE. Tu dis bien,
dit-il.

SOCRATE. Et tel en vérité certes,
dis-je,
est le jeune-homme timocratique
ressemblant à la cité telle.

ADIMANTE. Tout-à-fait.

SOCRATE. Et celui-ci
se forme certes
ainsi en quelque sorte, dis-je,
parfois étant jeune
fils d'un père homme-de-bien
habitant dans une cité
non pas bien gouvernée,
fuyant et les honneurs
et les dignités
et les fonctions-de-juge
et toute l'activité
telle [crité,
et voulant vivre-dans-la-médio-
pour ne point avoir d'affaires.

ADIMANTE. De quelle manière
dit-il, se forme-t-il ? [donc,

SOCRATE. *C'est* lorsque, dis-je,
d'abord il entend sa mère [gnant)
supportant-impatiemment (se plai-
que le mari à elle est
non *au rang* des chefs de l'État,
et pour ces choses
étant moins estimée
parmi les autres femmes,

περὶ χρήματα σπουδάζοντα μηδὲ μαχόμενον καὶ λοιδορούμενον ἰδίᾳ τε ἐν δικαστηρίοις καὶ δημοσίᾳ, ἀλλὰ ῥᾳθύμως πάντα τὰ τοιαῦτα φέροντα, καὶ ἑαυτῷ μὲν τὸν νοῦν προσέχοντα ἀεὶ αἰσθάνηται, ἑαυτὴν δὲ μήτε πάνυ τιμῶντα μήτε ἀτιμάζοντα· ἐξ ἁπάντων τούτων ἀχθομένης τε καὶ λεγούσης, ὡς ἄνανδρός τε αὐτῷ ὁ πατὴρ καὶ λίαν ἀνειμένος, καὶ ἄλλα δὴ ὅσα καὶ οἷα φιλοῦσιν αἱ γυναῖκες περὶ τῶν τοιούτων ὑμνεῖν.

ΑΔΕΙΜΑΝΤΟΣ. Καὶ μάλ', ἔφη ὁ Ἀδείμαντος, πολλά τε καὶ ὅμοια ἑαυταῖς.

ΣΩΚΡΑΤΗΣ. Οἶσθα οὖν, ἦν δ' ἐγώ, ὅτι καὶ οἱ οἰκέται τῶν τοιούτων ἐνίοτε λάθρᾳ πρὸς τοὺς υἱεῖς τοιαῦτα λέγουσιν, οἱ δοκοῦντες εὖνοι εἶναι, καὶ ἐάν τινα ἴδωσιν ἢ ὠφείλοντα χρήματα, ᾧ μὴ ἐπεξέρχεται ὁ πατήρ, ἤ τι ἄλλο ἀδικοῦντα, διακελεύονται ὅπως, ἐπει-

d'empressement pour augmenter son bien; qu'insulté devant les tribunaux, dans des affaires civiles, ou devant l'assemblée du peuple, il ne sait pas se défendre, mais supporte lâchement ces affronts; qu'elle s'aperçoit tous les jours que, tout occupé de lui-même, il n'a pour elle que de l'indifférence. Cette mère, outrée d'une pareille conduite, répète sans cesse à son fils que son père est un homme mou et sans caractère, et cent autres sottises semblables que les femmes ont coutume de débiter en ces sortes de rencontres.

ADIMANTE. Il est vrai qu'alors elles font mille plaintes qui sont tout à fait dans leur caractère.

SOCRATE. Tu n'ignores pas, en outre, que les serviteurs qui se piquent de faire preuve de zèle envers le fils de la maison lui tiennent parfois en secret le même langage. Lorsqu'ils voient, par exemple, qu'un père ne poursuit pas le payement de quelque dette, ou la réparation de quelque injure, ils exhortent vivement son fils,

ἔπειτα ὁρώσης   ensuite le voyant
μὴ σφόδρα σπουδάζοντα   non vivement s'évertuant
περὶ χρήματα   autour des richesses
μηδὲ μαχόμενον   ni luttant
καὶ λοιδορούμενον   ni injuriant à cause d'elles
ἰδίᾳ τε   et en particulier
ἐν δικαστηρίοις καὶ δημοσίᾳ,   devant les tribunaux et en public,
ἀλλὰ φέροντα ῥᾳθύμως   mais supportant avec-indifférence
πάντα τὰ τοιαῦτα,   toutes les choses telles,   [côté
καὶ αἰσθάνηται μὲν   et qu'elle s'aperçoit que lui d'un
προσέχοντα τὸν νοῦν ἑαυτῷ,   appliquant son esprit à lui-même,
μήτε δὲ τιμῶντα   et ne l'honorant pas
πάνυ ἑαυτὴν   beaucoup elle-même
μήτε ἀτιμάζοντα·   ni ne la dédaignant;
ἐξ ἁπάντων τούτων   de toutes ces choses
ἀχθομένης τε καὶ λεγούσης   et étant indignée et disant
ὡς ὁ πατὴρ αὐτῷ   que le père à lui (au fils)
ἄνανδρός τε καὶ λίαν ἀνειμένος,   est et sans cœur et trop mou,
καὶ ἄλλα δὴ   et les autres choses certes
ὅσα   aussi nombreuses
καὶ οἷα αἱ γυναῖκες   et telles que les femmes
φιλοῦσιν ὑμνεῖν   ont coutume de chanter
περὶ τῶν τοιούτων.   sur de telles choses.

ΑΔΕΙΜΑΝΤΟΣ. Καὶ μάλα,   ADIMANTE. Et vraiment,
ἔφη ὁ Ἀδείμαντος,   dit Adimante,   [choses
πολλά τε   elles chantent et beaucoup de
καὶ ὅμοια ἑαυταῖς.   et conformes à elles-mêmes.

ΣΩΚΡΑΤΗΣ. Οἶσθα οὖν,   SOCRATE. Tu sais bien aussi,
ἦν δ' ἐγώ,   dis-je,
ὅτι καὶ οἱ οἰκέται τῶν τοιούτων   que les serviteurs de tels maîtres
οἱ δοκοῦντες εἶναι εὖνοι   qui paraissent être dévoués,
ἐνίοτε λάθρα   parfois en secret
λέγουσιν τοιαῦτα   disent de telles choses
πρὸς τοὺς υἱεῖς,   aux fils de ceux-ci,
καὶ ἐὰν ἴδωσίν τινα   et s'ils voient quelqu'un
ἢ ὀφείλοντα χρήματα,   ou devant de l'argent
ἢ ἀδικοῦντα ἄλλο τι   ou faisant quelque autre injustice
ᾧ ὁ πατὴρ μὴ ἐπεξέρχεται   à qui le père ne court-pas-sus
διακελεύονται ὅπως,   ils l'exhortent de manière que,

δὰν ἀνὴρ γένηται, τιμωρήσεται πάντας τοὺς τοιούτους καὶ ἀνὴρ μᾶλλον ἔσται τοῦ πατρός. Καὶ ἐξιὼν ἕτερα τοιαῦτα ἀκούει καὶ ὁρᾷ τοὺς μὲν τὰ αὐτῶν πράττοντας ἐν τῇ πόλει ἠλιθίους τε καλουμένους καὶ ἐν σμικρῷ λόγῳ ὄντας, τοὺς δὲ μὴ τὰ αὐτῶν τιμωμένους τε καὶ ἐπαινουμένους. Τότε δὴ ὁ νέος πάντα τὰ τοιαῦτα ἀκούων τε καὶ ὁρῶν, καὶ αὖ τοὺς τοῦ πατρὸς λόγους ἀκούων τε καὶ ὁρῶν τὰ ἐπιτηδεύματα αὐτοῦ ἐγγύθεν παρὰ τὰ τῶν ἄλλων, ἑλκόμενος ὑπ' ἀμφοτέρων τούτων, τοῦ μὲν πατρὸς αὐτοῦ τὸ λογιστικὸν ἐν τῇ ψυχῇ ἄρδοντός τε καὶ αὔξοντος, τῶν δὲ ἄλλων τό τε ἐπιθυμητικὸν καὶ τὸ θυμοειδές, διὰ τὸ μὴ κακοῦ ἀνδρὸς εἶναι τὴν φύσιν, ὁμιλίαις δὲ ταῖς τῶν ἄλλων κακαῖς κεχρῆσθαι, εἰς τὸ μέσον ἑλκό-

lorsqu'il sera grand, à ne pas laisser ainsi dormir les débiteurs et à se montrer plus homme que son père. Sort-il de la maison, il entend de tous côtés les mêmes discours ; il voit qu'on méprise, qu'on traite d'imbéciles ceux qui ne s'occupent que de leurs seules affaires, tandis qu'on honore et qu'on vante les gens qui se mêlent de ce qui ne les regarde pas. Ce jeune homme, qui entend et voit tout cela, à qui son père tient, d'autre part, un langage tout différent, et qui voit que la conduite de son père à cet égard est opposée à celle des autres, se sent à la fois tiré de deux côtés : par son père, qui cultive et fortifie la partie raisonnable de son âme, et par les autres, qui enflamment sa passion et ses désirs. Comme son naturel n'est point mauvais de soi, qu'il est seulement sollicité au mal par de fâcheuses accointances, il prend le milieu entre les deux parties ex-

ἐπειδὰν γένηται ἀνήρ,	après qu'il sera-devenu homme.
τιμωρήσεται	il fera (fasse) punir
πάντας τοὺς τοιούτους	tous les *hommes* tels
καὶ ἔσται ἀνὴρ	et sera (soit) homme
μᾶλλον τοῦ πατρός.	plus-que son père.
Καὶ ἐξιὼν ἀκούει	Et sortant-de-la-maison il entend
ἕτερα τοιαῦτα	d'autres choses telles
καὶ ὁρᾷ τοὺς μὲν	et voit d'un côté ceux
πράττοντας τὰ αὑτῶν	qui-font les affaires d'eux-mêmes
καλουμένους τε ἠλιθίους	et appelés imbéciles
ἐν τῇ πόλει	dans la cité
καὶ ὄντας ἐν λόγῳ σμικρῷ,	et étant en estime petite,
τοὺς δὲ μὴ	d'un autre côté ceux *qui ne font* pas
τὰ αὑτῶν	les *affaires* d'eux-mêmes
τιμωμένους τε	et honorés
καὶ ἐπαινουμένους.	et loués.
Τότε δὴ ὁ νέος	Alors certes le jeune *homme*
ἀκούων τε καὶ ὁρῶν	et entendant et voyant
πάντα τὰ τοιαῦτα,	toutes les choses telles,
καὶ αὖ ἀκούων τε	et d'autre part et entendant
λόγους	*les* discours
παρὰ τοῦ πατρὸς	de *son* père
καὶ ὁρῶν ἐγγύθεν	et voyant de-près
τὰ ἐπιτηδεύματα αὐτοῦ	les pratiques de lui
παρὰ τὰ τῶν ἄλλων,	en face de celles des autres,
ἑλκόμενος ὑπὸ ἀμφοτέρων τούτων	tiré par ces deux choses,
τοῦ μὲν πατρὸς αὐτοῦ	d'un côté le père de lui
ἄρδοντός τε καὶ αὔξοντος	et arrosant et fortifiant
τὸ λογιστικὸν ἐν τῇ ψυχῇ,	le raisonnable dans son âme,
τῶν δὲ ἄλλων	d'un autre côté les autres [cible
τό τε ἐπιθυμητικὸν	*cultivant et exaltant* le concupis-
καὶ τὸ θυμοειδές,	et l'irascible,
διὰ τὸ τὴν φύσιν	par le (cela que) sa nature
μὴ εἶναι	n'être (est) pas *celle*
ἀνδρός κακοῦ,	d'un homme méchant,
κεχρῆσθαι δὲ	mais avoir (qu'il a) usé
ταῖς κακαῖς ὁμιλίαις	des mauvaises fréquentations
τῶν ἄλλων	des autres
ἑλκόμενος	tiré, *dis-je,*

μένος ὑπ' ἀμφοτέρων τούτων ἦλθε, καὶ τὴν ἐν ἑαυτῷ ἀρχὴν παρέδωκε τῷ μέσῳ τε καὶ φιλονείκῳ καὶ θυμοειδεῖ, καὶ ἐγένετο ὑψηλόφρων τε καὶ φιλότιμος ἀνήρ.

ΑΔΕΙΜΑΝΤΟΣ. Κομιδῇ μοι, ἔφη, δοκεῖς τὴν τούτου γένεσιν διεληλυθέναι.

ΣΩΚΡΑΤΗΣ. Ἔχομεν ἄρα, ἦν δ' ἐγώ, τήν τε δευτέραν πολιτείαν καὶ τὸν δεύτερον ἄνδρα.

ΑΔΕΙΜΑΝΤΟΣ. Ἔχομεν, ἔφη.

VI. ΣΩΚΡΑΤΗΣ. Οὐκοῦν μετὰ τοῦτο, τὸ τοῦ Αἰσχύλου, λέγωμεν ἄλλον ἄλλῃ πρὸς πόλει τεταγμένον, μᾶλλον δὲ κατὰ τὴν ὑπόθεσιν προτέραν τὴν πόλιν ;

ΑΔΕΙΜΑΝΤΟΣ. Πάνυ μὲν οὖν, ἔφη.

ΣΩΚΡΑΤΗΣ. Εἴη δέ γ' ἄν, ὡς ἐγῷμαι, ὀλιγαρχία ἡ μετὰ τοιαύτην πολιτείαν.

ΑΔΕΙΜΑΝΤΟΣ. Λέγεις δέ, ἦ δ' ὅς, τὴν ποίαν κατάστασιν ὀλιγαρχίαν ;

trêmes et laisse tout empire sur son âme à cette partie de lui-même où réside le principe irascible, l'esprit de dispute, et qui tient le milieu entre la raison et les vils désirs ; il devient un homme altier et ambitieux.

ADIMANTE. Il me semble que tu as très-bien expliqué l'origine et le développement de ce caractère.

SOCRATE. Voilà donc le gouvernement et l'homme de la seconde espèce.

ADIMANTE. Oui.

VI. SOCRATE. Passons ainsi en revue, comme dans Eschyle, un autre homme auprès d'un autre État ; et, pour garder le même ordre, commençons par l'État.

ADIMANTE. J'y consens.

SOCRATE. Le gouvernement qui vient après, est, je crois, l'oligarchie.

ADIMANTE. Qu'entends-tu par oligarchie?

ὑπὸ ἀμφοτέρων τούτων
ἦλθε εἰς τὸ μέσον,
καὶ παρέδωκε τὴν ἀρχὴν
ἐν ἑαυτῷ
τῷ μέσῳ τε
καὶ φιλονείκῳ
καὶ θυμοειδεῖ,
καὶ ἐγένετο ἀνὴρ
ὑψηλόφρων τε
καὶ φιλότιμος.

ΑΔΕΙΜΑΝΤΟΣ. Δοκεῖς μοι,
ἔφη,
διεληλυθέναι κομιδῇ
τὴν γένεσιν τούτου.

ΣΩΚΡΑΤΗΣ. Ἔχομεν ἄρα,
ἦν δὲ ἐγώ,
τήν τε δευτέραν πολιτείαν
καὶ τὸν δεύτερον ἄνδρα.

ΑΔΕΙΜΑΝΤΟΣ. Ἔχομεν,
ἔφη.

VI. ΣΩΚΡΑΤΗΣ. Οὐκοῦν
λέγωμεν μετὰ τοῦτο,
τὸ τοῦ Αἰσχύλου,
ἄλλον τεταγμένον
πρὸς ἄλλῃ πόλει,
μᾶλλον δὲ
κατὰ τὴν ὑπόθεσιν
τὴν πόλιν προτέραν;

ΑΔΕΙΝΑΝΤΟΣ. Πάνυ μὲν οὖν,
ἔφη.

ΣΩΚΡΑΤΗΣ. Ὀλιγαρχία δὲ
εἴη ἄν γε,
ὡς ἐγὼ οἶμαι,
ἡ μετὰ
τὴν ταύτην πολιτείαν.

ΑΔΕΙΜΑΝΤΟΣ.
Τὴν ποίαν κατάστασιν,
ἦ δὲ ὅς,
λέγεις ὀλιγαρχίαν;

---

par ces deux choses
il vient au milieu,
et donne le gouvernement
sur lui-même
et à *ce* milieu (principe)
qui est et ami de l'émulation
et irascible,
et fier
et il est devenu un homme
et ami-des-honneurs.

ADIMANTE. Tu me parais,
dit-il,
avoir expliqué tout-à-fait
la formation de celui-ci.

SOCRATE. Nous avons donc,
dis-je,
et le second gouvernement
et le second *caractère d'*homme

ADIMANTE. Nous *l'*avons,
dit-il.

VI. SOCRATE. Est-ce-donc-que
nous disons après cela,
selon l'expression d'Eschyle,
un autre *homme* mis-en-rang
auprès d'une autre cité,
et plutôt
selon *notre* méthode
la cité la première (en premier lieu)?

ADIMANTE. Tout-à-fait certes,
dit-il.

SOCRATE. Or l'oligarchie
sera certes,
comme je pense,
le *gouvernement venant* après
ce gouvernement.

ADIMANTE.
Laquelle constitution,
dit-il,
appeles-tu oligarchie?

ΣΩΚΡΑΤΗΣ. Τὴν ἀπὸ τιμημάτων, ἦν δ' ἐγώ, πολιτείαν, ἐν ᾗ οἱ μὲν πλούσιοι ἄρχουσι, πένητι δὲ οὐ μέτεστιν ἀρχῆς.

ΑΔΕΙΜΑΝΤΟΣ. Μανθάνω, ἦ δ' ὅς.

ΣΩΚΡΑΤΗΣ. Οὐκοῦν ὡς μεταβαίνει πρῶτον ἐκ τῆς τιμαρχίας εἰς τὴν ὀλιγαρχίαν, ῥητέον;

ΑΔΕΙΜΑΝΤΟΣ. Ναί.

ΣΩΚΡΑΤΗΣ. Καὶ μήν, ἦν δ' ἐγώ, καὶ τυφλῷ γε δῆλον, ὡς μεταβαίνει.

ΑΔΕΙΜΑΝΤΟΣ. Πῶς;

ΣΩΚΡΑΤΗΣ. Τὸ ταμιεῖον, ἦν δ' ἐγώ, ἐκεῖνο ἑκάστῳ χρυσίου πληρούμενον ἀπόλλυσι τὴν τοιαύτην πολιτείαν. Πρῶτον μὲν γὰρ δαπάνας αὑτοῖς ἐξευρίσκουσι, καὶ τοὺς νόμους ἐπὶ τοῦτο παράγουσιν, ἀπειθοῦντες αὐτοί τε καὶ γυναῖκες αὐτῶν.

ΑΔΕΙΜΑΝΤΟΣ. Εἰκός, ἔφη.

ΣΩΚΡΑΤΗΣ. Ἔπειτά γε, οἶμαι, ἄλλος ἄλλον ὁρῶν καὶ εἰς ζῆλον ἰὼν τὸ πλῆθος τοιοῦτον αὐτῶν ἀπειργάσαντο.

SOCRATE. J'entends une forme de gouvernement qui est fondée sur le cens, où les riches ont le pouvoir, auquel les pauvres n'ont aucune part.

ADIMANTE. Je comprends.

SOCRATE. Ne dirons-nous pas d'abord comment la timarchie se change en oligarchie?

ADIMANTE. Oui.

SOCRATE. Un aveugle même verrait aisément comment se fait le passage de l'une à l'autre.

ADIMANTE. Comment se fait-il?

SOCRATE. Ces richesses, accumulées dans les coffres de chaque particulier, perdent à la fin la timarchie. D'abord ils trouvent le moyen de faire de folles dépenses pour eux-mêmes, au mépris des lois, qu'ils savent éluder et violer, eux et leurs femmes.

ADIMANTE. Cela doit être.

SOCRATE. Ensuite, l'exemple des uns excitant les autres et les portant à les imiter, en peu de temps la contagion devient universelle.

ΣΩΚΡΑΤΗΣ. Τὴν πολιτείαν
ἀπὸ τιμημάτων, ἦν δὲ ἐγώ,
ἐν ᾗ οἱ μὲν πλούσιοι
ἄρχουσι,
πένητι δὲ
οὐ μέτεστιν ἀρχῆς.
ΑΔΕΙΜΑΝΤΟΣ. Μανθάνω,
ἦ δὲ ὅς.
ΣΩΚΡΑΤΗΣ. Οὐκοῦν ῥητέον
ὡς πρῶτον
μεταβαίνει
ἐκ τῆς τιμαρχίας
εἰς τὴν ὀλιγαρχίαν;
ΑΔΕΙΜΑΝΤΟΣ. Ναί.
ΣΩΚΡΑΤΗΣ. Καὶ μὴν,
ἦν δὲ ἐγώ,
δῆλον καὶ τυφλῷ γε
ὡς μεταβαίνει.
ΑΔΕΙΜΑΝΤΟΣ. Πῶς;
ΣΩΚΡΑΤΗΣ. Ἐκεῖνο τὸ ταμιεῖον,
ἦν δὲ ἐγώ,
πληρούμενον χρυσίου
ἑκάστῳ
ἀπόλλυσι
τὴν τοιαύτην πολιτείαν.
Πρῶτον μὲν γὰρ
ἐξευρίσκουσι
δαπάνας αὐτοῖς
καὶ παράγουσι τοὺς νόμους
ἐπὶ τοῦτο,
ἀπειθοῦντες αὐτοί τε
καὶ γυναῖκες αὐτῶν.
ΑΔΕΙΜΑΝΤΟΣ. Εἰκός,
ἔφη.
ΣΩΚΡΑΤΗΣ. Ἔπειτά γε, οἶμαι,
ἄλλος ὁρῶν ἄλλον
καὶ ἰὼν εἰς ζῆλον,
ἀπειργάσαντο τοιοῦτον
τὸ πλῆθος αὐτῶν.

SOCRATE. Le gouvernement
qui dépend du cens, dis-je,
dans lequel les riches à la vérité
gouvernent,
mais au pauvre,
n'est-nulle-portion du pouvoir.
ADIMANTE. Je comprends,
dit-il.
SOCRATE. Ne faut-il pas dire
comment d'abord
se-fait-changement
de la timarchie
en l'oligarchie?
ADIMANTE. Oui.
SOCRATE. Et cértes,
dis-je,
il est clair même pour un aveugle
comment se-fait-*ce*-changement.
ADIMANTE. Comment?
SOCRATE. Ce coffre-fort,
dis-je,
rempli de pièces-d'or
pour chacun
perd
le tel gouvernement (timarchie).
D'abord en effet,
ils imaginent
des dépenses pour eux-mêmes
et détournent les lois
vers cela,
leur désobéissant et eux
et les femmes d'eux. [ble,
ADIMANTE. *Cela est* vraisembla-
dit-il.
SOCRATE. Ensuite, je pense,
l'un voyant l'autre
et allant en rivalité *de richesses*,
ils ont fait tel
le plus grand nombre d'eux-mêmes,

ΑΔΕΙΜΑΝΤΟΣ. Εἰκός.

ΣΩΚΡΑΤΗΣ. Τοὐντεῦθεν τοίνυν, εἶπον, προϊόντες εἰς τὸ πρόσθεν τοῦ χρηματίζεσθαι, ὅσῳ ἂν τοῦτο τιμιώτερον ἡγῶνται, τοσούτῳ ἀρετὴν ἀτιμοτέραν. Ἢ οὐχ οὕτω πλούτου ἀρετὴ διέστηκεν, ὥσπερ ἐν πλάστιγγι ζυγοῦ κειμένου ἑκατέρου ἀεὶ τοὐναντίον ῥέποντε;

ΑΔΕΙΜΑΝΤΟΣ. Καὶ μάλ', ἔφη.

ΣΩΚΡΑΤΗΣ. Τιμωμένου δὴ πλούτου ἐν πόλει καὶ τῶν πλουσίων ἀτιμοτέρα ἀρετή τε καὶ οἱ ἀγαθοί.

ΑΔΕΙΜΑΝΤΟΣ. Δῆλον.

ΣΩΚΡΑΤΗΣ. Ἀσκεῖται δὴ τὸ ἀεὶ τιμώμενον, ἀμελεῖται δὲ τὸ ἀτιμαζόμενον.

ΑΔΕΙΜΑΝΤΟΣ. Οὕτως.

ΣΩΚΡΑΤΗΣ. Ἀντὶ δὴ φιλονείκων καὶ φιλοτίμων ἀνδρῶν φιλοχρηματισταὶ καὶ φιλοχρήματοι τελευτῶντες ἐγένοντο, καὶ τὸν μὲν

ADIMANTE. Cela doit être encore.

-SOCRATE. Pour soutenir ces dépenses, on se livre de plus en plus à la passion d'amasser ; or plus le crédit des richesses augmente, plus celui de la vertu diminue. La richesse et la vertu ne sont-ils pas, en effet, comme deux poids mis dans une balance, dont l'un ne peut monter que l'autre ne baisse?

ADIMANTE. Oui.

SOCRATE. Par conséquent, la vertu et les gens de bien sont d'autant moins estimés dans un État qu'on y estime davantage les riches et les richesses.

ADIMANTE. Cela est évident.

SOCRATE. Mais on recherche ce qu'on estime, et l'on néglige ce qu'on méprise.

ADIMANTE. Sans doute.

SOCRATE. Ainsi, dans la timarchie, les citoyens. d ambitieux et d'intrigants qu'ils étaient, finissent par devenir avares et cupides. Tous leurs éloges, toute leur admiration est pour es riches; les

ΑΔΕΙΜΑΝΤΟΣ. Εἰκός. .
ΣΩΚΡΑΤΗΣ. Τὸ ἐντεῦθεν τοίνυν,
εἶπον,
προϊόντες
εἰς τὸ πρόσθεν
τοῦ χρηματίζεσθαι
ὅσῳ ἂν ἡγῶνται
τοῦτο τιμιώτερον,
τοσούτῳ ἀτιμοτέραν
ἀρετήν.
Ἦ οὐκ
ἀρετὴ διέστηκεν
οὕτω πλούτου,
ὥσπερ ἑκατέρου
κειμένου ἐν πλάστιγγι
ζυγοῦ
ῥέποντε ἀεὶ
τὸ ἐναντίον;

ΑΔΕΙΜΑΝΤΟΣ. Καὶ μάλα,
ἔφη.

ΣΩΚΡΑΤΗΣ. Πλούτου δὴ
τιμωμένου
ἐν πόλει
καὶ τῶν πλουσίων
ἀρετὴ ἀτιμοτέρα
τε καὶ οἱ ἀγαθοί.

ΑΔΕΙΜΑΝΤΟΣ. Δῆλον.

ΣΩΚΡΑΤΗΣ. Τὸ δὴ
ἀεὶ τιμώμενον
ἀσκεῖται,
τὸ δὲ ἀτιμαζόμενον
ἀμελεῖται.

ΑΔΕΙΜΑΝΤΟΣ. Οὕτως.

ΣΩΚΡΑΤΗΣ. Ἀντὶ δὲ ἀνδρῶν
φιλονείκων
καὶ φιλοτίμων
τελευτῶντες ἐγένοντο
φιλοχρηματισταὶ
καὶ φιλοχρήματοι,

ADIMANTE. *Il est* vraisemblable.

SOCRATE. De là donc,
dis-je,
s'avançant
vers le plus-avant
du s'enrichir,
d'autant ils considèrent
cela *comme* plus honorable
d'autant moins honorable
ils estiment la vertu.
Ou n'*est-ce* pas que
la vertu est distante (différente)
à-tel-point de l'argent,
que, chacune des deux choses
étant placée dans le plateau
d'une balance,
toutes deux inclinent toujours
en sens contraire ?

ADIMANTE. Et certainement,
dit-il.

SOCRATE. Or l'argent
étant honoré
dans·une cité
ainsi que les riches
la vertu *est* sans-honneur
ainsi que les hommes de bien.

ADIMANTE. *C'est* évident.

SOCRATE. Or ce qui *est*
toujours honoré
est recherché,
et ce qui est méprisé
est négligé.

ADIMANTE. *Il en va* ainsi. [mes

SOCRATE. En place donc d'hom-
amis-de-l'émulation
et amis-des-honneurs
finissant (à la fin) ils sont devenus
amis-du-gain
et amis-de-l'argent,

πλούσιον ἐπαινοῦσί τε καὶ θαυμάζουσι καὶ εἰς τὰς ἀρχὰς ἄγουσι, τὸν δὲ πένητα ἀτιμάζουσιν.

ΑΔΕΙΜΑΝΤΟΣ. Πάνυ γε.

ΣΩΚΡΑΤΗΣ. Οὐκοῦν τότε δὴ νόμον τίθενται ὅρον πολιτείας ὀλιγαρχικῆς, ταξάμενοι πλῆθος χρημάτων, οὗ μὲν μᾶλλον ὀλιγαρχία, πλέον, οὗ δ' ἧττον, ἔλαττον, προειπόντες ἀρχῶν μὴ μετέχειν, ᾧ ἂν μὴ ᾖ οὐσία εἰς τὸ ταχθὲν τίμημα, ταῦτα δὲ ἢ βίᾳ μεθ' ὅπλων διαπράττονται, ἢ καὶ πρὸ τούτου φοβήσαντες κατεστήσαντο τὴν τοιαύτην πολιτείαν. Ἢ οὐχ οὕτως ;

ΑΔΕΙΜΑΝΤΟΣ. Οὕτω μὲν οὖν.

ΣΩΚΡΑΤΗΣ. Ἡ μὲν δὴ κατάστασις, ὡς ἔπος εἰπεῖν, αὕτη.

ΑΔΕΙΜΑΝΤΟΣ. Ναί, ἔφη· ἀλλὰ τίς δὴ ὁ τρόπος τῆς πολιτείας, καὶ ποῖά ἐστιν ἃ ἔφαμεν αὐτὴν ἁμαρτήματα ἔχειν ;

ΣΩΚΡΑΤΗΣ. Πρῶτον μέν, ἔφην, τοῦτο αὐτό, ὅρος αὐτῆς οἷός

emplois ne sont que pour eux : c'est assez d'être pauvre pour être méprisé.

ADIMANTE. Sans contredit.

SOCRATE. Alors une loi établit la base du gouvernement oligarchique, laquelle est la quotité de la fortune. Le cens exigé est plus ou moins considérable, selon que le principe oligarchique a plus ou moins de vigueur ; et l'accès des charges est fermé à ceux dont le bien ne monte pas au taux marqué. Les riches imposent cette loi par la voie de la force et des armes, ou, avant d'y avoir recours, la font adopter par la terreur. N'est-ce pas ainsi que les choses se passent ?

ADIMANTE. Oui.

SOCRATE. Voilà donc à peu près comment cette forme de gouvernement s'établit.

ADIMANTE. Oui ; mais quelles sont ses mœurs et les vices que nous lui reprochons ?

SOCRATE. Le premier est le principe même de cet État. Vois,

καὶ ἐπαινοῦσί τε καὶ θαυμάζουσι	et aussi ils louent et admirent
καὶ ἄγουσι εἰς τὰς ἀρχὰς	et portent aux dignités
τὸν μὲν πλούσιον,	le riche d'un côté,
ἀτιμάζουσι δὲ τὸν πένητα.	mais dédaignent le pauvre.
ΑΔΕΙΜΑΝΤΟΣ. Πάνυ γε.	ADIMANTE. Tout-à-fait certes.
ΣΩΚΡΑΤΗΣ. Οὐκοῦν τότε δὴ	SOCRATE. Alors donc assurément
τίθενται νόμον	ils établissent une loi
ὅρον πολιτείας	mesure du gouvernement
ὀλιγαρχικῆς,	oligarchique,
ταξάμενοι πλῆθος χρημάτων	ayant fixé une quotité de richesses
πλέον μὲν οὗ	plus-grande là-où
ὀλιγαρχία μᾶλλον	l'oligarchie est plus-forte,
ἔλαττον δέ	et plus petite
οὗ ἧττον,	là-où elle est plus-faible,
προειπόντες μὴ μετέχειν	édictant participation n'être pas
ἀρχῶν	des honneurs
ᾧ οὐσία μὴ ἂν ᾖ	à celui à qui la fortune n'est pas
εἰς τὸ τίμημα ταχθέν,	au taux déterminé,
διαπράττονται δὲ ταῦτα	et ils font ces choses
ἢ βίᾳ μεθ' ὅπλων	ou par force avec les armes
ἢ καὶ πρὸ τούτου	ou bien avant cela
φοβήσαντες	ayant terrorisé les pauvres
κατεστήσαντο	ils ont établi
τὴν πολιτείαν τοιαύτην.	le gouvernement tel.
Ἢ οὐχ οὕτως;	Ou n'est-ce point ainsi ?
ΑΔΕΙΜΑΝΤΟΣ. Οὕτω μὲν οὖν.	ADIMANTE. Ainsi certes.
ΣΩΚΡΑΤΗΣ.	SOCRATE.
Ἡ μὲν δὴ κατάστασις,	La constitution d'une part est,
ὡς ἔπος εἰπεῖν,	pour ainsi parler (à peu près),
αὕτη.	celle-ci.
ΑΔΕΙΜΑΝΤΟΣ. Ναί, ἔφη·	ADIMANTE. Oui, dit-il;
ἀλλὰ τίς δὴ ὁ τρόπος	mais quel est donc le caractère
τῆς πολιτείας,	de ce gouvernement,
καὶ ποῖά ἐστιν ἁμαρτήματα	et quels sont les défauts
ἃ ἔφαμεν αὐτὴν ἔχειν;	que nous disions lui avoir?
ΣΩΚΡΑΤΗΣ. Πρῶτον μέν,	SOCRATE. Tout d'abord,
ἔφην,	disais-je,
τοῦτο αὐτό	cela même
ὅρος αὐτῆς οἷός ἐστιν.	le principe de lui tel qu'il est.

ἐστιν. Ἄθρει γάρ, εἰ νεῶν οὕτω τις ποιοῖτο κυβερνήτας ἀπὸ τιμημάτων, τῷ δὲ πένητι, εἰ καὶ κυβερνητικώτερος εἴη, μὴ ἐπιτρέποι.

ΑΔΕΙΜΑΝΤΟΣ. Πονηράν, ἦ δ' ὅς, τὴν ναυτιλίαν αὐτοὺς ναυτίλλεσθαι.

ΣΩΚΡΑΤΗΣ. Οὐκοῦν καὶ περὶ ἄλλου οὕτως ὁτουοῦν [ἤ τινος] ἀρχῆς;

ΑΔΕΙΜΑΝΤΟΣ. Οἶμαι ἔγωγε.

ΣΩΚΡΑΤΗΣ. Πλὴν πόλεως, ἦν δ' ἐγώ, ἢ καὶ πόλεως πέρι;

ΑΔΕΙΜΑΝΤΟΣ. Πολύ γ', ἔφη, μάλιστα, ὅσῳ χαλεπωτάτη καὶ μεγίστη ἡ ἀρχή.

ΣΩΚΡΑΤΗΣ. Ἓν μὲν δὴ τοῦτο τοσοῦτον ὀλιγαρχία ἂν ἔχοι ἁμάρτημα.

ΑΔΕΙΜΑΝΤΟΣ. Φαίνεται.

ΣΩΚΡΑΤΗΣ. Τί δαί; τόδε ἆρά τι τούτου ἔλαττον;

ΑΔΕΙΜΑΝΤΟΣ. Τὸ ποῖον;

ΣΩΚΡΑΤΗΣ. Τὸ μὴ μίαν ἀλλὰ δύο ἀνάγκη εἶναι τὴν τοιαύτην

en effet, si, dans le choix du pilote, on avait uniquement égard au cens, et qu'on exclût du gouvernail le pauvre, quoique plus habile, qu'arriverait-il?

ADIMANTE. Que les vaisseaux seraient très-mal gouvernés.

SOCRATE. N'en serait-il pas de même à l'égard de tout autre gouvernement, quel qu'il soit?

ADIMANTE. Je le pense.

SOCRATE. Faut-il en excepter celui d'un État?

ADIMANTE. Moins qu'un autre; car c'est de tous les gouvernements le plus difficile et le plus important.

SOCRATE. L'oligarchie a donc ce vice capital?

ADIMANTE. Oui.

SOCRATE. Mais quoi! cet autre vice est-il moins grave?

ADIMANTE. Quel vice?

SOCRATE. Cet État, par sa nature, n'est point un; mais il renferme nécessairement deux États, l'un composé de riches, l'autre de

Ἄθρει γάρ,
εἴ τις ποιοῖτο οὕτω
κυβερνήτας νεῶν
ἀπὸ τιμημάτων,
μὴ δὲ ἐπιτρέποι
τῷ πένητι
εἰ καὶ εἴη
κυβερνητικώτερος.

ΑΔΕΙΜΑΝΤΟΣ. Αὐτοὺς
ναυτίλλεσθαι,
ἦ δὲ ὅς,
τὴν ναυτιλίαν πονηράν.

ΣΩΚΡΑΤΗΣ. Οὐκοῦν οὕτως
καὶ περὶ ἄλλου
ὁτουοῦν
ἢ τινος ἀρχῆς;

ΑΔΕΙΜΑΝΤΟΣ. Οἶμαι ἔγωγε.

ΣΩΚΡΑΤΗΣ. Πλὴν πόλεως,
ἦν δὲ ἐγώ,
ἢ καὶ περὶ πόλεως;

ΑΔΕΙΜΑΝΤΟΣ. Πολύ γε μάλιστα,
ἔφη,
ὅσῳ ἡ ἀρχὴ
χαλεπωτάτη
καὶ μεγίστη.

ΣΩΚΡΑΤΗΣ. Ὀλιγαρχία μὲν δὴ
ἂν ἔχοι ἓν ἁμάρτημα
τοῦτο τοσοῦτον.

ΑΔΕΙΜΑΝΤΟΣ. Φαίνεται.

ΣΩΚΡΑΤΗΣ. Τί δαί;
τόδε ἄρα
ἔλαττόν τι
τούτου;

ΑΔΕΙΜΑΝΤΟΣ. Τὸ ποῖον;

ΣΩΚΡΑΤΗΣ.
Τὸ τὴν τοιαύτην πόλιν
εἶναι μὴ μίαν ἀλλὰ δύο
ἀνάγκη,
τὴν μὲν πενήτων

Regarde en effet :
si quelqu'un établissait ainsi
des pilotes de vaisseaux
d'après le cens,
et n'en confiait pas *la direction*
au pauvre
quand même il serait
plus-habile-pilote.

ADIMANTE. *Il arriverait* eux (les
naviguer, [vaisseaux)
dit-il,
la navigation mauvaise.

SOCRATE. N'en *serait-il* pas ainsi
et au sujet d'une autre chose
quelle qu'elle fût
ou de quelque direction ? [moins.

ADIMANTE. Je *le* pense moi du

SOCRATE. A l'exception d'une cité,
dis-je.
ou aussi au sujet d'une cité?

ADIMANTE. De beaucoup le plus,
dit-il,
d'autant-que cette direction
est la plus-difficile
et la plus-importante.

SOCRATE. L'oligarchie donc certes
aura un défaut
celui-ci *qui est* si grand.

ADIMANTE. Il paraît.

SOCRATE. Quoi donc?
celui-ci *que je vais dire* est-ce que
il est inférieur en quelque chose
à celui-là?

ADIMANTE. Lequel ?

SOCRATE.
Le *défaut* qu'une telle cité
est non une mais deux
nécessairement,
la *cité* des pauvres d'un côté

πόλιν, τὴν μὲν πενήτων, τὴν δὲ πλουσίων, οἰκοῦντας ἐν τῷ αὐτῷ, ἀεὶ ἐπιβουλεύοντας ἀλλήλοις.

ΑΔΕΙΜΑΝΤΟΣ. Οὐδὲν μὰ Δί᾽, ἔφη, ἔλαττον.

ΣΩΚΡΑΤΗΣ. Ἀλλὰ μὴν οὐδὲ τόδε καλόν, τὸ ἀδυνάτους εἶναι ἴσως πόλεμόν τινα πολεμεῖν διὰ τὸ ἀναγκάζεσθαι ἢ χρωμένους τῷ πλήθει ὡπλισμένῳ δεδιέναι μᾶλλον ἢ τοὺς πολεμίους, ἢ μὴ χρωμένους ὡς ἀληθῶς ὀλιγαρχικοὺς φανῆναι ἐν αὐτῷ τῷ μάχεσθαι, καὶ ἅμα χρήματα μὴ ἐθέλειν εἰσφέρειν, ἅτε φιλοχρημάτους.

ΑΔΕΙΜΑΝΤΟΣ. Οὐ καλόν.

ΣΩΚΡΑΤΗΣ. Τί δέ; ὃ πάλαι ἐλοιδοροῦμεν, τὸ πολυπραγμονεῖν γεωργοῦντας καὶ χρηματιζομένους καὶ πολεμοῦντας ἅμα τοὺς αὐτοὺς ἐν τῇ τοιαύτῃ πολιτείᾳ, ἢ δοκεῖ ὀρθῶς ἔχειν;

ΑΔΕΙΜΑΝΤΟΣ. Οὐδ᾽ ὁπωστιοῦν.

VII. ΣΩΚΡΑΤΗΣ. Ὅρα δή, τούτων πάντων τῶν κακῶν εἰ τόδε μέγιστον αὕτη πρώτη παραδέχεται.

pauvres, qui habitent le même sol, et qui travaillent sans cesse à se détruire les uns les autres.

ADIMANTE. Non certes; ce vice n'est pas moins grave que le premier.

SOCRATE. Ce n'est pas non plus un grand avantage pour ce gouvernement, que l'impuissance où il est de faire la guerre, parce qu'il lui faut, ou bien armer la multitude, et avoir par conséquent plus à craindre d'elle que de l'ennemi; ou ne pas s'en servir, et se présenter au combat avec une armée vraiment oligarchique. Outre cela, les riches refusent par avarice de fournir aux frais de la guerre.

ADIMANTE. Il s'en faut bien que ce soit un avantage.

SOCRATE. De plus, dans cet État, les mêmes citoyens sont à la fois laboureurs, guerriers et commerçants? Or est-ce à juste titre ou non que nous avons proscrit cette confusion?

ADIMANTE. A très-juste titre.

VII. SOCRATE. Vois maintenant si le plus grand vice de cette constitution n'est pas celui que je vais dire.

τὴν δὲ πλουσίων,
οἰκοῦντας ἐν τῷ αὐτῷ,
ἀεὶ ἐπιβουλεύοντας
ἀλλήλοις.

ΑΔΕΙΜΑΝΤΟΣ. Οὐδὲν
ἔλαττον μὰ Δία,
ἔφη.

ΣΩΚΡΑΤΗΣ. Ἀλλὰ μὴν
τόδε οὐδὲ καλόν,
τὸ εἶναι ἴσως ἀδυνάτους
πολεμεῖν τινὰ πόλεμον
διὰ τὸ ἀναγκάζεσθαι
ἢ χρωμένους
τῷ πλήθει
ὡπλισμένῳ
δεδιέναι μᾶλλον
ἢ τοὺς πολεμίους,
ἢ μὴ χρωμένους
. φανῆγαι ἐν τῷ μάχεσθαι αὐτῷ
ὡς ἀληθῶς ὀλιγαρχικούς,
καὶ ἅμα μὴ ἐθέλειν
εἰσφέρειν χρήματα,
ἅτε φιλοχρημάτους;

ΑΔΕΙΜΑΝΤΟΣ. Οὐ καλόν.
ΣΩΚΡΑΤΗΣ. Τί δέ;
ὃ πάλαι ἐλοιδοροῦμεν,
τοὺς αὐτοὺς ἅμα
ἐν τῇ τοιαύτῃ πολιτείᾳ
γεωργοῦντας
καὶ χρηματιζομένους
πολυπραγμονεῖν,
ἢ δοκεῖ
ἔχειν ὀρθῶς;

ΑΔΕΙΜΑΝΤΟΣ. Οὐδὲ ὁπωστιοῦν.
VII. ΣΩΚΡΑΤΗΣ. Ὅρα δή,
εἰ πάντων τούτων τῶν κακῶν
αὕτη πρώτη
παραδέχεται
τόδε μέγιστον

celle des riches de l'autre,
habitant dans le même *lieu*
toujours se dressant des embûches
les uns-aux-autres.

ADIMANTE. En rien
inférieur, par Jupiter,
dit-il.

SOCRATE. Mais certes
ceci non plus *est-il* bien,
être peut-être incapables
de faire une guerre
pour le être forcés
ou se servant
de la multitude
armée
la craindre plus
que les ennemis,
ou ne *s'en* servant pas
paraître dans le combattre même
comme vraiment oligarchiques,
et en même temps ne pas vouloir
apporter de l'argent *pour la guerre,*
comme étant amis de l'argent?

ADIMANTE. *Ce n'est* pas bien.
SOCRATE. Mais quoi?
ce que naguère nous blâmions,
les mêmes hommes en même temps
dans le gouvernement tel
labourant
et commerçant
s'occuper-de-fonctions-multiples
est-ce que tu penses
cela être correct? ⌐monde.

ADIMANTE. Pas le moins du
VII. SOCRATE. Vois maintenant,
si, de tous ces maux,
ce *gouvernement* le premier
comporte
ce *mal qui est* le plus grand.

ΑΔΕΙΜΑΝΤΟΣ. Τὸ ποῖον;

ΣΩΚΡΑΤΗΣ. Τὸ ἐξεῖναι πάντα τὰ αὑτοῦ ἀποδόσθαι καὶ ἄλλῳ κτήσασθαι τὰ τούτου, καὶ ἀποδόμενον οἰκεῖν ἐν τῇ πόλει μηδὲν ὄντα τῶν τῆς πόλεως μερῶν, μήτε χρηματιστὴν μήτε δημιουργὸν μήτε ἱππέα μήτε ὁπλίτην, ἀλλὰ πένητα καὶ ἄπορον κεκλημένον.

ΑΔΕΙΜΑΝΤΟΣ. Πρώτη, ἔφη.

ΣΩΚΡΑΤΗΣ. Οὔκουν διακωλύεταί γε ἐν ταῖς ὀλιγαρχουμέναις τὸ τοιοῦτον· οὐ γὰρ ἂν οἱ μὲν ὑπέρπλουτοι ἦσαν, οἱ δὲ παντάπασι πένητες.

ΑΔΕΙΜΑΝΤΟΣ. Ὀρθῶς.

ΣΩΚΡΑΤΗΣ. Τόδε δὲ ἄθρει· ἆρα ὅτε πλούσιος ὢν ἀνήλισκεν ὁ τοιοῦτος, μᾶλλόν τι τότ' ἦν ὄφελος τῇ πόλει εἰς ἃ νῦν δὴ ἐλέγομεν; ἢ ἐδόκει μὲν τῶν ἀρχόντων εἶναι, τῇ δὲ ἀληθείᾳ οὔτε ἄρχων οὔτε ὑπηρέτης ἦν αὐτῆς, ἀλλὰ τῶν ἑτοίμων ἀναλωτής;

ADIMANTE. Quel vice?

SOCRATE. La liberté qu'on y laisse à chacun de se défaire de son bien, ou d'acquérir celui d'autrui; et à celui qui a vendu son bien, de demeurer dans l'État sans y avoir aucun emploi, ni d'artisan, ni de commerçant, ni de cavalier, ni d'hoplite, ni d'autre titre enfin que celui de pauvre et d'indigent?

ADIMANTE. Tu as raison.

SOCRATE. On ne songe pas à empêcher ce désordre dans les gouvernements oligarchiques; car, si on le prévenait, les uns n'y posséderaient pas des richesses immenses, tandis que les autres sont réduits à la dernière misère.

ADIMANTE. Cela est vrai.

SOCRATE. Fais encore attention à ceci. Lorsque cet homme, riche, se ruinait par de folles dépenses, quel service l'État en retirait-il pour tout ce que nous disions tout à l'heure? ou passerait-il pour un des chefs de l'État sans en être en effet ni chef ni serviteur, et n'y avoir, en somme, d'autre emploi que celui de dissipateur de son bien?

ΑΔΕΙΜΑΝΤΟΣ. Τὸ ποῖον ;

ΣΩΚΡΑΤΗΣ. Τὸ ἐξεῖναι
ἀποδόσθαι
πάντα τὰ αὑτοῦ
καὶ ἄλλῳ
κτήσασθαι τὰ τούτου,
καὶ ἀποδόμενον
οἰκεῖν ἐν τῇ πόλει
ὄντα μηδὲν τῶν μερῶν
τῆς πόλεως,
μήτε χρηματιστὴν
μήτε δημιουργὸν μήτε ἱππέα
μήτε ὁπλίτην,
ἀλλὰ κεκλημένον πένητα
καὶ ἄπορον.

ΑΔΕΙΜΑΝΤΟΣ. Πρώτη,
ἔφη.

ΣΩΚΡΑΤΗΣ. Τὸ τοιοῦτον
οὔκουν διακωλύεταί γε
ἐν ταῖς ὀλιγαρχουμέναις·
οἱ μὲν γὰρ
οὐκ ἂν ἦσαν
ὑπέρπλουτοι,
οἱ δὲ παντάπασι πένητες.

ΑΔΕΙΜΑΝΤΟΣ. Ὀρθῶς.

ΣΩΚΡΑΤΗΣ. Ἄθρει δὲ τόδε·
ὅτε ὁ τοιοῦτος ὢν πλούσιος
ἀνήλισκεν,
ἆρα ὄφελος
τότε ἦν τῇ πόλει
μᾶλλόν τι
εἰς ἃ
νῦν δὴ ἐλέγομεν,
ἢ ἐδόκει μὲν εἶναι
τῶν ἀρχόντων,
τῇ δὲ ἀληθείᾳ ἦν οὔτε ἄρχων
οὔτε ὑπηρέτης αὐτῆς,
ἀλλὰ ἀναλωτὴς
τῶν ἑτοίμων ;

ADIMANTE. Lequel? [cun

SOCRATE. Le être permis à cha-
de vendre
tous les *biens* de lui-même
et à un autre
d'acquérir les *biens* de celui-ci,
et à *celui* qui-a-vendu
d'habiter dans la cité
n'étant *d'*aucune des parties
de la cité,
ni commerçant,
ni artisan, ni cavalier,
ni hoplite,
mais appelé pauvre
et indigent.

ADIMANTE. C'est le premier,
dit-il.

SOCRATE. Le *mal* tel
n'est donc pas empêché du moins
dans les gouvernements-oligar-
sinon les uns en effet [chiques
ne seraient pas
démesurément-riches,
et les autres tout-à-fait pauvres.

ADIMANTE. Justement.

SOCRATE. Regarde aussi ceci :
lorsque l'*homme* tel étant riche
faisait-dépense,
est-ce que profit
était alors à la cité
en quelque chose davantage
pour *les choses* que
tout à l'heure nous disions,
ou paraissait-il à la vérité être
au nombre des chefs,
mais en vérité n'était ni chef
ni serviteur d'elle (la cité),
mais dissipateur
de son-propre bien?

ΑΔΕΙΜΑΝΤΟΣ. Οὕτως, ἔφη · ἐδόκει, ἦν δὲ οὐδὲν ἄλλο ἢ ἀναλωτής.

ΣΩΚΡΑΤΗΣ. Βούλει οὖν, ἦν δ' ἐγώ, φῶμεν αὐτόν, ὡς ἐν κηρίῳ κηφὴν ἐγγίγνεται, σμήνους νόσημα, οὕτω καὶ τὸν τοιοῦτον ἐν οἰκίᾳ κηφῆνα ἐγγίγνεσθαι, νόσημα πόλεως;

ΑΔΕΙΜΑΝΤΟΣ. Πάνυ μὲν οὖν, ἔφη, ὦ Σώκρατες.

ΣΩΚΡΑΤΗΣ. Οὐκοῦν, ὦ Ἀδείμαντε, τοὺς μὲν πτηνοὺς κηφῆνας πάντας ἀκέντρους ὁ θεὸς πεποίηκε, τοὺς δὲ πεζοὺς τούτους ἐνίους μὲν αὐτῶν ἀκέντρους, ἐνίους δὲ δεινὰ κέντρα ἔχοντας; καὶ ἐκ μὲν τῶν ἀκέντρων πτωχοὶ πρὸς τὸ γῆρας τελευτῶσιν, ἐκ δὲ τῶν κεκεντρωμένων πάντες ὅσοι κέκληνται κακοῦργοι;

ΑΔΕΙΜΑΝΤΟΣ. Ἀληθέστατα, ἔφη.

ΣΩΚΡΑΤΗΣ. Δῆλον ἄρα, ἦν δ' ἐγώ, ἐν πόλει, οὗ ἂν ἴδῃς πτω-

ADIMANTE. Aucun autre en effet. Ce n'était qu'un dissipateur.

SOCRATE. Veux-tu que nous disions de cet homme qu'il est dans l'État ce qu'un frelon est dans une ruche, un fléau?

ADIMANTE. Je le veux bien, Socrate.

SOCRATE. Mais il y a cette différence, mon cher Adimante, que Dieu a fait naître sans aiguillon tous les frelons ailés; au lieu que parmi ces frelons à deux pieds, s'il y en a qui n'ont pas d'aiguillon, d'autres, en revanche, en ont de très-piquants. Ceux qui n'en ont pas finissent, avec l'âge, par devenir des mendiants; de ceux qui en ont sortent tous ceux qu'on appelle malfaiteurs.

ADIMANTE. Rien de plus vrai.

SOCRATE. Il est donc manifeste que, dans tout État où tu verras

ΑΔΕΙΜΑΝΤΟΣ. Ἐδόκει οὕτως,
ἔφη
ἦν δὲ οὐδὲν ἄλλο
ἢ ἀναλωτής.

ΣΩΚΡΑΤΗΣ. Βούλει οὖν,
ἦν δὲ ἐγώ,
φῶμεν αὐτὸν
ὡς κηφὴν ἐγγίγνεται
ἐν κηρίῳ
νόσημα σμήνους
οὕτω καὶ τὸν τοιοῦτον
ἐγγίγνεσθαι
ἐν οἰκίᾳ κηφῆνα
νόσημα πόλεως;

ΑΔΕΙΜΑΝΤΟΣ. Πάνυ μὲν οὖν.
ἔφη,
ὦ Σώκρατες.

ΣΩΚΡΑΤΗΣ. Οὐκοῦν,
ὦ 'Αδείμαντε,
ὁ θεὸς πεποίηκε
τοὺς μὲν κηφῆνας πτηνοὺς
πάντας ἀκέντρους,
τοὺς δὲ τούτους πεζοὺς
ἐνίους μὲν αὐτῶν
ἀκέντρους,
ἐνίους δὲ ἔχοντας
κέντρα δεινὰ
καὶ ἐκ μὲν τῶν ἀκέντρων
τελευτῶσι
πρὸς τὸ γῆρας
πτωχοί,
ἐκ δὲ τῶν κεκεντρωμένων
πάντες ὅσοι
κέκληνται κακοῦργοι;

ΑΔΕΙΜΑΝΤΟΣ. Ἀληθέστατα,
ἔφη.

ΣΩΚΡΑΤΗΣ. Δῆλον ἄρα,
ἦν δὲ ἐγώ,
ὅτι ἐν πόλει οὗ

ADIMANTE. Il paraissait ainsi,
dit-il;
mais n'était rien autre
que dissipateur.

SOCRATE. Veux-tu donc,
dis-je,
que nous disions lui
comme le frelon naît
dans les rayons-de-cire
fléau de l'essaim,
ainsi et l'*homme* tel
naître
dans la famille frelon
fléau de la cité?

ADIMANTE. Oui tout-à-fait,
dit-il,
ô Socrate.

SOCRATE. N'*est-il* pas *vrai* que,
ô Adimante,
Dieu a fait
d'un côté les frelons ailés
tous sans-aiguillon,
mais ces *frelons* à deux-pieds
quelques-uns d'eux il-est-vrai
sans-aiguillon,
mais quelques-uns ayant
des aiguillons terribles,
et de ceux qui sont sans aiguillon
sont ceux qui finissent
vers la vieillesse
en mendiants,
mais de ceux qui-ont-des aiguillons
sont tous ceux qui
sont appelés malfaiteurs?

ADIMANTE. Très-vrai,
dit-il.

SOCRATE. Il est donc évident,
dis-je,
que dans une cité où

χούς, ὅτι εἰσί που ἐν τούτῳ τῷ τόπῳ ἀποκεκρυμμένοι κλέπται τε καὶ βαλαντιατόμοι καὶ ἱερόσυλοι καὶ πάντων τῶν τοιούτων κακῶν δημιουργοί.

ΑΔΕΙΜΑΝΤΟΣ. Δῆλον, ἔφη.

ΣΩΚΡΑΤΗΣ. Τί οὖν; ἐν ταῖς ὀλιγαρχουμέναις πόλεσι πτωχοὺς οὐχ ὁρᾷς ἐνόντας;

ΑΔΕΙΜΑΝΤΟΣ. Ὀλίγου γ', ἔφη, πάντας τοὺς ἐκτὸς τῶν ἀρχόντων.

ΣΩΚΡΑΤΗΣ. Μὴ οὖν οἰόμεθα, ἔφην ἐγώ, καὶ κακούργους πολλοὺς ἐν αὐταῖς εἶναι κέντρα ἔχοντας, οὓς ἐπιμελείᾳ βίᾳ κατέχουσιν αἱ ἀρχαί;

ΑΔΕΙΜΑΝΤΟΣ. Οἰόμεθα μὲν οὖν, ἔφη.

ΣΩΚΡΑΤΗΣ. Ἆρ' οὖν οὐ δι' ἀπαιδευσίαν καὶ κακὴν τροφὴν καὶ κατάστασιν τῆς πολιτείας φήσομεν τοὺς τοιούτους αὐτόθι ἐγγίγνεσθαι;

ΑΔΕΙΜΑΝΤΟΣ. Φήσομεν.

des pauvres, il y a des filous cachés, des coupeurs de bourse, des sacrilèges et autres coquins variés.

ADIMANTE. On n'en saurait douter.

SOCRATE. Mais dans les gouvernements oligarchiques, n'y a-t-il pas des pauvres?

ADIMANTE. Presque tous les citoyens le sont, à l'exception des chefs.

SOCRATE. Ne sommes-nous point, par conséquent, autorisés à croire qu'il s'y trouve beaucoup de malfaiteurs armés d'aiguillons, que les magistrats s'emploient à contenir par la force?

ADIMANTE. Oui.

SOCRATE. Mais si l'on nous demande qui les y a fait naître, ne dirons-nous pas que c'est l'ignorance, la mauvaise éducation et le vice intérieur du gouvernement?

ADIMANTE. Sans doute.

ἂν ἴδῃς πτωχοὺς	tu auras vu des mendiants
κλέπται τε	et des voleurs
καὶ βαλαντιατόμοι	et des coupeurs de bourse
καὶ ἱερόσυλοι	et des pilleurs de temple
καὶ δημιουργοὶ	et des artisans
πάντων τῶν τοιούτων κακῶν	de tous les maux tels
εἰσί που ἀποκεκρυμμένοι	sont quelque-part cachés
ἐν τούτῳ τῷ τόπῳ.	dans ce lieu.
ΑΔΕΙΜΑΝΤΟΣ. Δῆλον,	ADIMANTE. *Cela est* évident,
ἔφη.	dit-il.
ΣΩΚΡΑΤΗΣ. Τί οὖν;	SOCRATE. Quoi donc?
οὐχ ὁρᾷς	ne vois-tu pas
πτωχοὺς ἐνόντας	des mendiants étant
ἐν ταῖς πόλεσιν	dans les cités
ὀλιγαρχουμέναις;	constituées oligarchiquement?
ΑΔΕΙΜΑΝΤΟΣ. Ὀλίγου γε,	ADIMANTE. A peu de chose près,
ἔφη,	dit-il,
πάντας τοὺς	tous ceux
ἐκτὸς τῶν ἀρχόντων.	en dehors des chefs.
ΣΩΚΡΑΤΗΣ. Μὴ οὖν οἰόμεθα,	SOCRATE. Ne pensons-nous donc
ἔφην ἐγώ,	disais-je, [pas,
καὶ πολλοὺς κακούργους	et que de nombreux malfaiteurs
ἔχοντας κέντρα	ayant des aiguillons
εἶναι ἐν αὐταῖς	sont dans elles (ces cités)
οὓς	lesquels *malfaiteurs*
αἱ ἀρχαὶ κατέχουσιν	les autorités contiennent
ἐπιμελείᾳ	avec soin
βίᾳ;	par la force?
ΑΔΕΙΜΑΝΤΟΣ. Οἰόμεθα	ADIMANTE. Nous *le* pensons
μὲν οὖν, ἔφη.	assurément, dit-il.
ΣΩΚΡΑΤΗΣ. Ἆρα οὖν	SOCRATE. Est-ce donc que
οὐ φήσομεν	nous ne dirons pas
τοὺς τοιούτους	de tels *hommes*
ἐγγίγνεσθαι αὐτόθι	naître là-même
διὰ ἀπαιδευσίαν	par l'ignorance,
καὶ κακὴν τροφὴν	et la mauvaise éducation
καὶ κατάστασιν	et la constitution
τῆς πολιτείας;	du gouvernement?
ΑΔΕΙΜΑΝΤΟΣ. Φήσομεν.	ADIMANTE. Nous *le* dirons.

ΣΩΚΡΑΤΗΣ. Ἀλλ' οὖν δὴ τοιαύτη γέ τις ἂν εἴη ἡ ὀλιγαρχουμένη πόλις καὶ τοσαῦτα κακὰ ἔχουσα, ἴσως δὲ καὶ πλείω.

ΑΔΕΙΜΑΝΤΟΣ. Σχεδόν τι, ἔφη.

ΣΩΚΡΑΤΗΣ. Ἀπειργάσθω δὴ ἡμῖν καὶ αὕτη, ἦν δ' ἐγώ, ἡ
πολιτεία, ἣν ὀλιγαρχίαν καλοῦσιν, ἐκ τιμημάτων ἔχουσα τοὺς ἄρχοντας.

VIII. ΣΩΚΡΑΤΗΣ. Τὸν δὲ ταύτῃ ὅμοιον μετὰ ταῦτα σκοπῶμεν, ὥς τε γίγνεται οἷός τε γενόμενος ἔστιν.

ΑΔΕΙΜΑΝΤΟΣ. Πάνυ μὲν οὖν, ἔφη.

ΣΩΚΡΑΤΗΣ. Ἆρ' οὖν ὧδε μάλιστα εἰς ὀλιγαρχικὸν ἐκ τοῦ
τιμοκρατικοῦ ἐκείνου μεταβάλλει;

ΑΔΕΙΜΑΝΤΟΣ. Πῶς;

ΣΩΚΡΑΤΗΣ. Ὅταν αὐτοῦ παῖς γενόμενος τὸ μὲν πρῶτον ζηλοῖ
τε τὸν πατέρα καὶ τὰ ἐκείνου ἴχνη διώκῃ, ἔπειτα αὐτὸν ἴδῃ ἐξαίφνης
πταίσαντα ὥσπερ πρὸς ἕρματι πρὸς τῇ πόλει, καὶ ἐκχέαντα τά τε
αὐτοῦ καὶ ἑαυτόν, ἢ στρατηγήσαντα ἤ τιν' ἄλλην μεγάλην ἀρχὴν

SOCRATE. Tel est donc le caractère de l'État oligarchique, tels
sont ses vices; peut-être en a-t-il encore davantage.

ADIMANTE. Peut-être.

SOCRATE. Ainsi se trouve achevé le tableau de ce gouvernement
qu'on nomme *oligarchie,* où le cens élève aux différents degrés
du pouvoir.

VIII. SOCRATE. Passons à présent à l'homme oligarchique.
Voyons comment il se forme et quel est son caractère.

ADIMANTE. J'y consens.

SOCRATE. Le changement de l'esprit timarchique en oligarchi-
ue, dans un individu, ne se fait-il pas de cette manière?

ADIMANTE. De quelle manière?

SOCRATE. Le fils veut d'abord imiter son père et marcher sur ses
traces; mais ensuite, voyant que son père s'est brisé contre l'État,
comme un vaisseau sur un écueil; qu'après avoir prodigué ses
biens et sa personne, soit à la tête des armées ou dans quelque

ΣΩΚΡΑΤΗΣ. Ἀλλὰ οὖν δὴ
ἡ πόλις ὀλιγαρχουμένη
ἂν εἴη τοιαύτη γέ τις
καὶ ἔχουσα τοσαῦτα κακὰ
ἴσως δὲ
καὶ πλείω.

ΑΔΕΙΜΑΝΤΟΣ. Σχεδόν τι, ἔφη.
ΣΩΚΡΑΤΗΣ.
Ἀπειργάσθω δὴ καὶ ἡμῖν
αὕτη ἡ πολιτεία,
ἦν δὲ ἐγώ,
ἣν καλοῦσιν ὀλιγαρχίαν,
ἔχουσα τοὺς ἄρχοντας
ἐκ τιμημάτων.

VIII. ΣΩΚΡΑΤΗΣ. Σκοπῶμεν δὲ
μετὰ ταῦτα
τὸν ὅμοιον
ταύτῃ,
ὥς τε γίγνεται
οἷός τε γενόμενος ἔστιν.

ΑΔΕΙΜΑΝΤΟΣ. Πάνυ μὲν οὖν,
ἔφη.

ΣΩΚΡΑΤΗΣ. Ἆρα οὖν ὧδε
μεταβάλλει μάλιστα
ἐκ τοῦ ἐκείνου τιμοκρατικοῦ
εἰς ὀλιγαρχικόν;

ΑΔΕΙΜΑΝΤΟΣ. Πῶς;
ΣΩΚΡΑΤΗΣ. Ὅταν αὐτοῦ
παῖς γενόμενος
τὸ μὲν πρῶτον
ζηλοῖ τε τὸν πατέρα
καὶ διώκῃ τὰ ἴχνη ἐκείνου,
ἔπειτα ἴδῃ αὐτὸν
ἐξαίφνης πταίσαντα
πρὸς τῇ πόλει
ὥσπερ πρὸς ἕρματι,
καὶ ἐκχέαντα τά τε αὐτοῦ
καὶ ἑαυτὸν
ἢ στρατηγήσαντα

SOCRATE. Ainsi donc
la cité oligarchique
sera un *gouvernement* tel
et ayant d'aussi nombreux maux
et peut-être
encore un plus-grand-nombre.

ADIMANTE. Peut-être, dit-il.
SOCRATE.
Qu'il soit donc aussi achevé pour
ce gouvernement,   [nous
dis-je,
qu'on appelle oligarchie,
ayant les chefs
tirés du cens.

VIII. SOCRATE. Mais examinons
après ces choses
l'*homme* semblable
à ce *gouvernement*,
et comment il se forme
et quel, étant formé, il est.

ADIMANTE. Parfaitement,
dit-il.

SOCRATE. N'*est-ce* pas ainsi que
passage-se-fait surtout
de cet *homme* timocratique
en un oligarchique?

ADIMANTE. Comment
SOCRATE. Quand là
un enfant étant né
tout d'abord à la vérité
et veut-imiter son père
et suit les traces de celui-ci,
et qu'ensuite il voit lui
tout-à-coup s'étant brisé
contre la cité
comme sur un écueil-sous-marin,
et qu'ayant prodigué et ses biens
et lui-même
soit ayant-fait-fonction-de-général

ἄρξαντα, εἶτα εἰς δικαστήριον ἐμπεσόντα, βλαπτόμενον ὑπὸ συκοφαντῶν, ἢ ἀποθανόντα ἢ ἐκπεσόντα ἢ ἀτιμωθέντα καὶ τὴν οὐσίαν ἅπασαν ἀποβαλόντα.

ΑΔΕΙΜΑΝΤΟΣ. Εἰκός γ᾽, ἔφη.

ΣΩΚΡΑΤΗΣ. Ἰδὼν δέ γε, ὦ φίλε, ταῦτα καὶ παθὼν καὶ ἀπολέσας τὰ ὄντα δείσας, οἶμαι, εὐθὺς ἐπὶ κεφαλὴν ὠθεῖ ἐκ τοῦ θρόνου τοῦ ἐν τῇ ἑαυτοῦ ψυχῇ φιλοτιμίαν τε καὶ τὸ θυμοειδὲς ἐκεῖνο, καὶ ταπεινωθεὶς ὑπὸ πενίας πρὸς χρηματισμὸν τραπόμενος, γλίσχρως καὶ κατὰ σμικρὸν φειδόμενος καὶ ἐργαζόμενος χρήματα ξυλλέγεται. Ἆρ᾽ οὐκ οἴει τὸν τοιοῦτον τότε εἰς μὲν τὸν θρόνον ἐκεῖνον τὸ ἐπιθυμητικόν τε καὶ φιλοχρήματον ἐγκαθίζειν καὶ μέγαν βασιλέα ποιεῖν ἐν ἑαυτῷ, τιάρας τε καὶ στρεπτοὺς καὶ ἀκινάκας παραζωννύντα;

autre grande charge, il est traîné devant les juges, calomnié par des sycophantes, mis à mort, envoyé en exil, noté d'infamie ou dépouillé de ses biens...

ADIMANTE. Cela est très-ordinaire.

SOCRATE. Voyant, dis-je, fondre sur son père tous ces maux qu'il partage avec lui, dépossédé de son patrimoine, et craignant pour sa propre vie, il précipite cette ambition et ces grands sentiments du trône qu'il leur avait élevé dans son âme ; humilié par la pauvreté, il tourne ses pensées vers l'art de s'enrichir ; et, par un travail assidu et des épargnes sordides, il vient à bout de faire fortune. Ne crois-tu pas qu'alors, sur ce même trône d'où il a chassé l'ambition, il fera monter l'esprit d'avarice et de convoitise, qu'il l'établira son grand roi, lui mettra la tiare, le collier, et lui ceindra le cimeterre?

ἢ ἄρξαντά τινα ἄλλην
μεγάλην ἀρχήν,
εἶτα ἐμπεσόντα εἰς δικαστήριον,
βλαπτόμενον ὑπὸ συκοφαντῶν
ἢ ἀποθανόντα
ἢ ἐκπεσόντα
ἢ ἀτιμωθέντα
καὶ ἀποβαλόντα
ἅπασαν τὴν οὐσίαν.

ΑΔΕΙΜΑΝΤΟΣ. Εἰκός γε,
ἔφη.

ΣΩΚΡΑΤΗΣ. Ἰδὼν δέ γε
καὶ παθὼν ταῦτα,
ὦ φίλε,
καὶ ἀπολέσας τὰ ὄντα,
δείσας, οἶμαι,
εὐθὺς ὠθεῖ ἐπὶ κεφαλὴν
ἐκ τοῦ θρόνου
τοῦ ἐν τῇ ψυχῇ ἑαυτοῦ
φιλοτιμίαν τε
καὶ ἐκεῖνο τὸ θυμοειδὲς
καὶ ταπεινωθεὶς ὑπὸ πενίας
τραπόμενος
πρὸς χρηματισμὸν
φειδόμενος γλίσχρως
καὶ κατὰ σμικρὸν
καὶ ἐργαζόμενος
ξυλλέγεται χρήματα.
Ἆρα οὐκ οἴει
τὸν τοιοῦτον
ἐγκαθίζειν τότε
εἰς μὲν τὸν θρόνον ἐκεῖνον
τὸ ἐπιθυμητικόν τε
καὶ φιλοχρήματον
καὶ ποιεῖν ἐν ἑαυτῷ
μέγαν βασιλέα,
παραζωννύντα
τιάρας τε καὶ στρεπτοὺς
καὶ ἀκινάκας.

soit ayant exercé quelque autre
grande magistrature,
puis ayant échoué au tribunal,
outragé par des sycophantes
ou ayant été mis à mort
ou envoyé en exil
ou noté d'infamie
et ayant été dépouillé
de toute sa fortune.

ADIMANTE. *Cela est* vraisembla-
dit-il.   [ble,

SOCRATE. Or ayant vu
et ayant souffert cela,
ô *mon* cher,
et ayant perdu ses biens,
ayant craint, je pense,
aussitôt il précipite sur la tête
hors du trône   [même
de celui *dressé* dans l'âme de lui-
et l'amour-de-l'honneur
et ce *principe* courageux
et rabaissé par la pauvreté
s'étant tourné
vers la-recherche-du-gain
épargnant sordidement
et petit à petit
et se donnant-de-la-peine
il amasse des richesses.
Est-ce que tu ne penses pas
l'*homme* tel
asseoir alors
à la vérité sur ce trône-là
et l'esprit de convoitise,
et d'amour-de-l'argent
et *le* faire en lui-même
grand roi,
le ceignant
et de tiares et de colliers
et de cimeterres.

ΑΔΕΙΜΑΝΤΟΣ. Ἔγωγ’, ἔφη.

ΣΩΚΡΑΤΗΣ. Τὸ δέ γε, οἶμαι, λογιστικόν τε καὶ θυμοειδὲς χαμαὶ ἔνθεν καὶ ἔνθεν παρακαθίσας ὑπ’ ἐκείνῳ καὶ καταδουλωσάμενος, τὸ μὲν οὐδὲν ἄλλο ἐᾷ λογίζεσθαι οὐδὲ σκοπεῖν ἀλλ’ ἢ ὁπόθεν ἐξ ἐλαττόνων χρημάτων πλείω ἔσται, τὸ δὲ αὖ θαυμάζειν καὶ τιμᾶν μηδὲν ἄλλο ἢ πλοῦτόν τε καὶ πλουσίους, καὶ φιλοτιμεῖσθαι μηδ’ ἐφ’ ἑνὶ ἄλλῳ ἢ ἐπὶ χρημάτων κτήσει καὶ ἐάν τι ἄλλο εἰς τοῦτο φέρῃ.

ΑΔΕΙΜΑΝΤΟΣ. Οὐκ ἔστ’ ἄλλη, ἔφη, μεταβολὴ οὕτω ταχεῖά τε καὶ ἰσχυρὰ ἐκ φιλοτίμου νέου εἰς φιλοχρήματον.

ΣΩΚΡΑΤΗΣ. Ἆρ’ οὖν οὗτος, ἦν δ’ ἐγώ, ὀλιγαρχικός ἐστιν;

ΑΔΕΙΜΑΝΤΟΣ. Ἡ γοῦν μεταβολὴ αὐτοῦ ἐξ ὁμοίου ἀνδρός ἐστι τῇ πολιτείᾳ, ἐξ ἧς ἡ ὀλιγαρχία μετέστη.

ΣΩΚΡΑΤΗΣ. Σκοπῶμεν δὴ εἰ ὅμοιος ἂν εἴη.

ADIMANTE. Je le crois.

SOCRATE. Abaissant ensuite aux pieds de ce nouveau maître, d'un côté la raison, de l'autre le courage, enchaînés comme des esclaves, il oblige l'une à ne réfléchir, à ne penser qu'aux moyens d'accumuler de nouveaux trésors, et il force l'autre à n'admirer, à n'honorer que la richesse et les riches, à mettre toute sa gloire dans la possession d'une grande fortune, et dans l'art de l'augmenter.

ADIMANTE. Il n'est point, dans un jeune homme, de passage plus rapide ni plus violent que celui de l'ambition à l'avarice.

SOCRATE. N'est-ce pas là le caractère oligarchique?

ADIMANTE. Du moins le point de départ nous montre un homme tout à fait semblable au gouvernement d'où l'oligarchie est sortie.

SOCRATE. Voyons donc s'il ressemblera à l'oligarchie.

ΑΔΕΙΜΑΝΤΟΣ. Ἔγωγε, ἔφη.

ΣΩΚΡΑΤΗΣ. Παρακαθίσας δέ γε, οἶμαι, χαμαὶ ἔνθεν καὶ ἔνθεν καὶ καταδουλωσάμενος τὸ λογιστικόν τε καὶ θυμοειδές, ἐᾷ τὸ μὲν λογίζεσθαι οὐδὲν ἄλλο οὐδὲ σκοπεῖν ἀλλὰ ἢ ὁπόθεν ἐξ ἐλαττόνων χρημάτων πλείω ἔσται, τὸ δὲ αὖ θαυμάζειν καὶ τιμᾶν μηδὲν ἄλλο ἢ πλοῦτόν τε καὶ πλουσίους καὶ φιλοτιμεῖσθαι ἐπὶ μηδενὶ ἄλλῳ ἢ ἐπὶ κτήσει χρημάτων καὶ ἐάν τι ἄλλο φέρῃ εἰς τοῦτο.

ΑΔΕΙΜΑΝΤΟΣ. Οὐκ ἔστι ἄλλη μεταβολή, ἔφη, οὕτω ταχεῖά τε καὶ ἰσχυρὰ ἐκ νέου φιλοτίμου εἰς φιλοχρήματον.

ΣΩΚΡΑΤΗΣ. Ἆρα οὖν οὗτος, ἦν δ' ἐγώ, ἔστιν ὀλιγαρχικός;

ΑΔΕΙΜΑΝΤΟΣ. Ἡ γοῦν μεταβολὴ αὐτοῦ ἐστι ἐξ ἀνδρὸς ὁμοίου τῇ πολιτείᾳ ἐξ ἧς ἡ ὀλιγαρχία μετέστη.

ΣΩΚΡΑΤΗΣ. Σκοπῶμεν δὴ εἰ ἂν εἴη ὅμοιος.

ADIMANTE. Moi-du-moins, dit-il, *je le pense.*

SOCRATE. Et ayant fait asseoir, je pense, à terre d'un côté et de l'autre et ayant-réduits-à-l'état-d'esclaves et le *principe*-raisonnable et le *principe*-courageux, il laisse l'un à la vérité *ne* raisonner-sur rien autre ni non plus examiner *rien autre* si ce n'est d'où (par quels moyens) de richesses plus petites de plus grandes seront *tirées*, et *laisse* l'autre, d'autre part, n'admirer et n'honorer rien autre que et la richesse et les riches et n'appliquer-son-ambition à rien autre chose qu'à l'acquisition des richesses et si quelque autre chose contribue à cela.

ADIMANTE. Il n'est pas autre changement, dit-il, à ce point et rapide et violent d'un jeune *homme* ami-de-l'honneur en un ami-des-richesses.

SOCRATE. N'est-il pas *vrai* que celui-ci, dis-je, est *l'homme* oligarchique?

ADIMANTE. Certes la métamorphose de lui est (se fait) d'un homme semblable au gouvernement duquel l'oligarchie est sortie.

SOCRATE. Examinons donc s'il y sera semblable.

ΑΔΕΙΜΑΝΤΟΣ. Σκοπῶμεν.

ΙΧ. ΣΩΚΡΑΤΗΣ. Οὐκοῦν πρῶτον μὲν τῷ χρήματα περὶ πλείστου ποιεῖσθαι ὅμοιος ἂν εἴη ;

ΑΔΕΙΜΑΝΤΟΣ. Πῶς δ' οὔ ;

ΣΩΚΡΑΤΗΣ. Καὶ μὴν τῷ γε φειδωλὸς εἶναι καὶ ἐργάτης, τὰς
ἀναγκαίους ἐπιθυμίας μόνον τῶν παρ' αὑτῷ ἀποπιμπλάς, τὰ δὲ ἄλλα
ἀναλώματα μὴ παρεχόμενος, ἀλλὰ δουλούμενος τὰς ἄλλας ἐπιθυμίας ὡς ματαίους.

ΑΔΕΙΜΑΝΤΟΣ. Πάνυ μὲν οὖν.

ΣΩΚΡΑΤΗΣ. Αὐχμηρός γέ τις, ἦν δ' ἐγώ, ὢν καὶ ἀπὸ παντὸς
περιουσίαν ποιούμενος, θησαυροποιὸς ἀνήρ· οὓς δὴ καὶ ἐπαινεῖ τὸ
πλῆθος· ἢ οὐχ οὗτος ἂν εἴη ὁ τῇ τοιαύτῃ πολιτείᾳ ὅμοιος ;

ΑΔΕΙΜΑΝΤΟΣ. Ἐμοὶ γοῦν, ἔφη, δοκεῖ · χρήματα γοῦν μάλιστα ἔντιμα τῇ τε πόλει καὶ παρὰ τῷ τοιούτῳ.

ΣΩΚΡΑΤΗΣ. Οὐ γάρ, οἶμαι, ἦν δ' ἐγώ, παιδείᾳ ὁ τοιοῦτος
προσέσχηκεν.

ADIMANTE. Je le veux bien.

IX. SOCRATE. N'a-t-il pas d'abord avec elle ce premier trait de
ressemblance, de placer les richesses au-dessus de tout

ADIMANTE. Sans contredit.

SOCRATE. Il lui ressemble de plus par l'esprit d'épargne et
par l'industrie ; il n'accorde à la nature que la satisfaction des désirs nécessaires, il s'interdit toute utre dépense, et maîtrise tous
les autres désirs comme insensés.

ADIMANTE. Cela est vrai.

SOCRATE. Il est sordide, fait argent de tout, ne songe qu'à thésauriser ; en un mot, il est du nombre de ceux dont le vulgaire
admire l'habileté. N'est-ce pas là le portrait fidèle du caractère
analogue au gouvernement oligarchique ?

ADIMANTE. Oui, car de part et d'autre on ne voit rien de pré-
férable aux richesses.

SOCRATE. Sans doute, cet homme n'a guère songé à s'instruire.

ΑΔΕΙΜΑΝΤΟΣ. Σκοπῶμεν.

IX. ΣΩΚΡΑΤΗΣ. Πρῶτον μὲν
οὐκοῦν ἂν εἴη ὅμοιος
τῷ ποιεῖσθαι
περὶ πλείστου
χρήματα;
   ΑΔΕΙΜΑΝΤΟΣ. Πῶς δὲ οὔ;
   ΣΩΚΡΑΤΗΣ. Καὶ μήν γε
τῷ εἶναι
φειδωλὸς καὶ ἐργάτης
καὶ ἀποπιμπλὰς μόνον
τὰς ἐπιθυμίας ἀναγκαίους
τῶν παρὰ αὐτῷ,
μὴ παρεχόμενος δὲ
τὰ ἄλλα ἀναλώματα,
ἀλλὰ δουλούμενος
τὰς ἄλλας ἐπιθυμίας
ὡς ματαίους.
   ΑΔΕΙΜΑΝΤΟΣ. Πάνυ μὲν οὖν.
   ΣΩΚΡΑΤΗΣ. "Ων γέ
τις αὐχμηρός, ἦν δὲ ἐγώ,
καὶ ποιούμενος περιουσίαν
ἀπὸ παντὸς
ἀνὴρ θησαυροποιός·
οὓς δὴ καὶ
τὸ πλῆθος ἐπαινεῖ·
ἢ οὗτος οὐκ ἂν εἴη
ὁ ὅμοιος
τῇ τοιαύτῃ πολιτείᾳ.
   ΑΔΕΙΜΑΝΤΟΣ.
Ἐμοὶ γοῦν δοκεῖ, ἔφη·
χρήματα γοῦν
μάλιστα ἔντιμα
τῇ τε πόλει
καὶ παρὰ τῷ τοιούτῳ.
   ΣΩΚΡΑΤΗΣ. Ὁ τοιοῦτος γάρ,
οἶμαι,
οὐ προσέσχηκεν
παιδείᾳ.

ADIMANTE. Examinons.

IX. SOCRATE. D'abord à la vérité
ne sera-t-il pas semblable
par le *fait* d'estimer
au plus haut point
les richesses?
   ADIMANTE. Comment non?
   SOCRATE. Et aussi certes
par le *fait* d'être
économe et industrieux
et remplissant seulement
les désirs nécessaires
de ceux (parmi ceux) *qui sont* en lui,
et ne fournissant pas
les autres dépenses,
mais tenant-en-esclavage
les autres désirs
comme vains (sans raison).
   ADIMANTE. Tout-à-fait.
   SOCRATE. Étant certes
sordide, dis-je,
et faisant fortune
de toute chose
homme thésauriseur:
de ceux certes *que*
le vulgaire vante;
est-ce que celui-ci ne sera pas
l'*homme* semblable
au tel gouvernement.
   ADIMANTE.
Il me *le* paraît en effet, dit-il:
les richesses, effectivement,
sont surtout en-honneur
et dans *cette* cité
et auprès de l'*homme* tel.
   SOCRATE. L'*homme* tel en effet,
je pense,
n'a pas appliqué *son esprit*
à l'instruction.

ΑΔΕΙΜΑΝΤΟΣ. Οὐ δοκῶ, ἔφη· οὐ γὰρ ἂν τυφλὸν ἡγεμόνα τοῦ χοροῦ ἐστήσατο καὶ ἐτίμα μάλιστα.

ΣΩΚΡΑΤΗΣ. Εὖ, ἦν δ' ἐγώ. Τόδε δὲ σκόπει. Κηφηνώδεις ἐπιθυμίας ἐν αὐτῷ διὰ τὴν ἀπαιδευσίαν μὴ φῶμεν ἐγγίγνεσθαι, τὰς μὲν πτωχικάς, τὰς δὲ κακούργους, κατεχομένας βίᾳ ὑπὸ τῆς ἄλλης ἐπιμελείας ;

ΑΔΕΙΜΑΝΤΟΣ. Καὶ μάλ', ἔφη.

ΣΩΚΡΑΤΗΣ. Οἶσθ' οὖν, εἶπον, οἳ ἀποβλέψας κατόψει αὐτῶν τὰς κακουργίας ;

ΑΔΕΙΜΑΝΤΟΣ. Ποῖ; ἔφη.

ΣΩΚΡΑΤΗΣ. Εἰς τὰς τῶν ὀρφανῶν ἐπιτροπεύσεις καὶ εἴ πού τι αὐτοῖς τοιοῦτον ξυμβαίνει, ὥστε πολλῆς ἐξουσίας λαβέσθαι τοῦ ἀδικεῖν.

ΑΔΕΙΜΑΝΤΟΣ. Ἀληθῆ.

ΣΩΚΡΑΤΗΣ. Ἆρ' οὖν οὐ τούτῳ δῆλον, ὅτι ἐν τοῖς ἄλλοις ξυμ-

ADIMANTE. Il n'y a pas d'apparence : autrement, il n'aurait pas pris pour guide un aveugle et ne l'honorerait pas plus que tout.

SOCRATE. Bien. Considère maintenant ceci. Ne dirons-nous pas que le manque d'éducation a fait naître en lui des désirs qui sont de la nature des frelons, les uns qui sont comme des mendiants, les autres comme des malfaiteurs et que contient violemment l'autre passion qui le domine?

ADIMANTE. La chose est ainsi.

SOCRATE. Sais-tu en quelles occasions ses désirs malfaisants se manifesteront?

ADIMANTE. En quelles occasions?

SOCRATE. Lorsqu'il sera chargé de quelque tutelle, ou de quelque autre affaire semblable, où il aura toute licence de mal faire.

ADIMANTE. Tu as raison.

SOCRATE. N'est-il pas clair, que par là dans les autres circon-

ΑΔΕΙΜΑΝΤΟΣ. Οὐ δοκῶ,
ἔφη·
οὐ γὰρ ἂν ἐστήσατο
ἡγεμόνα τοῦ χοροῦ
τυφλὸν
καὶ ἐτίμα
μάλιστα.
ΣΩΚΡΑΤΗΣ. Εὖ,
ἦν δὲ ἐγώ.
Σκόπει δὲ τόδε.
Μὴ φῶμεν ἐν αὐτῷ
διὰ τὴν ἀπαιδευσίαν
ἐγγίγνεσθαι
ἐπιθυμίας κηφηνώδεις
τὰς μὲν πτωχικὰς
τὰς δὲ κακούργους
κατεχομένους βίᾳ
ὑπὸ τῆς ἄλλης ἐπιμελείας;
ΑΔΕΙΜΑΝΤΟΣ. Καὶ μάλα,
ἔφη.
ΣΩΚΡΑΤΗΣ. Οἶσθα οὖν,
εἶπον,
οἷ ἀποβλέψας κατόψει
τὰς κακουργίας αὐτῶν;
ΑΔΕΙΜΑΝΤΟΣ. Ποῖ;
ἔφη.
ΣΩΚΡΑΤΗΣ.
Εἰς τὰς ἐπιτροπεύσεις
τῶν ὀρφανῶν
καὶ εἴ πού τι τοιοῦτον
ξυμβαίνει αὐτοῖς,
ὥστε λαβέσθαι
πολλῆς ἐξουσίας
τοῦ ἀδικεῖν.
ΑΔΕΙΜΑΝΤΟΣ. Ἀληθῆ.
ΣΩΚΡΑΤΗΣ. Ἆρα οὖν
οὐ δῆλον τούτῳ
ὅτι ὁ τοιοῦτος
ἐν τοῖς ἄλλοις ξυμβολαίοις

ADIMANTE. Je ne le pense pas,
dit-il :
car il n'eût pas établi
chef du chœur
un aveugle
et il *ne* l'honorerait *pas*,
plus-que-tout.
SOCRATE. *Cela est* bien *dit*,
dis-je.
Mais examine ceci.
Ne dirons-nous pas en lui
à cause du manque-d'éducation
naître
des désirs de-la-nature-des-frelons
les uns de mendiants
les autres de malfaiteurs
contenus de force
par l'autre souci *qui le domine?*
ADIMANTE. Et tout-à-fait,
dit-il.
SOCRATE. Sais-tu donc,
dis-je,
où ayant regardé tu verras
les méfaits d'eux (de ces désirs)?
ADIMANTE. Où?
dit-il.
SOCRATE.
Vers les gestions-de-tutelle
des orphelins
et si par hasard quelque chose de tel
arrive (est confié) à eux,
de sorte qu'ils prennent
grande licence
de commettre-injustice.
ADIMANTE. *Tu dis* choses vraies.
SOCRATE. Est-ce donc que
il *n'est* pas évident par cela
que l'*homme* tel
dans les autres gestions-d'affaires

6ολαίοις ὁ τοιοῦτος, ἐν οἷς εὐδοκιμεῖ δοκῶν δίκαιος εἶναι, ἐπιεικεῖ τινι ἑαυτοῦ βίᾳ κατέχει ἄλλας κακὰς ἐπιθυμίας ἐνούσας, οὐ πεί- θων, ὅτι οὐκ ἄμεινον, οὐδ' ἡμερῶν λόγῳ, ἀλλ' ἀνάγκῃ καὶ φόβῳ, περὶ τῆς ἄλλης οὐσίας τρέμων ;

ΑΔΕΙΜΑΝΤΟΣ. Καὶ πάνυ γ', ἔφη.

ΣΩΚΡΑΤΗΣ. Καὶ νὴ Δία, ἦν δ' ἐγώ, ὦ φίλε, τοῖς πολλοῖς γε αὐτῶν εὑρήσεις, ὅταν δέῃ τἀλλότρια ἀναλίσκειν, τὰς τοῦ κηφῆνος ξυγγενεῖς ἐνούσας ἐπιθυμίας.

ΑΔΕΙΜΑΝΤΟΣ. Καὶ μάλα, ἦ δ' ὅς, σφόδρα.

ΣΩΚΡΑΤΗΣ. Οὐκ ἄρ' ἂν εἴη ἀστασίαστος ὁ τοιοῦτος ἐν ἑαυτῷ, οὐδὲ εἷς ἀλλὰ διπλοῦς τις, ἐπιθυμίας δὲ ἐπιθυμιῶν ὡς τὸ πολὺ κρατούσας ἂν ἔχοι βελτίους χειρόνων.

stances où il obtient l'estime et le renom d'homme juste, c'est en se faisant à lui-même un sage violence, en comprimant les mau- vais désirs qui sont en lui, non pas par le sentiment du devoir, ni parce qu'il se rend à la raison, mais par nécessité, et par peur, parce qu'il tremble de perdre son bien?

ADIMANTE. Cela est certain.

SOCRATE. Mais lorsqu'il sera question de dépenser le bien d'autrui, c'est alors, mon cher ami, que tu découvriras dans la plupart des hommes de cette sorte ces désirs qui tiennent du na- turel de frelons.

ADIMANTE. J'en suis persuadé.

SOCRATE. Un homme de ce caractère éprouvera donc nécessai- rement des séditions au dedans de lui-même : il y aura en lui deux hommes différents; dont les désirs se combattront; mais, pour l'ordinaire, les bons désirs l'emporteront sur les mauvais.

ἐν οἷς εὐδοκιμεῖ | dans lesquelles il obtient-l'estime
δοκῶν εἶναι δίκαιος | paraissant être juste
κατέχει | contient
βία τινὶ ἐπιεικεῖ | par une contrainte convenable
ἑαυτοῦ | de lui-même
ἄλλας κακὰς ἐπιθυμίας | d'autres mauvais désirs
ἐνούσας | qui sont-en-lui
οὐ πείθων | non se persuadant
ὅτι οὐκ ἄμεινον | que ce n'est pas mieux
οὐδὲ ἡμερῶν λόγῳ | ni les adoucissant par la raison
ἀλλὰ ἀνάγκη | mais par la nécessité
καὶ φόβῳ | et par la crainte
ρέμων | tremblant
περὶ τῆς ἄλλης οὐσίας; | pour le reste de sa fortune?

ΑΔΕΙΜΑΝΤΟΣ. Καὶ πάνυ γε,
ἔφη. | ADIMANTE. Certes oui,
dit-il.

ΣΩΚΡΑΤΗΣ. Καὶ νὴ Δία,
ἦν δὲ ἐγώ,
ὦ φίλε,
ὅταν δέῃ
ἀναλίσκειν τὰ ἀλλότρια,
εὑρήσεις
ἐπιθυμίας ἐνούσας
τοῖς πολλοῖς γε αὐτῶν,
τὰς ξυγγενεῖς
τοῦ κηφῆνος. | SOCRATE. Et par Jupiter,
dis-je,
ô mon cher,
quand il faut
dépenser l'argent d'autrui,
tu trouveras
des désirs étant-chez
la plupart d'eux (de ces hommes),
désirs qui ont-de-la-parenté-avec
le frelon.

ΑΔΕΙΜΑΝΤΟΣ.
Καὶ μάλα σφόδρα,
ἦ δὲ ὅς. | ADIMANTE.
Et certes tout-à-fait,
dit-il.

ΣΩΚΡΑΤΗΣ. Ὁ τοιοῦτος ἄρα
οὐκ ἂν εἴη
ἀστασίαστος
ἐν ἑαυτῷ
οὐδὲ εἷς
ἀλλὰ διπλοῦς τις,
ἂν ἔχοι δὲ ἐπιθυμίας
κρατούσας ὡς τὸ πολὺ
ἐπιθυμιῶν
βελτίους χειρόνων. | SOCRATE. L'homme tel donc
ne sera pas
non-exempt-de-séditions
en lui-même
et non plus un,
mais quelqu'un de double,
et il aura des désirs
triomphant le plus souvent
d'autres désirs
à savoir les meilleurs des pires.

ΑΔΕΙΜΑΝΤΟΣ. Ἔστιν οὕτως.

ΣΩΚΡΑΤΗΣ. Διὰ ταῦτα δή, οἶμαι, εὐσχημονέστερος ἂν πολλῶν ὁ τοιοῦτος εἴη· ὁμονοητικῆς δὲ καὶ ἡρμοσμένης τῆς ψυχῆς ἀληθὴς ἀρετὴ πόρρω ποι ἐκφεύγοι ἂν αὐτόν.

ΑΔΕΙΜΑΝΤΟΣ. Δοκεῖ μοι.

ΣΩΚΡΑΤΗΣ. Καὶ μὴν ἀνταγωνιστής γε ἰδίᾳ ἐν πόλει ὁ φειδωλὸς φαῦλος ἤ τινος νίκης ἢ ἄλλης φιλοτιμίας τῶν καλῶν, χρήματά τε οὐκ ἐθέλων εὐδοξίας ἕνεκα καὶ τῶν τοιούτων ἀγώνων ἀναλίσκειν, δεδιὼς τὰς ἐπιθυμίας τὰς ἀναλωτικὰς ἐγείρειν καὶ ξυμπαρακαλεῖν ἐπὶ ξυμμαχίαν τε καὶ φιλονεικίαν, ὀλίγοις τισὶν ἑαυτοῦ πολεμῶν ὀλιγαρχικῶς τὰ πολλὰ ἡττᾶται καὶ πλουτεῖ.

ΑΔΕΙΜΑΝΤΟΣ. Καὶ μάλα, ἔφη.

ΣΩΚΡΑΤΗΣ. Ἔτι οὖν, ἦν δ' ἐγώ, ἀπιστοῦμεν μὴ κατὰ τὴν ὀλιγαρχουμένην πόλιν ὁμοιότητι τὸν φειδωλόν τε καὶ χρηματιστὴν τετάχθαι;

ADIMANTE. Bien.

SOCRATE. C'est pour cela qu'il paraîtra d'air plus honnête que bien d'autres. Mais la vraie vertu, qui produit dans l'âme l'harmonie et l'unité, est bien loin de lui.

ADIMANTE. Je le pense comme toi.

SOCRATE. Faut-il, entre concitoyens, en affaire privée, figurer dans quelque concours ou dans quelque rivalité honorable : cet homme ménager sera un pauvre jouteur. Il ne veut pas dépenser d'argent pour l'honneur ni pour ces sortes de combats; il craint de réveiller en lui les passions prodigues, et d'en faire un auxiliaire; il combat donc sur un pied oligarchique, c'est-à-dire avec un très petite partie de ses ressources; il a presque toujours le dessous, mais que lui importe? il est riche.

ADIMANTE. Il est vrai.

SOCRATE. Douterons-nous encore de la parfaite ressemblance qui se trouve entre l'homme avare et ménager, et le gouvernement oligarchique ?

ΑΔΕΙΜΑΝΤΟΣ. Ἔστιν οὕτως.

ΣΩΚΡΑΤΗΣ. Διὰ ταῦτα δή,
οἶμαι,
ὁ τοιοῦτος ἂν εἴη
εὐσχημονέστερος πολλῶν
ἀληθὴς δὲ ἀρετὴ
τῆς ψυχῆς
ὁμονοητικῆς καὶ ἡρμοσμένης
ἐκφεύγοι ἂν αὐτὸν
πόρρω ποι.

ΑΔΕΙΜΑΝΤΟΣ. Δοκεῖ μοι.

ΣΩΚΡΑΤΗΣ. Καὶ μήν γε
ὁ φειδωλὸς
φαῦλος ἀνταγωνιστὴς
ἤ τινος νίκης
ἢ ἄλλης φιλοτιμίας
τῶν καλῶν
ἰδίᾳ ἐν πόλει,
οὐκ ἐθέλων τε
ἀναλίσκειν χρήματα
ἕνεκα εὐδοξίας
καὶ τῶν τοιούτων ἀγώνων,
δεδιὼς ἐγείρειν
καὶ ξυμπαρακαλεῖν
ἐπὶ ξυμμαχίαν τε
καὶ φιλονεικίαν
τὰς ἐπιθυμίας τὰς ἀναλωτικάς,
πολεμῶν ὀλιγαρχικῶς
ὀλίγοις τισὶν ἑαυτοῦ
τὰ πολλὰ ἥτταται
καὶ πλουτεῖ.

ΑΔΕΙΜΑΝΤΟΣ. Καὶ μάλα, ἔφη.

ΣΩΚΡΑΤΗΣ. Οὖν, ἦν δ' ἐγώ,
ἀπιστοῦμεν ἔτι
τὸν φειδωλόν τε
καὶ χρηματιστὴν
μὴ τετάχθαι
ὁμοιότητι
κατὰ τὴν πόλιν ὀλιγαρχουμένην.

ADIMANTE. Il en est ainsi.

SOCRATE. A cause de ces choses
je pense, [certes,
l'homme tel sera
d'air-plus-honnête que beaucoup
mais la vraie vertu
de l'âme [monie
une en elle-même et pleine d'har-
fuira lui
au loin quelque-part.

ADIMANTE. Il me le paraît.

SOCRATE. Et certes oui
le parcimonieux
est un pauvre rival
soit de quelque victoire
soit d'autre lutte-honorable
de belles-choses
en particulier dans la ville,
et ne voulant pas
dépenser des richesses
pour la bonne renommée
et pour de semblables combats,
craignant de réveiller
et d'appeler
et en secours
et en lutte-d'honneur
les désirs les dépensiers,
combattant oligarchiquement
avec quelques petites-choses de lui
d'ordinaire il est vaincu
et reste-riche.

ADIMANTE. Assurément, dit-il.

SOCRATE. Donc, dis-je,
doutons-nous encore
que et le parcimonieux
et l'avide-de-gain
ne soit rangé (ne doive être rangé)
à la ressemblance
en face de la cité oligarchique.

ΑΔΕΙΜΑΝΤΟΣ. Οὐδαμῶς, ἔφη.

Χ. ΣΩΚΡΑΤΗΣ. Δημοκρατίαν δή, ὡς ἔοικε, μετὰ τοῦτο σκεπτέον, τίνα τε γίγνεται τρόπον γενομένη τε ποῖόν τινα ἔχει, ἵν' αὖ τὸν τοῦ τοιούτου ἀνδρὸς τρόπον γνόντες παραστησώμεθ' αὐτὸν εἰς κρίσιν.

ΑΔΕΙΜΑΝΤΟΣ. Ὁμοίως γοῦν ἂν, ἔφη, ἡμῖν αὐτοῖς πορευοίμεθα.

ΣΩΚΡΑΤΗΣ. Οὐκοῦν, ἦν δ' ἐγώ, μεταβάλλει μὲν τρόπον τινὰ τοιόνδε ἐξ ὀλιγαρχίας εἰς δημοκρατίαν, δι' ἀπληστίαν τοῦ προκειμένου ἀγαθοῦ, τοῦ ὡς πλουσιώτατον δεῖν γίγνεσθαι;

ΑΔΕΙΜΑΝΤΟΣ. Πῶς δή ;

ΣΩΚΡΑΤΗΣ. Ἄτε, οἶμαι, ἄρχοντες ἐν αὐτῇ οἱ ἄρχοντες διὰ τὸ πολλὰ κεκτῆσθαι οὐκ ἐθέλουσιν εἴργειν νόμῳ τῶν νέων ὅσοι ἂν ἀκό-

ADIMANTE. Non.

X. SOCRATE. Il s'agit à présent d'examiner l'origine et les mœurs de la démocratie, afin qu'après avoir observé la même chose dans l'homme démocratique, nous puissions les comparer ensemble et les juger.

ADIMANTE. Nous ne ferons que suivre en cela notre méthode ordinaire.

SOCRATE. On passe de l'oligarchie à la démocratie par l'insatiable désir de ce bien qui est l'idéal dans l'oligarchie, à savoir qu'il faut être le plus riche possible.

ADIMANTE. Comment cela?

SOCRATE. Les chefs, qui ne sont redevables qu'à leurs grands biens de l'autorité qu'ils possèdent, se gardent de réprimer par la

ΑΔΕΙΜΑΝΤΟΣ. Οὐδαμῶς,
ἔφη.

ADIMANTE. Aucunement,
dit-il.

X. ΣΩΚΡΑΤΗΣ. Σκεπτέον δὴ
μετὰ τοῦτο,
ὡς ἔοικε,
δημοκρατίαν,
τίνα τε τρόπον γίγνεται
γενομένη τε
ποῖόν τινα ἔχει,
ἵνα αὖ γνόντες
τὸν τρόπον
τοῦ ἀνδρὸς τοιούτου
παραστησώμεθα αὐτὸν
εἰς κρίσιν.

X. SOCRATE. Il faut donc examiner
après cela,
comme il semble,
la démocratie,
et de quelle manière elle naît
et étant née
quel certain *caractère* elle a,
afin que d'autre part ayant connu
le caractère
de l'homme tel
nous placions-à-côté lui
pour *en porter* jugement.

ΑΔΕΙΜΑΝΤΟΣ. Γοῦν
ἂν πορευοίμεθα,
ἔφη,
ὁμοίως
ἡμῖν αὐτοῖς.

ADIMANTE. De la sorte
nous cheminerons,
dit-il,
d'une façon-d'accord
avec nous-mêmes.

ΣΩΚΡΑΤΗΣ. Οὐκοῦν,
ἦν δὲ ἐγώ,
μεταβάλλει μὲν
ἐξ ὀλιγαρχίας
εἰς δημοκρατίαν
τινὰ τρόπον τοιόνδε,
διὰ ἀπληστίαν
τοῦ ἀγαθοῦ προκειμένου,
τοῦ δεῖν γίγνεσθαι
ὡς πλουσιώτατον;

SOCRATE. N'est-ce pas que,
dis-je,
changement-se-fait à la vérité
d'oligarchie
en démocratie
d'une façon telle,
par l'insatiable-désir
du bien proposé-comme-but,
à savoir qu'il faut devenir
le plus riche possible?

ΑΔΕΙΜΑΝΤΟΣ. Πῶς δή;

ADIMANTE. Comment donc?

ΣΩΚΡΑΤΗΣ. Ἄτε
οἱ ἄρχοντες
ἐν αὐτῇ
ἄρχοντες, οἶμαι,
διὰ τὸ κεκτῆσθαι
πολλά,
οὐκ ἐθέλουσιν
εἴργειν νόμῳ
ὅσοι τῶν νέων

SOCRATE. Attendu que
ceux qui gouvernent
dans elle (la cité)
gouvernant, je pense,
par le *fait de* posséder
de grands *biens*,
ils ne veulent pas
empêcher par une loi
que *à tous ceux* des jeunes-gens qui

λαστοι γίγνωνται, μη ἐξεῖναι αὐτοῖς ἀναλίσκειν τε καὶ ἀπολλύναι τὰ αὐτῶν, ἵνα ὠνούμενοι τὰ τῶν τοιούτων καὶ εἰσδανείζοντες ἔτι πλουσιώτεροι καὶ ἐντιμότεροι γίγνωνται.

ΑΔΕΙΜΑΝΤΟΣ. Παντός γε μᾶλλον.

ΣΩΚΡΑΤΗΣ. Οὐκοῦν δῆλον ἤδη τοῦτο ἐν πόλει, ὅτι πλοῦτον τιμᾶν καὶ σωφροσύνην ἅμα ἱκανῶς κτᾶσθαι ἐν τοῖς πολίταις ἀδύνατον, ἀλλ' ἀνάγκη ἢ τοῦ ἑτέρου ἀμελεῖν ἢ τοῦ ἑτέρου;

ΑΔΕΙΜΑΝΤΟΣ. Ἐπιεικῶς, ἔφη, δῆλον.

ΣΩΚΡΑΤΗΣ. Παραμελοῦντες δὴ ἐν ταῖς ὀλιγαρχίαις καὶ ἐφιέντες ἀκολασταίνειν οὐκ ἀγεννεῖς ἐνίοτε ἀνθρώπους πένητας ἠνάγκασαν γενέσθαι.

ΑΔΕΙΜΑΝΤΟΣ. Μάλα γε.

ΣΩΚΡΑΤΗΣ. Κάθηνται δή, οἶμαι, οὗτοι ἐν τῇ πόλει κεκεντρωμένοι τε καὶ ἐξωπλισμένοι, οἱ μὲν ὀφείλοντες χρέα, οἱ δὲ ἄτιμοι

sévérité des lois le libertinage des jeunes débauchés, ni de les empêcher de se ruiner par des dépenses excessives; car leur dessein est d'acheter leurs biens, de se les approprier par des prêts usuraires, et d'accroître par ce moyen leurs richesses et leur crédit.

ADIMANTE. Sans doute.

SOCRATE. Or il est évident que, dans quelque gouvernement que ce soit, il est impossible que les citoyens estiment les richesses et pratiquent en même temps la tempérance, mais que c'est une nécessité qu'ils sacrifient une de ces deux choses à l'autre.

ADIMANTE. Cela est de la dernière évidence.

SOCRATE. Ainsi dans les oligarchies, les magistrats, par leur négligence et les facilités qu'ils accordent au libertinage, réduisent quelquefois à l'indigence des hommes dont l'âme n'est pas vile.

ADIMANTE. Sans doute.

SOCRATE. Voilà dès lors dans l'État des gens pourvus d'aiguillons, et bien armés, les uns accablés de dettes, les autres notés

ἂν γίγνωνται ἀκόλαστοι,	deviennent intempérants,
μὴ ἐξεῖναι αὐτοῖς	il ne soit pas permis à eux
ἀναλίσκειν τε καὶ ἀπολλύναι	et de dissiper et de perdre
τὰ αὑτῶν,	les *biens* d'eux-mêmes,
ἵνα ὠνούμενοί τε	afin-que et achetant
καὶ εἰσδανείζοντες	et acquérant-par-prêts-usuraires
τὰ τῶν τοιούτων	les biens de *jeunes gens* tels
γίγνωνται ἔτι πλουσιώτεροι	ils deviennent encore plus riches
καὶ ἐντιμότεροι.	et plus honorés.
ΑΔΕΙΜΑΝΤΟΣ.	ADIMANTE.
Μᾶλλόν γε παντός.	Plus *vrai* que tout. [que
ΣΩΚΡΑΤΗΣ. Οὐκοῦν	SOCRATE. N'*est-il* donc pas *vrai*
τοῦτο ἤδη δῆλον ἐν πόλει,	cela déjà *est* évident dans une cité,
ὅτι τιμᾶν πλοῦτον	que honorer l'argent
καὶ ἅμα	et en même temps
κτᾶσθαι ἱκανῶς	acquérir suffisamment
σωφροσύνην	la tempérance
ἀδύνατον ἐν τοῖς πολίταις,	*est* impossible parmi les citoyens,
ἀλλὰ ἀνάγκη	mais *qu'il y a* nécessité
ἢ ἀμελεῖν τοῦ ἑτέρου	ou de négliger l'un
ἢ τοῦ ἑτέρου;	ou *de négliger* l'autre?
ΑΔΕΙΜΑΝΤΟΣ. Ἐπιεικῶς δῆλον,	ADIMANTE. Assez évident,
ἔφη.	dit-il.
ΣΩΚΡΑΤΗΣ.	SOCRATE. [pas *de cela*
Παραμελοῦντες δὴ	Or *les magistrats* ne s'inquiétant
ἐν ταῖς ὀλιγαρχίαις	dans les oligarchies
καὶ ἐφιέντες	et laissant *les jeunes gens*
ἀκολασταίνειν	s'abandonner aux dérèglements
ἠνάγκασαν ἀνθρώπους	ont forcé des hommes
ἐνίοτε οὐκ ἀγεννεῖς	parfois non sans-noblesse
γενέσθαι πένητας.	à devenir pauvres.
ΑΔΕΙΜΑΝΤΟΣ. Μάλα γε.	ADIMANTE. Tout-à-fait certes.
ΣΩΚΡΑΤΗΣ. Οὗτοι δή,	SOCRATE. Ceux-ci donc,
οἶμαι,	je pense,
κάθηνται ἐν τῇ πόλει	sont assis (sont là) dans la cité
κεκεντρωμένοι τε	et pourvus de dards
καὶ ἐξωπλισμένοι,	et armés,
οἱ μὲν ὀφείλοντες χρέα,	les uns devant des dettes
οἱ δὲ γεγονότες ἄτιμοι,	les autres étant notés-d'infamie,

γεγονότες, οἱ δὲ ἀμφότερα, μισοῦντές τε καὶ ἐπιβουλεύοντες τοῖς κτησαμένοις τὰ αὑτῶν καὶ τοῖς ἄλλοις, νεωτερισμοῦ ἐρῶντες.

ΑΔΕΙΜΑΝΤΟΣ. Ἔστι ταῦτα.

ΣΩΚΡΑΤΗΣ. Οἱ δὲ δὴ χρηματισταὶ ἐγκύψαντες, οὐδὲ δοκοῦντες τούτους ὁρᾶν, τῶν λοιπῶν τὸν ἀεὶ ὑπείκοντα ἐνιέντες ἀργύριον τιτρώσκοντες, καὶ τοῦ πατρὸς ἐκγόνους τόκους πολλαπλασίους κομιζόμενοι, πολὺν τὸν κηφῆνα καὶ πτωχὸν ἐμποιοῦσι τῇ πόλει.

ΑΔΕΙΜΑΝΤΟΣ. Πῶς γάρ, ἔφη, οὐ πολύν;

ΣΩΚΡΑΤΗΣ. Οὔτε γ᾽ ἐκείνη, ἦν δ᾽ ἐγώ, τὸ τοιοῦτον κακὸν ἐκκαόμενον ἐθέλουσιν ἀποσβεννύναι, εἴργοντες τὰ αὑτοῦ ὅποι τις βούλεται τρέπειν, οὔτε τῇδε, ᾗ αὖ κατὰ ἕτερον νόμον τὰ τοιαῦτα λύεται.

ΑΔΕΙΜΑΝΤΟΣ. Κατὰ δὴ τίνα;

d'infamie, quelques-uns ruinés à la fois de biens et d'honneur, en état d'hostilité et de sourde lutte contre ceux qui se sont enrichis des débris de leur fortune, et contre le reste des citoyens, et avides d'un nouvel ordre de choses.

ADIMANTE. Cela est ainsi.

SOCRATE. Cependant nos faiseurs avides, penchés sur leur œuvre, et sans paraître voir ceux qu'ils ont ruinés, lançant leur argent, continuent à blesser ceux des autres qui leur prêtent le flanc, et en faisant produire à leur capital le plus d'argent possible, multiplient davantage dans l'État l'engeance des frelons et des pauvres.

ADIMANTE. Comment ne se multiplierait-elle pas?

SOCRATE. Ils ne veulent pas néanmoins arrêter cet incendie croissant, soit en empêchant les particuliers de disposer de leurs biens à leur fantaisie, soit en employant un autre moyen également propre à arrêter le progrès du mal.

ADIMANTE. Quel est cet autre moyen?

οἱ δὲ ἀμφότερα,
μισοῦντές τε
καὶ ἐπιβουλεύοντες
τοῖς κτησαμένοις
τὰ αὐτῶν
καὶ τοῖς ἄλλοις
ἐρῶντες νεωτερισμοῦ.

d'autres les deux choses *à la fois*,
et haïssant
et dressant des embûches
à ceux qui ont acquis
les *biens* d'eux-mêmes
et aux autres
étant amoureux d'une révolution.

ΑΔΕΙΜΑΝΤΟΣ. Ἔστι ταῦτα.

ADIMANTE. Il y a ces choses.

ΣΩΚΡΑΤΗΣ.

SOCRATE.

Οἱ δὲ δὴ χρηματισταὶ
ἐγκύψαντες,
οὐδὲ δοκοῦντες
ὁρᾶν τούτους,
ἐνιέντες ἀργύριον
τιτρώσκοντες ἀεὶ
τὸν τῶν λοιπῶν
ὑπείκοντα,
καὶ κομιζόμενοι
τόκους πολλαπλασίους
ἐκγόνους τοῦ πατρός,
ἐμποιοῦσι πολὺν
τῇ πόλει
τὸν κηφῆνα
καὶ πτωχόν.

Or les hommes-de-lucre
penchés-sur *leur œuvre*,
et-ne paraissant pas
voir ceux-ci,
introduisant *leur* argent
blessant toujours
celui des autres
qui se laisse faire,
et ramassant
des enfants (intérêts) multiples
fruits du père (capital),
rendent nombreux
dans la cité
le frelon
et *le* mendiant.

ΑΔΕΙΜΑΝΤΟΣ. Πῶς γὰρ
οὐ πολύν;
ἔφη.

ADIMANTE. Comment en effet
non nombreux?
dit-il.

ΣΩΚΡΑΤΗΣ. Ἐκείνη γε,
ἦν δ' ἐγώ,
οὔτε ἐθέλουσιν ἀποσβεννύναι
τὸ τοιοῦτον κακὸν ἐκκαόμενον,
εἴργοντες
τρέπειν τὰ αὐτοῦ
ὅποι τις βούλεται,
οὔτε τῇδε, ἢ αὖ
τὰ τοιαῦτα
λύεται
κατὰ ἕτερον νόμον.

SOCRATE. Par-là certes,
dis-je,
ils ne veulent pas éteindre
le tel mal allumé,
en empêchant
de diriger les *biens* de lui-même
où quiconque veut,
ni d'autre part par-où aussi
les choses telles
ne sont *pas* détruites
par l'*effet* d'une autre loi.

ΑΔΕΙΜΑΝΤΟΣ. Κατὰ δὴ τίνα;

ADIMANTE. Par quelle loi donc?

ΣΩΚΡΑΤΗΣ. Ὃς μετ' ἐκεῖνον ἐστι δεύτερος καὶ ἀναγκάζων ἀρετῆς ἐπιμελεῖσθαι τοὺς πολίτας. Ἐὰν γὰρ ἐπὶ τῷ αὐτοῦ κινδύνῳ τὰ πολλά τις τῶν ἑκουσίων ξυμβολαίων προστάττῃ ξυμβάλλειν, χρηματίζοιντο μὲν ἂν ἧττον ἀναιδῶς ἐν τῇ πόλει, ἐλάττω δ' ἐν αὐτῇ φύοιτο τῶν τοιούτων κακῶν, οἵων νῦν δὴ εἴπομεν.

ΑΔΕΙΜΑΝΤΟΣ. Καὶ πολύ γε, ἦ δ' ὅς.

ΣΩΚΡΑΤΗΣ. Νῦν δέ γ', ἔφην ἐγώ, διὰ πάντα τὰ τοιαῦτα τοὺς μὲν δὴ ἀρχομένους οὕτω διατιθέασιν ἐν τῇ πόλει οἱ ἄρχοντες· σφᾶς δὲ αὐτοὺς καὶ τοὺς αὑτῶν, ἆρ' οὐ τρυφῶντας μὲν τοὺς νέους καὶ ἀπόνους καὶ πρὸς τὰ τοῦ σώματος καὶ πρὸς τὰ τῆς ψυχῆς, μαλακοὺς δὲ καρτερεῖν πρὸς ἡδονάς τε καὶ λύπας ἀργούς;

ΑΔΕΙΜΑΝΤΟΣ. Τί μήν;

ΣΩΚΡΑΤΗΣ. Αὐτοὺς δὲ πλὴν χρηματισμοῦ τῶν ἄλλων ἠμελη-

SOCRATE. Une loi qui servirait d'auxiliaire à la première, et qui obligerait les citoyens à être honnêtes; car, si les contrats de ce genre avaient lieu aux risques et périls des prêteurs, les hommes d'argent feraient l'usure avec moins d'impudence, et l'État se verrait délivré de ce déluge de maux dont nous avons parlé

ADIMANTE. J'en conviens.

SOCRATE. C'est ainsi que les citoyens sont réduits à ce triste état par la faute des gouvernants, qui, par suite, corrompent eux et leurs enfants; ceux-ci menant une vie voluptueuse, et n'exerçant ni leur corps ni leur âme, deviennent mous et désarmés devant le plaisir et la douleur.

ADIMANTE. Cela est vrai.

SOCRATE. Leurs pères, uniquement occupés à s'enrichir, né-

ΣΩΚΡΑΤΗΣ. Ὅς
μετὰ ἐκεῖνόν
ἐστι δεύτερος
καὶ ἀναγκάζων τοὺς πολίτας
ἐπιμελεῖσθαι ἀρετῆς.
Ἐὰν·γάρ τις
προστάττῃ ξυμβάλλειν
τὰ πολλὰ
τῶν ξυμβολαίων ἑκουσίων
ἐπὶ τῷ κινδύνῳ αὐτοῦ
χρηματίζοιντο μὲν ἂν
ἧττον ἀναιδῶς
ἐν τῇ πόλει,
ἐλάττω δὲ τῶν τοιούτων κακῶν
οἵων νῦν δὴ εἴπομεν
φύοιτο ἐν αὐτῇ.
ΑΔΕΙΜΑΝΤΟΣ. Καὶ πολύ γε,
ἦ δὲ ὅς.
ΣΩΚΡΑΤΗΣ. Νῦν δέ γε,
ἔφην ἐγώ,
διὰ πάντα τὰ τοιαῦτα
οἱ ἄρχοντες
οὕτω διατιθέασιν ἐν τῇ πόλει
τοὺς μὲν δὴ ἀρχομένους ·
σφᾶς δὲ αὐτοὺς
καὶ τοὺς αὐτῶν,
ἆρα οὐ τοὺς νέους
τρυφῶντας μὲν
καὶ ἀπόνους
καὶ πρὸς τὰ τοῦ σώματος
καὶ πρὸς τὰ τῆς ψυχῆς,
μαλακοὺς δὲ καρτερεῖν
καὶ ἀργοὺς
πρὸς ἡδονάς τε καὶ λύπας;
ΑΔΕΙΜΑΝΤΟΣ. Τί μήν;
ΣΩΚΡΑΤΗΣ.
Αὐτοὺς δὲ
ἠμεληκότας τῶν ἄλλων
πλὴν χρηματισμοῦ,

SOCRATE. Celle qui
après celle-là
est seconde
et forçant les citoyens
de prendre-souci de la vertu.
Si en effet quelqu'un (chacun)
était obligé de contracter
la plupart
des contrats volontaires
aux risques de lui-même
les faiseurs chercheraient-profit
moins impudemment
dans la cité,
et moins de tels maux
que nous avons dits tout à l'heure
se produiraient en elle.
ADIMANTE. Et beaucoup *moins*,
dit-il.
SOCRATE. Or maintenant,
dis-je,
à cause de toutes les *choses* telles
les gouvernants
ainsi disposent dans la cité
d'un côté certes les gouvernés,
et eux-mêmes
et les *enfants* d'eux-mêmes,
ne *rendent-ils* pas les jeunes *gens*
dissolus d'une part
et sans force
et pour les *choses* du corps
et pour celles de l'âme,
et d'autre part mous à supporter
et paresseux
en face des plaisirs et des chagrins?
ADIMANTE. Quoi en effet?
SOCRATE.
Et *ne rendent-ils pas* eux-mêmes
insouciants des autres choses
hormis du lucre,

κότας, καὶ οὐδὲν πλείω ἐπιμέλειαν πεποιημένους ἀρετῆς ἢ τοὺς πένητας;

ΑΔΕΙΜΑΝΤΟΣ. Οὐ γὰρ οὖν.

ΣΩΚΡΑΤΗΣ. Οὕτω δὴ παρεσκευασμένοι ὅταν παραβάλλωσιν ἀλλήλοις οἵ τε ἄρχοντες καὶ οἱ ἀρχόμενοι ἢ ἐν ὁδῶν πορείαις ἢ ἐν ἄλλαις τισὶ κοινωνίαις, ἢ κατὰ θεωρίας ἢ κατὰ στρατείας, ἢ ξύμπλοι γιγνόμενοι ἢ συστρατιῶται, ἢ καὶ ἐν αὐτοῖς τοῖς κινδύνοις ἀλλήλους θεώμενοι, μηδαμῇ ταύτῃ καταφρονῶνται οἱ πένητες ὑπὸ τῶν πλουσίων, ἀλλὰ πολλάκις ἰσχνὸς ἀνὴρ πένης, ἡλιωμένος παρα- ταχθεὶς ἐν μάχῃ πλουσίῳ ἐσκιατροφηκότι, πολλὰς ἔχοντι σάρκας ἀλλοτρίας, ἤδη ἄσθματός τε καὶ ἀπορίας μεστόν, ἆρ᾽ οἴει αὐτὸν οὐχ ἡγεῖσθαι κακίᾳ τῇ σφετέρᾳ, πλουτεῖν τοὺς τοιούτους, καὶ

gligent tout le reste, et ne se mettent pas plus en peine de la vertu que les pauvres.

ADIMANTE. Sans contredit.

SOCRATE. Or, dans un tel état de choses, lorsque les gouvernants et les gouvernés se trouvent ensemble en voyage, ou dans quelque semblable rencontre, dans une théorie, à l'armée, sur mer ou sur terre, et qu'ils s'examinent mutuellement dans les occasions périlleuses, les riches n'ont alors aucun sujet de mépriser les pauvres ; au contraire quand un pauvre, maigre et hâlé, placé dans la mêlée à côté d'un riche élevé à l'ombre et chargé d'embonpoint, le voit tout essoufflé et embarrassé de sa personne, ne crois-tu pas qu'il se dit à lui-même que ces gens-là ne doivent leurs richesses qu'à la lâcheté des pauvres ? Et lorsqu'ils se rencontrent ensemble

καὶ πεποιημένους ἐπιμελείαν	et ne prenant un soin
ἀρετῆς	de la vertu
οὐδὲν πλείω ἢ τοὺς πένητας;	en rien plus grand que les pauvres?
ΑΔΕΙΜΑΝΤΟΣ. Οὐ γὰρ οὖν.	ADIMANTE. Non certes.
ΣΩΚΡΑΤΗΣ. Παρεσκευαμένοι	SOCRATE. Étant disposés
δὴ οὕτω	donc ainsi
ὅταν οἵ τε ἄρχοντες	lorsque les gouvernants
καὶ οἱ ἀρχόμενοι	et les gouvernés
παραβάλλωσιν	se rencontrent
ἀλλήλοις	les uns avec les autres
ἢ ἐν πορείαις ὁδῶν	ou dans les marches de routes
ἢ ἔν τισι ἄλλαις	ou dans quelques autres
κοινωνίας,	rencontres,
ἢ κατὰ θεωρίας	ou dans des théories
ἢ κατὰ στρατείας,	ou dans des expéditions-militaires,
ἢ γιγνόμενοι ξύμπλοι	ou étant naviguant-ensemble
ἢ συστρατιῶται,	ou compagnons-d'armes,
ἢ καὶ θεώμενοι	ou encore s'examinant
ἀλλήλους	les-uns-les-autres
ἐν αὐτοῖς τοῖς κινδύνοις,	dans les mêmes périls,
οἱ πένητες	*et quand* les pauvres
ταύτῃ	en-ces-occasions
μηδαμῇ καταφρονῶνται	ne sont nullement méprisés
ὑπὸ τῶν πλουσίων,	par les riches,
ἀλλὰ πολλάκις	mais que souvent
πένης ἀνὴρ ἰσχνός,	un pauvre homme maigre,
ἡλιωμένος	brûlé-du-soleil
παραταχθεὶς	placé-en-rang
ἐν μάχῃ πλουσίῳ	dans le combat auprès d'un riche
ἐσκιατροφηκότι,	nourri-à-l'ombre,
ἔχοντι πολλὰς σάρκας	ayant beaucoup de chair
ἀλλοτρίας, ἴδῃ	étrangère (superflue), voit *le riche*
μεστὸν ἄσθματός τε	plein et d'essoufflement
καὶ ἀπορίας,	et d'embarras,
ἆρα οἴει αὐτὸν	crois-tu que lui (le pauvre)
οὐκ ἡγεῖσθαι	ne pense pas
τοὺς τοιούτους πλουτεῖν	que les *hommes* tels s'enrichissent
τῇ σφετέρᾳ κακίᾳ,	par sa propre lâcheté,
καὶ ὅταν ξυγγίγνωνται	et lorsqu'ils se trouvent ensemble

ἄλλον ἄλλῳ παραγγέλλειν, ὅταν ἰδίᾳ ξυγγίγνωνται, ὅτι ἄνδρες ἡμέτεροι εἰσὶ παρ' οὐδέν;

ΑΔΕΙΜΑΝΤΟΣ. Εὖ οἶδα μὲν οὖν, ἔφη, ἔγωγε, ὅτι οὕτω ποιοῦσιν.

ΣΩΚΡΑΤΗΣ. Οὐκοῦν ὥσπερ σῶμα νοσῶδες μικρᾶς ῥοπῆς ἔξωθεν δεῖται προσλαβέσθαι πρὸς τὸ κάμνειν, ἐνίοτε δὲ καὶ ἄνευ τῶν ἔξω στασιάζει αὐτὸ αὑτῷ, οὕτω δὴ καὶ ἡ κατὰ ταῦτα ἐκείνῳ διακειμένη πόλις ἀπὸ σμικρᾶς προφάσεως, ἔξωθεν ἐπαγομένων ἢ τῶν ἑτέρων ἐξ ὀλιγαρχουμένης πόλεως ξυμμαχίαν ἢ τῶν ἑτέρων ἐκ δημοκρατουμένης, νοσεῖ τε καὶ αὐτὴ αὑτῇ μάχεται, ἐνίοτε δὲ καὶ ἄνευ τῶν ἔξω στασιάζει;

ΑΔΕΙΜΑΝΤΟΣ. Καὶ σφόδρα γε.

ΣΩΚΡΑΤΗΣ. Δημοκρατία δή, οἶμαι, γίγνεται, ὅταν οἱ πένητες νικήσαντες τοὺς μὲν ἀποκτείνωσι τῶν ἑτέρων, τοὺς δὲ ἐκβάλωσι,

ne se disent-ils pas les uns aux autres : » En vérité, nos riches, c'est peu de chose? »

ADIMANTE. Je suis persuadé qu'ils font de la sorte.

SOCRATE. Et comme un corps débile n'a besoin, pour tomber à bas, que du plus léger choc du dehors et que souvent même il se dérange sans aucune cause extérieure ; ainsi un État, dans une situation analogue, ne tarde point à se détraquer et à se déchirer sous le moindre prétexte, soit que les riches et les pauvres appellent à leur secours, ceux-ci les habitants d'un port démocratique voisin, ceux-là les chefs de quelque État oligarchique ; quelquefois même, sans que les étrangers s'en mêlent, la discorde éclate.

ADIMANTE. Oui, vraiment.

SOCRATE. Le gouvernement devient démocratique, lorsque les pauvres ayant remporté la victoire sur les riches, massacrent les uns, chassent les autres, et partagent également avec ceux qui

ἰδίᾳ   en particulier
ἄλλον παραγγέλλειν ἄλλῳ   l'un dit à l'autre
ὅτι ἡμέτεροι ἄνδρες   que nos hommes *riches*
εἰσὶν παρὰ οὐδέν;   ne sont (comptent) pour rien?

ΑΔΕΙΜΑΝΤΟΣ. Εὖ οἶδα   ADIMANTE. Je sais bien
μὲν οὖν ἔγωγε,   assurément, quant à moi,
ἔφη, ὅτι ποιοῦσιν οὕτω.   dit-il, qu'ils font ainsi.

ΣΩΚΡΑΤΗΣ. Οὐκοῦν   SOCRATE. N'*est-il* pas *vrai* que
ὥσπερ σῶμα νοσῶδες   comme un corps valétudinaire
δεῖται μικρᾶς ῥοπῆς   n'a besoin *que* d'un petit choc
ἔξωθεν   du dehors
προσλαβέσθαι πρὸς τὸ κάμνειν,   pour glisser au être-malade,
ἐνίοτε δὲ καὶ   et parfois même
ἄνευ τῶν ἔξω   sans les choses du dehors
στασιάζει   est-en-désaccord
αὐτὸ αὑτῷ,   lui-même avec lui-même,
οὕτω δὴ καὶ ἡ πόλις   ainsi aussi et la cité
διακειμένη   étant placée
κατὰ τὰ αὐτὰ   dans les mêmes *conditions*
ἐκείνῳ   que celui-là (corps)
ἀπὸ σμικρᾶς προφάσεως   par suite d'un petit prétexte
ἢ τῶν ἑτέρων   ou bien les uns (les riches)
ἐπαγομένων   ayant appelé à eux
ξυμμαχίαν ἔξωθεν   alliance du dehors
ἐξ πόλεως ὀλιγαρχουμένης   d'une cité oligarchique
ἢ τῶν ἑτέρων   ou bien les autres (les pauvres)
ἐκ δημοκρατουμένης,   d'une *cité* démocratique,
νοσεῖ τε   et tombe-malade   [même,
καὶ μάχεται αὐτὴ αὑτῇ,   et combat elle-même contre elle-
ἐνίοτε δὲ   et quelquefois
καὶ ἄνευ τῶν ἔξω   même sans les *choses* du dehors
στασιάζει;   entre-en-discorde?

ΑΔΕΙΜΑΝΤΟΣ. Καὶ σφόδρα γε.   ADIMANTE. Et tout-à-fait certes.
ΣΩΚΡΑΤΗΣ. Δημοκρατία δή,   SOCRATE. La démocratie donc,
οἶμαι, γίγνεται   je pense, naît
ὅταν οἱ πένητες νικήσαντες   quand les pauvres ayant vaincu
ἀποκτείνωσι   mettent à mort
τοὺς μὲν τῶν ἑτέρων   les uns de l'autre parti
τοὺς δὲ ἐκβάλωσι,   et bannissent les autres

τοῖς δὲ λοιποῖς ἐξ ἴσου μεταδῶσι πολιτείας τε καὶ ἀρχῶν [καὶ ὡς τὸ πολὺ ἀπὸ κλήρων αἱ ἀρχαὶ ἐν αὐτῇ γίγνονται].

ΑΔΕΙΜΑΝΤΟΣ. Ἔστι γάρ, ἔφη, αὕτη ἡ κατάστασις δημοκρατίας, ἐάν τε καὶ δι᾽ ὅπλων γένηται ἐάν τε καὶ διὰ φόβον ὑπεξελθόντων τῶν ἑτέρων.

XI. ΣΩΚΡΑΤΗΣ. Τίνα δὴ οὖν, ἦν δ᾽ ἐγώ, οὗτοι τρόπον οἰκοῦσι; καὶ ποία τις ἡ τοιαύτη αὖ πολιτεία; δῆλον γὰρ ὅτι ὁ τοιοῦτος ἀνὴρ δημοκρατικός τις ἀναφανήσεται.

ΑΔΕΙΜΑΝΤΟΣ. Δῆλον, ἔφη.

ΣΩΚΡΑΤΗΣ. Οὐκοῦν πρῶτον μὲν δὴ ἐλεύθεροι, καὶ ἐλευθερίας ἡ πόλις μεστὴ καὶ παρρησίας γίγνεται, καὶ ἐξουσία ἐν αὐτῇ ποιεῖν ὅ τί τις βούλεται ;

ΑΔΕΙΜΑΝΤΟΣ. Λέγεταί γε δή, ἔφη.

ΣΩΚΡΑΤΗΣ. Ὅπου δέ γε ἐξουσία, δῆλον ὅτι ἰδίαν ἕκαστος ἂν κατασκευὴν τοῦ αὑτοῦ βίου κατασκευάζοιτο ἐν αὐτῇ, ἥτις ἕκαστον ἀρέσκοι.

ΑΔΕΙΜΑΝΤΟΣ. Δῆλον.

restent les charges et l'administration des affaires, ce qui, dans ce gouvernement, se règle d'ordinaire par le sort.

ADIMANTE. C'est ainsi, en effet, que la démocratie s'établit soit par la voie des armes, soit que les riches, craignant pour eux-mêmes, prennent le parti de se retirer.

XI. SOCRATE. Quelles seront les mœurs, quel sera le caractère de ce nouveau gouvernement? Tout à l'heure nous montrerons un homme qui lui ressemble, que nous pourrons appeler l'homme démocratique.

ADIMANTE. Certainement.

SOCRATE. D'abord, tout le monde est libre dans cet État; on y voit régner la liberté d'agir et de parler; chacun y est maître de faire ce qu'il lui plaît.

ADIMANTE. On le dit ainsi.

SOCRATE. Mais, partout où l'on a ce pouvoir, il est clair que chaque citoyen choisit à son gré le genre de vie qui lui agrée davantage.

ADIMANTE. Sans doute.

μεταδῶσι δὲ ἐξ ἴσου
τοῖς λοιποῖς
πολιτείας τε καὶ ἀρχῶν
καὶ ὡς τὸ πολὺ
αἱ ἀρχαὶ ἐν αὐτῇ
γίγνονται ἀπὸ κλήρων.
   ΑΔΕΙΜΑΝΤΟΣ. Ἡ κατάστασις
δημοκρατίας
ἐστὶ γὰρ αὕτη, ἔφη,
ἐάν τε καὶ γένηται διὰ ὅπλων
ἐάν τε καὶ τῶν ἑτέρων
ὑπεξελθόντων διὰ φόβον.
   XI. ΣΩΚΡΑΤΗΣ.
Τίνα δὴ οὖν τρόπον, ἦν δὲ ἐγώ,
οὗτοι οἰκοῦσι
καὶ ποία τις αὖ
ἡ τοιαύτη πολιτεία ;
Δῆλον γὰρ ὅτι
ὁ ἀνὴρ τοιοῦτος ἀναφανήσεται
δημοκρατικός τις.
   ΑΔΕΙΜΑΝΤΟΣ. Δῆλον, ἔφη.
   ΣΩΚΡΑΤΗΣ. Οὐκοῦν
πρῶτον μὲν δὴ
ἐλεύθεροι
καὶ ἡ πόλις γίγνεται μεστὴ
ἐλευθερίας
καὶ παρρησίας,
καὶ ἐξουσία ἐν αὐτῇ
ποιεῖν ὅ τί τις βούλεται ;
   ΑΔΕΙΜΑΝΤΟΣ. Λέγεταί γε δη,
ἔφη.
   ΣΩΚΡΑΤΗΣ.
"Ὅπου δέ γε ἐξουσία
δῆλον ὅτι ἕκαστος
ἂν κατασκευάζοιτο ἐν αὐτῇ
ἰδίαν κατασκευήν
τοῦ βίου αὐτοῦ
ἥτις ἀρέσκοι ἕκαστον.
   ΑΔΕΙΜΑΝΤΟΣ. Δῆλον.

et donnent-part à égalité
à ceux qui restent
du gouvernement et des pouvoirs
et le plus ordinairement
les pouvoirs dans elle (cette cité)
tirent-origine du tirage au sort.
   ADIMANTE. La constitution
de *la* démocratie
est, en effet, celle-ci, dit-il,
soit qu'elle naisse par les armes
soit aussi les autres (les riches)
s'étant échappés par peur.
   XI. SOCRATE.
De quelle manière donc, dis-je,
ceux-ci se gouvernent-ils
et quel est à son tour
le tel gouvernement ?
Il est évident en effet que
l'homme tel se montrera
un *homme* démocratique
   ADIMANTE. *Cela est* évident, dit-il.
   SOCRATE. *N'est-il* pas *vrai que*
d'abord certes
ils deviennent libres
et *que* la cité devient pleine
de liberté-d'agir
et de liberté-de-parler,
et licence (est) dans elle
de faire ce que l'on veut? [certes,
   ADIMANTE. On le dit du moins
dit-il.
   SOCRATE.
Or *partout* où *il y a* licence
il est clair que chacun
organisera dans elle (cité)
le propre arrangement
de la vie de lui
qui plaira à chacun.
   ADIMANTE. *Cela est* clair.

ΣΩΚΡΑΤΗΣ. Παντοδαποὶ δὴ ἄν, οἶμαι, ἐν ταύτῃ τῇ πολιτείᾳ μάλιστ᾽ ἐγγίγνοιντο ἄνθρωποι.

ΑΔΕΙΜΑΝΤΟΣ. Πῶς γὰρ οὔ;

ΣΩΚΡΑΤΗΣ. Κινδυνεύει, ἦν δ᾽ ἐγώ, καλλίστη αὕτη τῶν πολιτειῶν εἶναι, ὥσπερ ἱμάτιον ποικίλον πᾶσιν ἄνθεσι πεποικιλμένον, οὕτω καὶ αὕτη πᾶσιν ἤθεσι πεποικιλμένη καλλίστη ἂν φαίνοιτο. Καὶ ἴσως μέν, ἦν δ᾽ ἐγώ, καὶ ταύτην, ὥσπερ οἱ παῖδές τε καὶ αἱ γυναῖκες τὰ ποικίλα θεώμενοι, καλλίστην ἂν πολλοὶ κρίνειαν.

ΑΔΕΙΜΑΝΤΟΣ. Καὶ μάλ᾽, ἔφη.

ΣΩΚΡΑΤΗΣ. Καὶ ἔστι γε, ὦ μακάριε, ἦν δ᾽ ἐγώ, ἐπιτήδειον ζητεῖν ἐν αὐτῇ πολιτείαν.

ΑΔΕΙΜΑΝΤΟΣ. Τί δή;

ΣΩΚΡΑΤΗΣ. Ὅτι πάντα γένη πολιτειῶν ἔχει διὰ τὴν ἐξουσίαν, καὶ κινδυνεύει τῷ βουλομένῳ πόλιν κατασκευάζειν, ὃ νῦν δὴ ἡμεῖς ἐποιοῦμεν, ἀναγκαῖον εἶναι εἰς δημοκρατουμένην ἐλθόντι πόλιν, ὃς

SOCRATE. Il doit, par conséquent, y avoir dans un pareil gouvernement un mélange d'hommes de toutes les sortes.

ADIMANTE. Oui.

SOCRATE. En vérité, cette forme de gouvernement a bien l'air d'être la plus belle de toutes, et cette prodigieuse bigarrure de caractères pourrait bien en relever autant la beauté que des fleurs brodées relèvent la beauté d'un habit.

ADIMANTE. Pourquoi non?

SOCRATE. Ceux du moins qui en jugeront comme les femmes et les enfants, quand ils voient des objets bigarrés, les trouveront merveilleux.

ADIMANTE. Je le crois.

SOCRATE. C'est dans cet État, mon cher ami, qu'il n'est pas malaisé de trouver un gouvernement.

ADIMANTE. Pourquoi?

SOCRATE. Parce qu'il les renferme tous, chacun ayant la liberté d'y vivre à sa façon. Il semble, en effet, que si quelqu'un voulait former le plan d'un État comme nous faisions tout à l'heure, il

ΣΩΚΡΑΤΗΣ. Ἄνθρωπο δή, ·
οἶμαι, παντοδαποὶ
ἂν ἐγγίγνοιντο
ἐν ταύτῃ τῇ πολιτείᾳ μάλιστα.

SOCRATE. Or des hommes,
je pense, de tout genre
naîtront
dans ce gouvernement surtout.

ΑΔΕΙΜΑΝΤΟΣ. Πῶς γὰρ οὔ;

ADIMANTE. En effet comment non?

ΣΩΚΡΑΤΗΣ. Αὕτη
κινδυνεύει, ἦν δὲ ἐγώ,
εἶναι καλλίστη
τῶν πολιτειῶν,
ὥσπερ ἱμάτιον ποικίλον
πεποικιλμένον πᾶσιν ἄνθεσιν
οὕτω καὶ αὕτη
πεποικιλμένη πᾶσιν ἤθεσιν
ἂν φαίνοιτο καλλίστη.
Καὶ ἴσως μέν,
ἦν δὲ ἐγώ,
καὶ πολλοί,
ὥσπερ οἱ παῖδές τε
καὶ γυναῖκες
θεώμενοι
τὰ ποικίλα,
ἂν κρίνειαν ταύτην
καλλίστην.

SOCRATE. Ce *gouvernement*
risque, dis-je,
d'être le plus beau
des gouvernements,
comme un vêtement bigarré
varié de toutes fleurs
ainsi et lui (gouvernement)
varié de toutes mœurs
paraîtra le plus beau.
Et peut-être à la vérité,
dis-je,
et beaucoup,
comme et les enfants
et les femmes
ayant-sous-les-yeux
les choses bigarrées
jugeront ce *gouvernement*
le plus beau.

ΑΔΕΙΜΑΝΤΟΣ. Καὶ μάλα, ἔφη.

ADIMANTE. Parfaitement, dit-il.

ΣΩΚΡΑΤΗΣ. Καὶ, ὦ μακάριε,
ἦν δὲ ἐγώ,
ἔστι γε ἐπιτήδειον
ζητεῖν ἐν αὐτῇ πολιτείαν.

SOCRATE. Et, ô heureux *ami*,
dis-je,
il est du moins commode [ment.
de chercher dans lui un gouverne-

ΑΔΕΙΜΑΝΤΟΣ. Τί δή;

ADIMANTE. Pourquoi donc ?

ΣΩΚΡΑΤΗΣ.
Ὅτι ἔχει
πάντα γένη πολιτειῶν
διὰ τὴν ἐξουσίαν
καὶ κινδυνεύει εἶναι ἀναγκαῖον
τῷ βουλομένῳ
κατασκευάζειν πόλιν
ὃ νῦν δὴ
ἡμεῖς ἐποιοῦμεν,
ἐλθόντι εἰς πόλιν

SOCRATE.
Parce qu'il (ce gouvernement) a
tous *les* genres de gouvernement
à cause de la licence *universelle*,
et il risque être nécessaire,
à-qui-veut
organiser une cité,
ce que tout à l'heure
nous faisions
étant allé dans une **cité**

ἂν αὐτὸν ἀρέσκῃ τρόπος, τοῦτον ἐκλέξασθαι, ὥσπερ εἰς παντοπώλιον ἀφικομένῳ πολιτειῶν, καὶ ἐκλεξαμένῳ οὕτω κατοικίζειν.

ΑΔΕΙΜΑΝΤΟΣ. Ἴσως γοῦν, ἔφη, οὐκ ἂν ἀποροῖ παραδειγμάτων.

ΣΩΚΡΑΤΗΣ. Τὸ δὲ μηδεμίαν ἀνάγκην, εἶπον, εἶναι ἄρχειν ἐν
ταύτῃ τῇ πόλει, μηδ' ἂν ᾖς ἱκανὸς ἄρχειν, μηδὲ αὖ ἄρχεσθαι, ἐὰν
μὴ βούλῃ, μηδὲ πολεμεῖν πολεμούντων, μηδὲ εἰρήνην ἄγειν τῶν
ἄλλων ἀγόντων, ἐὰν μὴ ἐπιθυμῇς εἰρήνης, μηδ' αὖ, ἐὰν τις ἄρχει
νόμος σε διακωλύῃ ἢ δικάζειν, μηδὲν ἧττον κ ὶ ἄρχειν καὶ δικάζειν, ἐὰν αὐτῷ σοι ἐπίῃ, ἆρ' οὐ θεσπεσία ὤ ; ἡδεῖα ἡ τοιαύτη
διαγωγὴ ἐν τῷ παραυτίκα;

ΑΔΕΙΜΑΝΤΟΣ. Ἴσως, ἔφη, ἔν γε τούτῳ.

ΣΩΚΡΑΤΗΣ. Τί δαί; ἡ πραότης ἐνίων τῶν δικασθέντων οὐ

n'aurait qu'à se transporter dans un État démocratique comme dans
une foire de gouvernements de toute espèce. Il n'aurait qu'à exé-
cuter ensuite son dessein sur le modèle qu'il aurait choisi.

ADIMANTE. Il ne manquerait pas de modèles.

SOCRATE. A première vue, n'est-ce pas une condition bien douce
et bien commode de ne pouvoir être contraint de remplir aucune
charge publique, quelque capacité que l'on ait pour la remplir;
de n'être soumis à aucune autorité, si l'on ne le veut pas; de ne
point aller à la guerre, quand les autres y vont, et, tandis que les
autres vivent en paix, de n'y pas vivre, si cela ne plaît point; et
en dépit de la loi qui interdirait toute fonction dans le barreau et
dans la magistrature, d'être juge ou magistrat, si le cœur vous
en dit?

ADIMANTE. A première vue, sans doute.

SOCRATE. N'est-ce pas encore quelque chose d'admirable que

δημοκρατουμένην
ἐκλέξασθαι τοῦτον
ὃς τρόπος ἂν ἀρέσκη αὐτόν,
ὥσπερ ἀφικομένῳ
εἰς παντοπώλιον πολιτειῶν,
καὶ ἐκλεξαμένῳ
κατοικίζειν οὕτω.

ΑΔΕΙΜΑΝΤΟΣ. Ἴσως γοῦν,
ἔφη,
οὐκ ἂν ἀποροῖ παραδειγμάτων.

ΣΩΚΡΑΤΗΣ. Τὸ δέ, εἶπον,
εἶναι μηδεμίαν ἀνάγκην
ἐν ταύτη τῇ πόλει
ἄρχειν,
μηδὲ ἂν ᾖς ἱκανὸς
ἄρχειν,
μηδὲ αὖ
ἄρχεσθαι,
ἐὰν μὴ βούλη,
μηδὲ πολεμεῖν
πολεμούντων,
μηδὲ ἄγειν εἰρήνην
τῶν ἄλλων ἀγόντων,
ἐὰν μὴ ἐπιθυμῇς εἰρήνης,
μηδὲ αὖ, ἐάν τις νόμος
διακωλύῃ σε ἄρχειν
ἢ δικάζειν,
μηδὲν ἧττον καὶ ἄρχειν
καὶ δικάζειν,
ἐὰν ἐπίη σοι αὐτῷ,
ἆρα ἡ τοιαύτη διαγωγὴ
οὐ θεσπεσία ὡς ἡδεῖα
ἐν τῷ παραυτίκα;

ΑΔΕΙΜΑΝΤΟΣ. Ἴσως, ἔφη,
ἔν γε τούτῳ.

ΣΩΚΡΑΤΗΣ. Τί δαί;
ἡ πραότης
ἐνίων τῶν δικασθέντων
οὐ κομψή;

démocratique
de choisir cette *forme* de cité
laquelle forme lui plaira,
comme étant arrivé
dans une foire de gouvernements,
et l'ayant choisie
de l'organiser ainsi.

ADIMANTE. Peut-être en effet,
dit-il,
il ne manquerait pas de modèles.

SOCRATE. Mais le *fait*, dis-je,
qu'il n'y ait aucune nécessité
dans cette cité
de commander,
pas même si tu es capable
de commander,
ni non plus
d'obéir (d'être commandé),
si tu ne le veux pas,
ni de faire la guerre
les autres faisant la guerre,
ni de garder la paix
les autres *la* gardant,
si tu ne désires point la paix,
ni encore, si quelque loi
t'interdit de commander
ou de juger,
de ne pas moins et commander
et juger,
si *cette idée* vient à toi-même,
est-ce que la condition telle
n'*est* pas divine très charmante
dans le premier moment?

ADIMANTE. Peut-être, dit-il,
en ce *moment* du moins.

SOCRATE. Eh quoi?
la facilité   [gés
à l'égard de quelques hommes ju-
n'*est-elle* pas jolie?

κομψή; ἢ οὔπω εἶδες ἐν τοιαύτῃ πολιτείᾳ, ἀνθρώπων καταψηφι-
σθέντων θανάτου ἢ φυγῆς, οὐδὲν ἧττον αὐτῶν μενόντων τε καὶ
ἀναστρεφομένων ἐν μέσῳ, καὶ ὡς οὔτε φροντίζοντος οὔτε ὁρῶντος
οὐδενὸς περινοστεῖ ὥσπερ ἥρως;

ΑΔΕΙΜΑΝΤΟΣ. Καὶ πολλούς γ᾽, ἔφη.

ΣΩΚΡΑΤΗΣ. Ἡ δὲ συγγνώμη καὶ οὐδ᾽ ὁπωστιοῦν σμικρολογία
αὐτῆς, ἀλλὰ καταφρόνησις ὧν ἡμεῖς ἐλέγομεν σεμνύνοντες, ὅτε
τὴν πόλιν ᾠκίζομεν, ὡς εἰ μή τις ὑπερβεβλημένην φύσιν ἔχοι,
οὔποτ᾽ ἂν γένοιτο ἀνὴρ ἀγαθός, εἰ μὴ παῖς ὢν εὐθὺς παίζοι ἐν
καλοῖς καὶ ἐπιτηδεύοι τὰ τοιαῦτα πάντα, ὡς μεγαλοπρεπῶς κατα-
πατήσασ᾽ ἅπαντα ταῦτα οὐδὲν φροντίζει, ἐξ ὁποίων ἄν τις ἐπι-

l'indulgence qu'on a pour certains criminels? N'as-tu pas vu dans
des États de ce genre quelque homme condamné à la mort ou à
l'exil rester et se promener en public et, comme s'il n'y avait là personne pour s'en inquiéter, ou même pour s'en apercevoir, un pareil personnage se posant comme un héros?

ADIMANTE. J'en ai vu plusieurs.

SOCRATE. Et ce laisser-aller de l'État, ce détachement de toute
petitesse qui lui fait dédaigner ces principes que nous proclamions
avec gravité en traçant le plan de notre État, quand nous disions
que, à moins d'être doué d'une nature excellente, nul ne saurait
devenir vertueux, si dès l'enfance il n'a joué, pour ainsi dire, au
milieu du beau et de l'honnête et s'il n'en a fait plus tard une
étude sérieuse; avec quelle hauteur superbe on y foule aux pieds
tous ces principes! Sans prendre souci d'examiner quelle éducation

ἢ οὔπω εἶδες	ou n'as-tu pas vu encore
ἐν τοιαύτῃ πολιτείᾳ	dans un pareil gouvernement
ἀνθρώπων	des hommes
καταψηφισθέντων	ayant été condamnés-par-suffrage
θανάτου ἢ φυγῆς	à mort ou à l'exil
αὐτῶν οὐδὲν ἧττον	eux néanmoins
μενόντων τε	et restant
καὶ ἀναστρεφομένων	et circulant
ἐν μέσῳ,	en public,
καὶ περινοστεῖ	et il se promène
ὥσπερ ἥρως	comme un héros
ὡς οὐδενὸς	comme si personne
οὔτε φροντίζοντος	ne s'en inquiétait
οὔτε ὁρῶντος.	ni ne le voyait
ΑΔΕΙΜΑΝΤΟΣ.	ADIMANTE.
Καὶ πολλούς γε, ἔφη.	Et certes j'en ai vu beaucoup, dit-il.
ΣΩΚΡΑΤΗΣ. Ἡ δὲ συγγνώμη	SOCRATE. Mais le laisser-aller
καὶ οὐδὲ	et je ne dirai pas-même
ὁπωστιοῦν	en quelque-façon-que-ce-soit
σμικρολογία,	l'indifférence,
ἀλλὰ καταφρόνησις	mais le mépris [que)
αὐτῆς	de lui (gouvernement démocrati-
ὧν	à l'égard des choses que
ἐλέγομεν	nous disions
σεμνύνοντες,	leur attribuant-grande-valeur,
ὅτε ᾠκίζομεν τὴν πόλιν,	lorsque nous organisions la cité,
ὡς εἴ τις μὴ ἔχοι	à savoir que, si quelqu'un n'avait
φύσιν ὑπερβεβλημένην	une nature excellente [pas
οὔποτε ἂν γένοιτο	jamais il ne deviendrait
ἀνὴρ ἀγαθός,	homme de bien,
εἰ ὢν παῖς	si étant enfant
μὴ παίζοι εὐθὺς	il ne jouait tout d'abord
ἐν καλοῖς	au milieu des choses honnêtes
καὶ ἐπιτηδεύοι	et ne pratiquait
πάντα τὰ τοιαῦτα,	toutes les choses telles, [pieds
ὡς καταπατήσασα	ce mépris, comme ayant foulé aux
μεγαλοπρεπῶς	superbement
ἅπαντα ταῦτα,	toutes ces choses,
οὐδὲν φροντίζει	ne s'inquiète en rien

τηδευμάτων ἐπὶ τὰ πολιτικὰ ἰὼν πράττῃ, ἀλλὰ τιμᾷ, ἐὰν φῇ μόνον εὔνους εἶναι τῷ πλήθει.

ΑΔΕΙΜΑΝΤΟΣ. Πάνυ γ᾿, ἔφη, γενναία.

ΣΩΚΡΑΤΗΣ. Ταῦτά τε δή, ἔφην, ἔχοι ἂν καὶ τούτων ἄλλα ἀδελφὰ δημοκρατία, καὶ εἴη, ὡς ἔοικεν, ἡδεῖα πολιτεία καὶ ἄναρχος καὶ ποικίλη, ἰσότητά τινα ὁμοίως ἴσοις τε καὶ ἀνίσοις διανέμουσα.

ΑΔΕΙΜΑΝΤΟΣ. Καὶ μάλ᾿, ἔφη, γνώριμα λέγεις.

XII. ΣΩΚΡΑΤΗΣ. Ἄθρει δή, ἦν δ᾿ ἐγώ, τίς ὁ τοιοῦτος ἰδίᾳ. Ἢ πρῶτον σκεπτέον, ὥσπερ τὴν πολιτείαν ἐσκεψάμεθα, τίνα τρόπον γίγνεται;

ΑΔΕΙΜΑΝΤΟΣ. Ναί, ἔφη.

ΣΩΚΡΑΤΗΣ. Ἆρ᾿ οὖν οὐχ ὧδε; τοῦ φειδωλοῦ ἐκείνου καὶ ὀλιγαρχικοῦ γένοιτ᾿ ἄν, οἶμαι, υἱὸς ὑπὸ τῷ πατρὶ τεθραμμένος ἐν τοῖς ἐκείνου ἤθεσιν;

ΑΔΕΙΜΑΝΤΟΣ. Τί γὰρ οὔ;

a formé celui qui se mêle des affaires publiques, on l'accueille et on l'honore, pourvu seulement qu'il se dise plein de zèle pour les intérêts du peuple.

ADIMANTE. C'est en effet beaucoup de hauteur d'âme.

SOCRATE. Tels sont, avec d'autres semblables, les avantages de la démocratie. C'est, comme tu vois, un gouvernement très agréable, où personne ne commande, dont la bigarrure est charmante, et où l'égalité règne entre les choses inégales comme entre les choses égales.

ADIMANTE. Tu n'en dis rien qui ne soit connu de tout le monde.

XII. SOCRATE. Considère à présent ce caractère dans un individu, ou plutôt, pour garder toujours le même ordre, ne verrons-nous pas auparavant comment il se forme?

ADIMANTE. Oui.

SOCRATE. N'est-ce pas ainsi? L'homme avare et oligarchique a un fils qu'il élève dans ses sentiments.

ADIMANTE. Fort bien.

ἐξ ὁποίων ἐπιτηδευμάτων
ἰὼν ἐπὶ τὰ πολιτικά
τις ἂν πράττῃ,
ἀλλὰ τιμᾷ,
ἐὰν φῇ μόνον
εἶναι εὔνους
τῷ πλήθει.

de quels exercices
venant aux affaires publiques
quelqu'un les gérera,
mais il honore *cet homme,*
s'il dit seulement
lui être bienveillant
pour la multitude.

ΑΔΕΙΜΑΝΤΟΣ. Πάνυ γε γενναία, ἔφη.

ADIMANTE. *Il est* tout-à-fait noble, dit-il.

ΣΩΚΡΑΤΗΣ. Δημοκρατία δή,
ἔφην,
ἂν ἔχοι ταῦτά τε
καὶ ἄλλα ἀδελφὰ τούτων,
καὶ εἴη, ὡς ἔοικεν,
ἡδεῖα πολιτεία
καὶ ἄναρχος καὶ ποικίλη,
διανέμουσά τινα ἰσότητά
ὁμοίως ἴσοις τε
καὶ ἀνίσοις.

SOCRATE. La démocratie certes,
dis-je,
aura et ces choses
et d'autres sœurs de celles-ci,
et elle sera, comme il semble,
un agréable gouvernement
et sans-chef et varié,
distribuant une certaine égalité
pareillement et aux choses égales
et inégales.

ΑΔΕΙΜΑΝΤΟΣ. Καὶ λέγεις,
ἔφη,
μάλα γνώριμα.

ADIMANTE. Et tu dis,
dit-il,
des choses bien connues.　　[nant,

XII. ΣΩΚΡΑΤΗΣ. Ἄθρει δή,
ἦν δὲ ἐγώ,
τίς ἰδίᾳ ὁ τοιοῦτος.
Ἢ σκεπτέον πρῶτον,
ὥσπερ ἐσκεψάμεθα
τὴν πολιτείαν
τίνα τρόπον
γίγνεται;

XII. SOCRATE. Regarde mainte-
dis-je,
quel en particulier *est l'homme* tel.
Ou bien faut-il examiner d'abord,
comme nous avons examiné
le gouvernement
de quelle manière
il naît (se forme)?

ΑΔΕΙΜΑΝΤΟΣ. Ναί, ἔφη.

ADIMANTE. Oui, dit-il.

ΣΩΚΡΑΤΗΣ. Ἆρα οὖν οὐχ ὧδε;
Γένοιτο ἄν, οἶμαι,
υἱὸς τοῦ ἐκείνου
φειδωλοῦ καὶ ὀλιγαρχικοῦ
τεθραμμένος
ὑπὸ τῷ πατρὶ
ἐν τοῖς ἤθεσιν ἐκείνου;

SOCRATE. N'est-ce donc pas ainsi?
Il sera, je pense,
fils de cet *homme*
parcimonieux et oligarchique
nourri
sous *la direction de* son père
dans les mœurs de celui-ci?

ΑΔΕΙΜΑΝΤΟΣ. Τί γὰρ οὔ;

ADIMANTE. Pourquoi non en effet?

ΣΩΚΡΑΤΗΣ. Βίᾳ δὴ καὶ οὗτος ἄρχων τῶν ἐν αὐτῷ ἡδονῶν, ὅσαι ἀναλωτικαὶ μέν, χρηματιστικαὶ δὲ μή· αἵ δὴ οὐκ ἀναγκαῖαι κέκληνται.

ΑΔΕΙΜΑΝΤΟΣ. Δῆλον, ἔφη.

ΣΩΚΡΑΤΗΣ. Βούλει οὖν, ἦν δ' ἐγώ, ἵνα μὴ σκοτεινῶς διαλεγώμεθα, πρῶτον ὁρισώμεθα τάς τε ἀναγκαίους ἐπιθυμίας καὶ τὰς μή;

ΑΔΕΙΜΑΝΤΟΣ. Βούλομαι, ἦ δ' ὅς.

ΣΩΚΡΑΤΗΣ. Οὐκοῦν ἅς τε οὐκ ἂν οἷοί τ' εἶμεν ἀποτρέψαι, δικαίως ἂν ἀναγκαῖαι καλοῖντο, καὶ ὅσαι ἀποτελούμεναι ὠφελοῦσιν ἡμᾶς; τούτων γὰρ ἀμφοτέρων ἐφίεσθαι ἡμῶν τῇ φύσει ἀνάγκη ἤ οὔ;

ΑΔΕΙΜΑΝΤΟΣ. Καὶ μάλα.

ΣΩΚΡΑΤΗΣ. Δικαίως δὴ τοῦτο ἐπ' αὐταῖς ἐροῦμεν, τὸ ἀναγκαῖον.

ΑΔΕΙΜΑΝΤΟΣ. Δικαίως.

ΣΩΚΡΑΤΗΣ. Τί δαί; ἅς γέ τις ἀπαλλάξειεν ἄν, εἰ μελετῷ ἐκ

SOCRATE. Ce fils maîtrise par la force, à l'exemple de son père, les désirs qui le portent à la dépense et sont ennemis du gain, désirs qu'on appelle superflus.

ADIMANTE. Cela doit être.

SOCRATE. Veux-tu, pour mettre de la clarté dans notre entretien, que nous commencions par établir la distinction des désirs nécessaires et des désirs superflus?

ADIMANTE. Je le veux bien.

SOCRATE. N'a-t-on pas raison d'appeller désirs nécessaires ceux dont il ne nous est pas possible de nous dépouiller, et qu'il nous est d'ailleurs utile de satisfaire? car il est évident q   ce son des nécessités de nature, n'est-ce pas?

ADIMANTE. Oui.

SOCRATE. C'est donc à bon droit que nous appellerons ces désirs nécessaires.

ADIMANTE. Sans doute.

SOCRATE. Pour ceux dont il est aisé de se défaire, si l'on s'y

ΣΩΚΡΑΤΗΣ. Καὶ οὗτος
ἄρχων δὴ βίᾳ
τῶν ἡδονῶν ἐν αὐτῷ
ὅσαι μὲν ἀναλωτικαὶ
χρηματιστικαὶ δὲ μή,
αἳ δὴ κέκληνται
οὐκ ἀναγκαῖαι.

ΑΔΕΙΜΑΝΤΟΣ. Δῆλον, ἔφη.

ΣΩΚΡΑΤΗΣ. Βούλει οὖν,
ἦν δὲ ἐγώ,
ἵνα μὴ διαλεγώμεθα
σκοτεινῶς,
πρῶτον ὁρισώμεθα
τάς τε ἐπιθυμίας ἀναγκαίους
καὶ τὰς μή;

ΑΔΕΙΜΑΝΤΟΣ. Βούλομαι,
ἦ δὲ ὅς.

ΣΩΚΡΑΤΗΣ.
Οὐκοῦν ἂν καλοῖντο
δικαίως
ἀναγκαῖαι
ἅς τε
οὐκ οἷοί τε εἶμεν
ἀποτρέψαι
καὶ ὅσαι ἀποτελούμεναι
ὠφελοῦσιν ἡμᾶς;
ἀνάγκη γὰρ
τῇ φύσει ἡμῶν
ἐφίεσθαι τούτων ἀμφοτέρων·
ἢ οὔ;

ΑΔΕΙΜΑΝΤΟΣ. Καὶ μάλα.

ΣΩΚΡΑΤΗΣ. Δικαίως δὴ
ἐροῦμεν ἐπὶ αὐταῖς
τοῦτο τὸ ἀναγκαῖον.

ΑΔΕΙΜΑΝΤΟΣ. Δικαίως.

ΣΩΚΡΑΤΗΣ. Τί δαί;
ἅς γέ τις
ἂν ἀπαλλάξειεν,
εἰ μελετῷ ἐκ νέου,

SOCRATE. Et celui-ci
maîtrisant certes par-force
les désirs *qui sont* en lui   [siers
tous-ceux il-est-vrai qui sont-dépen-
et qui ne sont pas fructueux,
lesquels sont appelés
non nécessaires.

ADIMANTE. *C'est* évident, dit-il.

SOCRATE. Veux-tu donc,
dis-je,
afin que nous ne discutions pas
. de façon-obscure,
que d'abord nous définissions
et les désirs nécessaires
et ceux *qui ne le sont* pas?

ADIMANTE. Je *le* veux *bien*,
dit-il.

SOCRATE.
Ne seraient-ils pas appelés
justement
nécessaires
et ceux-que
nous ne serions pas capables
d'éloigner
et tous-ceux-qui satisfaits
sont-utiles à nous?
nécessité *est* en effet
à la nature de nous   [désirs;
de contenter ces deux sortes *de*
ou bien non?

ADIMANTE. Et fort *nécessaire.*

SOCRATE. Justement donc
nous dirons sur eux
ce *mot de* nécessaire.

ADIMANTE. Justement.

SOCRATE. Eh quoi?
ceux dont certes quelqu'un
se déferait,
s'il s'y appliquait dès sa jeunesse,

νέου, καὶ πρὸς οὐδὲν ἀγαθὸν ἐνοῦσαι δρῶσιν, αἱ δὲ καὶ τοὐναντίον, πάσας ταύτας εἰ μὴ ἀναγκαίους φαῖμεν εἶναι, ἆρ' οὐ καλῶς ἂν λέγοιμεν;

ΑΔΕΙΜΑΝΤΟΣ. Καλῶς μὲν οὖν.

ΣΩΚΡΑΤΗΣ. Προελώμεθα δή τι παράδειγμα ἑκατέρων, αἷ εἰσιν, ἵνα τύπῳ λάβωμεν αὐτάς;

ΑΔΕΙΜΑΝΤΟΣ. Οὐκοῦν χρή.

ΣΩΚΡΑΤΗΣ. Ἆρ' οὖν οὐχ ἡ τοῦ φαγεῖν μέχρι ὑγιείας τε καὶ εὐεξίας καὶ αὐτοῦ σίτου τε καὶ ὄψου ἀναγκαῖος ἂν εἴη;

ΑΔΕΙΜΑΝΤΟΣ. Οἶμαι.

ΣΩΚΡΑΤΗΣ. Ἡ μέν γέ που τοῦ σίτου κατ' ἀμφότερα ἀναγκαία, ᾗ τε ὠφέλιμος ᾗ τε παῦσαι ζῶντα οὐ δυνατή.

ΑΔΕΙΜΑΝΤΟΣ. Ναί.

ΣΩΚΡΑΤΗΣ. Ἡ δὲ ὄψου, εἴ πή τινα ὠφέλειαν πρὸς εὐεξίαν παρέχεται.

ΑΔΕΙΜΑΝΤΟΣ. Πάνυ μὲν οὖν.

ΣΩΚΡΑΤΗΣ. Τί δέ; ἡ πέρα τούτων καὶ ἀλλοίων ἐδεσμάτων

---

applique de bonne heure, et dont la présence, loin de produire en nous aucun bien, y cause souvent de grands maux, ne dirons-nous pas juste en les appelant désirs superflus?

ADIMANTE. Très juste.

SOCRATE. Prenons un exemple des uns et des autres, afin de nous en former une idée exacte.

ADIMANTE. Fort bien.

SOCRATE. Le désir de manger du pain et quelque autre aliment, autant qu'il est besoin pour entretenir la santé et les forces, n'est-il pas nécessaire?

ADIMANTE. Je le pense.

SOCRATE. Celui de manger du pain est nécessaire pour deux raisons: d'abord dans la mesure où il est utile de manger, et ensuite dans la mesure où il ne peut pas faire mourir.

ADIMANTE. Oui.

SOCRATE. Celui de manger d'autres aliments préparés n'est nécessaire qu'autant qu'ils servent à la vigueur.

ADIMANTE. Cela est vrai.

SOCRATE. Mais le désir qui va au delà et se porte sur toutes

καὶ ἐνοῦσαι
δρῶσιν πρὸς οὐδὲν ἀγαθόν
(αἱ δὲ καὶ τὸ ἐναντίον),
εἰ φαῖμεν πάσας ταύτας
εἶναι μὴ ἀναγκαίους
ἆρα οὐ ἂν λέγοιμεν καλῶς;

ΑΔΕΙΜΑΝΤΟΣ. Καλῶς μὲν οὖν.

ΣΩΚΡΑΤΗΣ. Προελώμεθα δή
τι παράδειγμα
ἑκατέρων
αἵ εἰσιν,
ἵνα λάθωμεν
αὐτὰς τύπῳ;

ΑΔΕΙΜΑΝΤΟΣ. Οὐκοῦν χρή.

ΣΩΚΡΑΤΗΣ. Ἆρα οὖν
ἡ τοῦ φαγεῖν
καὶ αὐτοῦ σίτου τε
καὶ ὄψου
μέχρι ὑγιείας τε
καὶ εὐεξίας
οὐκ ἂν εἴη ἀναγκαῖος;

ΑΔΕΙΜΑΝΤΟΣ. Οἶμαι.

ΣΩΚΡΑΤΗΣ. Ἡ μέν γέ που
τοῦ σίτου
ἀναγκαῖα κατὰ ἀμφότερα
ἥ τε ὠφέλιμος
ἥ τε οὐ δυνατὴ
παῦσαι
ζῶντα.

ΑΔΕΙΜΑΝΤΟΣ. Ναί.

ΣΩΚΡΑΤΗΣ. Ἡ δὲ ὄψου
εἰ πὴ παρέχεται
τινα ὠφέλειαν
πρὸς εὐεξίαν.

ΑΔΕΙΜΑΝΤΟΣ. Πάνυ μὲν οὖν.

ΣΩΚΡΑΤΗΣ. Τί δέ;
ἡ ἐπιθυμία
πέρα τούτων
καὶ ἐδεσμάτων ἀλλοίων

et *qui* étant en nous
ne servent à aucun bien
(et ceux-ci même *font* le contraire),
si nous disions tous ceux-ci
être non nécessaires   [bien?
est-ce que nous ne parlerions pas

ADIMANTE. Bien, assurément.

SOCRATE. Choisirons-nous donc
quelque exemple
de *ces* deux sortes *de désirs*
qui existent,
afin que nous saisissions
eux dans *leur* forme?

ADIMANTE. Il *le* faut en effet.

SOCRATE. Est-ce donc que
le *désir* de manger
et *celui* du pain même et
aussi de *quelque* aliment
jusqu'à la santé
et le bon-état-*du-corps*
ne sera pas *un désir* nécessaire?

ADIMANTE. Je *le* crois.   [le *désir*

SOCRATE. Et certes apparemment
du pain   [*ports*
est nécessaire sous les deux *rap-*
et dans-la-mesure-où *il est* utile
et dans-la-mesure-où *il n'est* pas
de faire mourir   [capable
l'*homme* vivant.

ADIMANTE. Oui.   [préparés

SOCRATE. Mais *le désir* d'aliments-
est nécessaire si de quelque-ma-
quelque utilité   [nière il procure
pour le bon-état-*du-corps*. [ment.

ADIMANTE. Tout-à-fait assuré-

SOCRATE. Eh quoi?
le désir
qui va au-delà de ces choses
et de ragoûts de toutes sortes

ἢ τοιούτων ἐπιθυμία, δυνατὴ δὲ κολαζομένη ἐκ νέων καὶ παιδευομένη ἐκ τῶν πολλῶν ἀπαλλάττεσθαι, καὶ βλαβερὰ μὲν σώματι,
βλαβερὰ δὲ ψυχῇ πρός τε φρόνησιν καὶ τὸ σωφρονεῖν, ἆρά γε
ὀρθῶς οὐκ ἀναγκαία ἂν καλοῖτο;

ΑΔΕΙΜΑΝΤΟΣ. Ὀρθότατα μὲν οὖν.

ΣΩΚΡΑΤΗΣ. Οὐκοῦν καὶ ἀναλωτικὰς φῶμεν εἶναι ταύτας,
ἐκείνας δὲ χρηματιστικὰς διὰ τὸ χρησίμους πρὸς τὰ ἔργα εἶναι;

ΑΔΕΙΜΑΝΤΟΣ. Τί μήν;

ΣΩΚΡΑΤΗΣ. Οὕτω δὴ καὶ περὶ ἀφροδισίων καὶ τῶν ἄλλων
φήσομεν;

ΑΔΕΙΜΑΝΤΟΣ. Οὕτως.

ΣΩΚΡΑΤΗΣ. Ἆρ' οὖν καὶ ὃν νῦν δὴ κηφῆνα ὠνομάζομεν,
τοῦτον ἐλέγομεν τὸν τῶν τοιούτων ἡδονῶν καὶ ἐπιθυμιῶν γέμοντα
καὶ ἀρχόμενον ὑπὸ τῶν μὴ ἀναγκαίων, τὸν δὲ ὑπὸ τῶν ἀναγκαίων
φειδωλόν τε καὶ ὀλιγαρχικόν;

ΑΔΕΙΜΑΝΤΟΣ. Ἀλλὰ τί μήν;

sortes de ragoûts, désir qu'on peut réprimer, et même retrancher
entièrement par une bonne éducation, désir nuisible au corps, et,
dans l'âme, à la raison et à la tempérance, ne doit-il pas être
compté parmi les désirs superflus?

ADIMANTE. Sans contredit.

SOCRATE. Nous dirons donc que ceux-ci sont des désirs prodigues; ceux-là des désirs profitables, parce qu'ils servent à nous
rendre plus capables d'agir.

ADIMANTE. Oui.

SOCRATE. Nous porterons le même jugement sur les plaisirs de
l'amour et sur tous les autres plaisirs.

ADIMANTE. Oui.

SOCRATE. Celui que nous appelons frelon, n'est-ce pas celui
que nous disions plein de passions et de désirs superflus qui le
gouvernent, tandis que l'homme qui ne cède qu'aux désirs nécessaires, c'est l'avare et l'homme oligarchique?

ADIMANTE. Fort bien.

ἢ τοιούτων,
ou de *choses* telles,

δυνατὴ δὲ
et capable

κολαζομένη ἐκ νέων
étant réprimé dès la jeunesse

καὶ παιδευομένη
et bien dressé

ἀπαλάττεσθαι ἐκ τῶν πολλῶν,
d'être écarté de la plupart,

καὶ βλαβερὰ μὲν σώματι,
et nuisible d'un côté au corps,

βλαβερὰ δὲ ψυχῇ
nuisible de l'autre à l'âme

πρός τε φρόνησιν
pour ce qui est de la prudence

καὶ τὸ σωφρονεῖν,
et du être-tempérant,

ἆρά γε ὀρθῶς
n'est-ce pas justement que

ἂν καλοῖτο
il serait appelé

οὐκ ἀναγκαία;
non nécessaire?

ΑΔΕΙΜΑΝΤΟΣ.
ADIMANTE.

Ὀρθότατα μὲν οὖν.
Très justement assurément.

ΣΩΚΡΑΤΗΣ.
SOCRATE.

Οὐκοῦν καὶ φῶμεν
Ainsi ne dirions-nous pas aussi

ταύτας εἶναι
ceux-ci être

ἀναλωτικάς,
désirs dépensiers,

ἐκείνας δὲ χρηματιστικὰς
mais ceux-là profitables

διὰ τὸ εἶναι χρησίμους
à cause du être utiles

πρὸς τὰ ἔργα;
pour les actions?

ΑΔΕΙΜΑΝΤΟΣ.
ADIMANTE.

Τί μήν;
Pourquoi pas?

ΣΩΚΡΑΤΗΣ. Φήσομεν
SOCRATE. Dirons-nous

οὕτω δὴ καὶ
ainsi également

περὶ ἀφροδισίων
sur les *désirs* amoureux

καὶ τῶν ἄλλων;
et sur les autres?

ΑΔΕΙΜΑΝΤΟΣ. Οὕτως.
ADIMANTE. *Nous dirons* ainsi.

ΣΩΚΡΑΤΗΣ. Ὃν νῦν δὴ
SOCRATE. Celui que tout à l'heure

ὠνομάζομεν κηφῆνα,
nous nommions frelon,

ἆρα οὖν καὶ ἐλέγομεν τοῦτον
ne disions-nous pas que *c'est* celui

τὸν γέμοντα τῶν ἡδονῶν
qui est-plein des passions

καὶ ἐπιθυμιῶν τοιούτων
et des désirs tels,

καὶ ἀρχόμενον
et qui-est-gouverné

ὑπὸ τῶν μὴ ἀναγκαίων,
par les *désirs* non nécessaires,

φειδωλὸν δέ τε
mais parcimonieux

καὶ ὀλιγαρχικόν
et oligarchique

τὸν ὑπὸ τῶν ἀναγκαίων;
celui qui *l'est* par les nécessaires?

ΑΔΕΙΜΑΝΤΟΣ. Ἀλλὰ τί μήν;
ADIMANTE. Mais pourquoi pas?

XIII. ΣΩΚΡΑΤΗΣ. Πάλιν τοίνυν, ἦν δ' ἐγώ, λέγωμεν, ὡς ἐξ ὀλιγαρχικοῦ δημοκρατικὸς γίγνεται. Φαίνεται δέ μοι τά γε πολλὰ ὧδε γίγνεσθαι.

ΑΔΕΙΜΑΝΤΟΣ. Πῶς ;

ΣΩΚΡΑΤΗΣ. Ὅταν νέος τεθραμμένος ὡς νῦν δὴ ἐλέγομεν, ἀπαιδεύτως τε καὶ φειδωλῶς, γεύσηται κηφήνων μέλιτος καὶ ξυγγένηται αἴθωσι θηρσὶ καὶ δεινοῖς, παντοδαπὰς ἡδονὰς καὶ ποικίλας καὶ παντοίως ἐχούσας δυναμένοις σκευάζειν, ἐνταῦθά που οἴου εἶναι ἀρχὴν αὐτῷ μεταβολῆς ὀλιγαρχικῆς τῆς ἐν ἑαυτῷ εἰς δημοκρατικήν.

ΑΔΕΙΜΑΝΤΟΣ. Πολλὴ ἀνάγκη, ἔφη.

ΣΩΚΡΑΤΗΣ. Ἆρ' οὖν, ὥσπερ ἡ πόλις μετέβαλλε βοηθησάσης τῷ ἑτέρῳ μέρει ξυμμαχίας ἔξωθεν ὁμοίας ὁμοίῳ, οὕτω καὶ ὁ νεα-

XIII. SOCRATE. Expliquons de nouveau comment cet homme oligarchique devient démocratique : voici, ce me semble, de quelle manière cela arrive pour l'ordinaire.

ADIMANTE. Comment?

SOCRATE. Lorsqu'un jeune homme mal élevé, ainsi que nous l'avons dit, et nourri dans l'amour du gain, a goûté un fois du miel des frelons, qu'il s'est trouvé dans la compagnie de ces insectes ardents et terribles, capables de nourrir en lui des plaisirs sans nombre, variés et de toute espèce, n'est-ce pas alors que son gouvernement intérieur, d'oligarchique qu'il était, devient démocratique?

ADIMANTE. C'est une nécessité inévitable.

SOCRATE. Et comme l'État a changé de forme, parce que l'un des deux partis a été fortifié par un secours étranger de même

XIII. ΣΩΚΡΑΤΗΣ. Πάλιν	XIII. SOCRATE. De nouveau
τοίνυν, ἦν δὲ ἐγώ,	maintenant, dis-je,
λέγωμεν	disons
ὡς δημοκρατικὸς	comment l'homme démocratique
γίγνεται	se forme
ἐξ ὀλιγαρχικοῦ.	de l'homme oligarchique.
Φαίνεται δέ μοι	Or il paraît à moi
γίγνεσθαι ὧδε	se former ainsi
τά γε πολλά.	la plupart du temps.
ΑΔΕΙΜΑΝΤΟΣ. Πῶς;	ADIMANTE. Comment?
ΣΩΚΡΑΤΗΣ. Ὅταν	SOCRATE. Quand
νέος τεθραμμένος	un jeune homme nourri
ὡς νῦν δὴ	comme tout à l'heure
ἐλέγομεν,	nous disions,
ἀπαιδεύτως τε	et sans-instruction
καὶ φειδωλῶς	et dans-l'avarice
γεύσηται μέλιτος κηφήνων	aura goûté du miel des frelons
καὶ ξυγγένηται	et aura lié-commerce-avec
θηρσὶ αἴθωσι καὶ δεινοῖς,	ces bêtes ardentes et terribles,
δυναμένοις σκευάζειν	pouvant lui préparer
ἡδονὰς παντοδαπὰς	des plaisirs de toutes sortes
καὶ ποικίλας	et variés
καὶ ἐχούσας παντοίως,	et étant de toute espèce,
ἐνταῦθά που οἴου	alors en quelque sorte crois
ἀρχὴν εἶναι αὐτῷ	origine être à lui
μεταβολῆς	du changement
ὀλιγαρχικῆς	oligarchique (de l'oligarchie)
τῆς ἐν ἑαυτῷ	qui est en lui
εἰς δημοκρατικήν.	en démocratique.
ΑΔΕΙΜΑΝΤΟΣ. Πολλὴ	ADIMANTE. Il y a grande
ἀνάγκη,	nécessité,
ἔφη.	dit-il.
ΣΩΚΡΑΤΗΣ. Ἆρα οὖν,	SOCRATE. N'est-il pas vrai que
ὥσπερ ἡ πόλις μετέβαλλε	comme la cité changeait,
ξυμμαχίας	une alliance
βοηθησάσης ἔξωθεν	étant-venue-au-secours du dehors
τῷ ἑτέρῳ μέρει	à l'autre parti
ὁμοίας ὁμοίῳ,	une semblable au semblable,
οὕτω καὶ	ainsi également

νίας μεταβάλλει βοηθοῦντος αὖ εἴδους ἐπιθυμιῶν ἔξωθεν τῷ ἑτέρῳ τῶν παρ' ἐκείνῳ ξυγγενοῦς τε καὶ ὁμοίου;

ΑΔΕΙΜΑΝΤΟΣ. Παντάπασι μὲν οὖν.

ΣΩΚΡΑΤΗΣ. Καὶ ἐὰν μέν, οἶμαι, ἀντιβοηθήσῃ τις τῷ ἐν ἑαυτῷ ὀλιγαρχικῷ ξυμμαχία, ἤ ποθεν παρὰ τοῦ πατρὸς ἤ καὶ τῶν ἄλλων οἰκείων νουθετούντων τε καὶ κακιζόντων, στάσις δὴ καὶ ἀντίστασις καὶ μάχη ἐν αὐτῷ πρὸς αὐτὸν τότε γίγνεται.

ΑΔΕΙΜΑΝΤΟΣ. Τί μήν;

ΣΩΚΡΑΤΗΣ. Καὶ ποτὲ μέν, οἶμαι, τὸ δημοκρατικὸν ὑπεχώρησε τῷ ὀλιγαρχικῷ, καί τινες τῶν ἐπιθυμιῶν αἱ μὲν διεφθάρησαν, αἱ δὲ καὶ ἐξέπεσον, αἰδοῦς τινὸς ἐγγενομένης ἐν τῇ τοῦ νέου ψυχῇ, καὶ κατεκοσμήθη πάλιν.

ΑΔΕΙΜΑΝΤΟΣ. Γίγνεται γὰρ ἐνίοτε, ἔφη.

ΣΩΚΡΑΤΗΣ. Αὖθις δέ, οἶμαι, τῶν ἐκπεσουσῶν ἐπιθυμιῶν ἄλλαι

ordre que lui, ainsi ce jeune homme ne changera-t-il pas de mœurs lorsque certaines de ses passions trouveront secours dans des passions semblables et de même nature ?

ADIMANTE. Oui.

SOCRATE. Et si son père ou ses proches envoyaient de leur côté du secours au parti des désirs oligarchiques, et employaient pour le soutenir les avis salutaires et les réprimandes, son cœur ne serait-il pas alors comme troublé par une guerre intestine?

ADIMANTE. Sans doute.

SOCRATE. Il arrive quelquefois que le parti oligarchique l'emporte sur le parti démocratique: alors les mauvais désirs sont en partie détruits, en partie chassés de son âme par une honte généreuse, et cette âme retrouve le bon ordre.

ADIMANTE. Cela arrive quelquefois.

SOCRATE. Mais bientôt, à cause de la mauvaise éducation qu'il

ὁ νεανίας μεταβάλλει
εἴδους ἐπιθυμιῶν
ξυγγενοῦς τε καὶ ὁμοίου
βοηθοῦντος αὖ ἔξωθεν
τῷ ἑτέρῳ
τῶν παρὰ ἐκείνῳ;
   ΑΔΕΙΜΑΝΤΟΣ.
Παντάπασι μὲν οὖν.
   ΣΩΚΡΑΤΗΣ. Καὶ ἐὰν μέν,
οἶμαι,
τις ξυμμαχία
ἀντιβοηθήσῃ
τῷ ὀλιγαρχικῷ
ἐν ἑαυτῷ,
ἢ ποθεν παρὰ τοῦ πατρὸς
ἢ καὶ τῶν ἄλλων οἰκείων
νουθετούντων τε καὶ κακιζόντων,
τότε γίγνεται
στάσις δὴ καὶ ἀντίστασις
καὶ μάχη
ἐν αὑτῷ πρὸς αὑτόν.
   ΑΔΕΙΜΑΝΤΟΣ. Τί μήν;
   ΣΩΚΡΑΤΗΣ. Καὶ ποτὲ μέν,
οἶμαι,
τὸ δημοκρατικὸν
ὑπεχώρησε
τῷ ὀλιγαρχικῷ,
καὶ τινες τῶν ἐπιθυμιῶν
αἱ μὲν διεφθάρησαν,
αἱ δὲ καὶ ἐξέπεσον,
αἰδοῦς τινος ἐγγενομένης
ἐν τῇ ψυχῇ τοῦ νέου
καὶ πάλιν κατεκοσμήθη.
   ΑΔΕΙΜΑΝΤΟΣ. Ἐνίοτε γὰρ
γίγνεται,
ἔφη.
   ΣΩΚΡΑΤΗΣ. Αὖθις δέ,
οἶμαι,
ἄλλαι

le jeune-homme change
une espèce de désirs
et de-même-famille et semblable
venant-au-secours aussi du dehors
à l'autre *espèce*
des *désirs* qui sont en lui?
   ADIMANTE.
Tout-à-fait assurément.
   SOCRATE. Et si à la vérité,
je pense,
quelque alliance   [contre
aura été envoyée-au-secours-à-l'en-
au *parti* oligarchique
qui est en lui-même,
soit peut-être de la part de son père
soit aussi de ses autres proches
et conseillant et réprimandant,
alors naît
une sédition et une opposition
et un combat
en lui contre lui-même.
   ADIMANTE. Pourquoi pas ?
   SOCRATE. Et peut-être alors,
je pense,
la *partie* démocratique
a cédé-la-place
à la *partie* oligarchique,
et quelques-uns des désirs *mauvais*
les uns ont été détruits,
les autres aussi ont été bannis,
une certaine pudeur étant née
dans l'âme du jeune homme [dre.
et de nouveau il a été remis-en-or-
   ADIMANTE. Quelquefois en effet
cela arrive,
dit-il.
   SOCRATE. Or à leur tour,
je pense,
d'autres *désirs*

ὑποτρεφόμεναι ξυγγενεῖς δι' ἀνεπιστημοσύνην τροφῆς πατρὸς πολ-
λαί τε καὶ ἰσχυραὶ ἐγένοντο.

ΑΔΕΙΜΑΝΤΟΣ. Φιλεῖ γοῦν, ἔφη, οὕτω γίγνεσθαι.

ΣΩΚΡΑΤΗΣ. Οὐκοῦν εἵλκυσάν τε πρὸς τὰς αὐτὰς ὁμιλίας,
καὶ λάθρᾳ ξυγγιγνόμεναι πλῆθος ἐνέτεκον.

ΑΔΕΙΜΑΝΤΟΣ. Τί μήν;

ΣΩΚΡΑΤΗΣ. Τελευτῶσαι δή, οἶμαι, κατέλαβον τὴν τοῦ νέου
τῆς ψυχῆς ἀκρόπολιν, αἰσθόμεναι κενὴν μαθημάτων τε καὶ ἐπιτηδευμάτων καλῶν καὶ λόγων ἀληθῶν, οἳ δὴ ἄριστοι φρουροί τε καὶ
φύλακες ἐν ἀνδρῶν θεοφιλῶν εἰσὶ διανοίαις.

ΑΔΕΙΜΑΝΤΟΣ. Καὶ πολύ γ', ἔφη.

ΣΩΚΡΑΤΗΣ. Ψευδεῖς δὴ καὶ ἀλαζόνες, οἶμαι, λόγοι τε καὶ
δόξαι ἀντ' ἐκείνων ἀναδραμόντες κατέσχον τὸν αὐτὸν τόπον τοῦ
τοιούτου.

ΑΔΕΙΜΑΝΤΟΣ. Σφόδρα γ', ἔφη.

a reçue de son père, de nouveaux désirs plus forts, et en plus
grand nombre, succèdent à ceux qu'il a mis en fuite.

ADIMANTE. Il n'est rien de plus ordinaire.

SOCRATE. Ils l'entraînent de nouveau dans les mêmes compa-
gnies; et de ce commerce clandestin naît une foule d'autres désirs.

ADIMANTE. Oui.

SOCRATE. Enfin ils s'emparent de la citadelle de l'âme de
ce jeune homme, après s'être aperçus qu'elle est vide de science,
d'habitudes louables et de maximes vraies, qui sont la garde la
plus sûre et la plus fidèle de la raison des mortels aimés des dieux.

ADIMANTE. Sans doute.

SOCRATE. Aussitôt les maximes et opinions fausses, vaines et
présomptueuses, accourent en foule et se jettent dans la place.

ADIMANTE. Cela ne manque pas.

ξυγγενεῖς	de la même famille
τῶν ἐπιθυμιῶν ἐκπεσουσῶν	que les désirs bannis
ὑποτρεφόμεναι	nourris-sous-main
διὰ ἀνεπιστημοσύνην	à cause du manque-de-lumières
τροφῆς πατρὸς	de l'éducation du père
ἐγένοντο	sont devenus
πολλαί τε καὶ ἰσχυραί.	et nombreux et robustes.

ΑΔΕΙΜΑΝΤΟΣ. Φιλεῖ γοῦν, ἔφη, γίγνεσθαι οὕτω.

ADIMANTE. Il a coutume en effet, dit-il, d'*en* être ainsi.

ΣΩΚΡΑΤΗΣ. Οὐκοῦν
εἵλκυσάν τε
πρὸς τὰς αὐτὰς ὁμιλίας
καὶ ξυγγιγνόμεναι λάθρα
ἐνέτεκον πλῆθος.

SOCRATE. Donc
et ils *l*'ont entraîné
vers les mêmes accointances
et s'unissant à lui secrètement
ont produit une foule *de désirs.*

ΑΔΕΙΜΑΝΤΟΣ. Τί μήν;

ADIMANTE. Pourquoi pas? [donc,

ΣΩΚΡΑΤΗΣ. Τελευτῶσαι δή,
οἶμαι,
κατέλαβον
τὴν ἀκρόπολιν
τῆς ψυχῆς τοῦ νεοῦ,
αἰσθόμεναι κενὴν
μαθημάτων τε
καὶ ἐπιτηδευμάτων καλῶν
καὶ λόγων ἀληθῶν,
οἳ εἰσὶ δὴ
ἄριστοι φρουροί τε
καὶ φύλακες
ἐν διανοίαις ἀνδρῶν
θεοφιλῶν.

SOCRATE. Finissant (à la fin)
je pense,
ils ont occupé
l'acropole
de l'âme du jeune-homme,
l'ayant sentie vide
et de sciences
et d'habitudes honnêtes
et de discours véritables,
qui sont certes
et les meilleures sentinelles
et les *meilleurs* gardiens
des (dans les) esprits des hommes
chers-aux-dieux.

ΑΔΕΙΜΑΝΤΟΣ. Καὶ πολύ γε, ἔφη.

ADIMANTE. Et de beaucoup, dit-il.

ΣΩΚΡΑΤΗΣ. Λόγοι τε δή,
οἶμαι,
καὶ δόξαι
ψευδεῖς καὶ ἀλαζόνες
ἀναδραμόντες ἀντὶ ἐκείνων
κατέσχον τὸν αὐτὸν τόπον
τοῦ τοιούτου.

SOCRATE. Alors et les discours,
je pense,
et les opinions
fausses et vaines
étant accourus à la place de ceux-là
ont saisi le même lieu
d'un *jeune homme* tel.

ΑΔΕΙΜΑΝΤΟΣ. Σφόδρα γε, ἔφη.

ADIMANTE. Tout-à-fait,
dit-il.

ΣΩΚΡΑΤΗΣ. Ἆρ' οὖν οὐ πάλιν τε εἰς ἐκείνους τοὺς Λωτοφάγους ἐλθὼν φανερῶς κατοικεῖ, καὶ ἐὰν παρ' οἰκείων τις βοήθεια
τῷ φειδωλῷ αὐτοῦ τῆς ψυχῆς ἀφικνῆται, κλῄσαντες οἱ ἀλαζόνες
λόγοι ἐκεῖνοι τὰς τοῦ βασιλικοῦ τείχους ἐν αὐτῷ πύλας οὔτε αὐτὴν
τὴν ξυμμαχίαν παριᾶσιν οὔτε πρέσβεις πρεσβυτέρων λόγους ἰδιωτῶν εἰσδέχονται, αὐτοί τε κρατοῦσι μαχόμενοι, καὶ τὴν μὲν αἰδῶ
ἠλιθιότητα ὀνομάζοντες ὠθοῦσιν ἔξω ἀτίμως φυγάδα, σωφροσύνην
δὲ ἀνανδρίαν καλοῦντές τε καὶ προπηλακίζοντες ἐκβάλλουσι,
μετριότητα δὲ καὶ κοσμίαν δαπάνην ὡς ἀγροικίαν καὶ ἀνελευθερίαν οὖσαν πείθοντες ὑπερορίζουσι μετὰ πολλῶν καὶ ἀνωφελῶν
ἐπιθυμιῶν.

ΑΔΕΙΜΑΝΤΟΣ. Σφόδρα γε.

ΣΩΚΡΑΤΗΣ. Τούτων δέ γέ που κενώσαντες καὶ καθήραντες

OCRATE. N'est-ce point alors qu'il retourne dans la compagnie des voluptueux Lotophages, et ne rougit plus de son commerce intime avec eux? S'il vient de la part de ses amis et de
ses proches quelque renfort au parti de l'économie et de l'épargne,
les maximes présomptueuses fermant promptement les portes
du château royal, refusent l'entrée au secours qu'on envoie, et
n'admettent pas même la sage députation des bons conseils des
vieillards. Secondées d'une multitude de désirs pernicieux, elles
s'assurent la victoire par la force, et traitant la honte d'imbécil-
lité, elles la chassent ignominieusement, bannissent la tempérance, après l'avoir outragée en lui donnant le nom de lâcheté, et
exterminent la modération et la frugalité, qu'elles traitent de rusticité et de bassesse.

ADIMANTE. Oui vraiment.

SOCRATE. Après en avoir vidé et purifié à leur façon l'âme du

ΣΩΚΡΑΤΗΣ. Ἆρα οὖν οὐ
ἐλθών τε πάλιν
εἰς ἐκείνους τοὺς Λωτοφάγους
κατοικεῖ φανερῶς,
καὶ ἐάν τις βοήθεια ἀφικνῆται
παρὰ οἰκείων
τῷ φειδωλῷ
τῆς ψυχῆς αὐτοῦ,
ἐκεῖνοι οἱ ἀλαζόνες λόγοι
κλήσαντες τὰς πύλας
τοῦ τείχους βασιλικοῦ
ἐν αὐτῷ
οὔτε παριᾶσιν
τὴν ξυμμαχίαν αὐτὴν
οὔτε εἰσδέχονται
λόγους πρέσβεις
ἰδιωτῶν πρεσβυτέρων,
αὐτοί τε κρατοῦσι
μαχόμενοι,
καὶ μετὰ ἐπιθυμιῶν
πολλῶν καὶ ἀνωφελῶν
ὀνομάζοντες μὲν ἠλιθιότητα
τὴν αἰδῶ
ὠθοῦσι ἔξω
φυγάδα ἀτίμως,
καλοῦντές τε δὲ
σωφροσύνην
ἀνανδρίαν
καὶ προπηλακίζοντες
ἐκβάλλουσι,
πείθοντες δὲ
μετριότητα καὶ δαπάνην κοσμίαν
ὡς οὖσαν ἀγροικίαν
καὶ ἀνελευθερίαν
ὑπερορίζουσιν.

ΑΔΕΙΜΑΝΤΟΣ. Σφόδρα γε.

ΣΩΚΡΑΤΗΣ. Τούτων δέ γέ
που κενώσαντες
καὶ καθήραντες τὴν ψυχὴν,

SOCRATE. N'est-ce point alors que
s'étant rendu de nouveau
vers ces *fameux* Lotophages
il réside ouvertement *avec eux*
et si quelque secours sera venu
de la part des proches
au *parti* parcimonieux
de l'âme de lui,
ces vains discours
ayant fermé les portes
de l'enceinte royale
en lui
ni *ne* laissent-pénétrer
ce secours même
ni *n*'accueillent
les discours envoyés-en-ambassade
de particuliers âgés,
et eux-mêmes triomphent
en combattant,
et avec *l'aide* de désirs
nombreux et inutiles
appelant d'une part simplicité
la pudeur
la précipitent dehors
bannie ignominieusement,
et appelant d'autre part
la tempérance
lâcheté
et *la* traînant-dans-la-boue
la jettent-dehors,
et persuadant
modération et dépense honnête
comme étant rusticité
et illibéralité
l'expulsent.

ADIMANTE. Tout-à-fait certes.

SOCRATE. Or de ces choses du
en-quelque-sorte ayant vidé [moins
et ayant purifié l'âme,

τὴν τοῦ κατεχομένου τε ὑπ᾽ αὐτῶν καὶ τελουμένου ψυχὴν μεγάλοισι τέλεσι, τὸ μετὰ τοῦτο ἤδη ὕβριν καὶ ἀναρχίαν καὶ ἀσωτίαν
καὶ ἀναίδειαν λαμπρὰς μετὰ πολλοῦ χοροῦ κατάγουσιν ἐστεφανωμένας, ἐγκωμιάζοντες καὶ ὑποκοριζόμενοι, ὕβριν μὲν εὐπαιδευσίαν
καλοῦντες, ἀναρχίαν δὲ ἐλευθερίαν, ἀσωτίαν δὲ μεγαλοπρέπειαν,
ἀναίδειαν δὲ ἀνδρείαν. Ἄρ᾽ οὐχ οὕτω πως, ἦν δ᾽ ἐγώ, νέος ὢν
μεταβάλλει ἐκ τοῦ ἐν ἀναγκαίοις ἐπιθυμίαις τρεφομένου τὴν τῶν
μὴ ἀναγκαίων καὶ ἀνωφελῶν ἡδονῶν ἐλευθέρωσίν τε καὶ ἄνεσιν;

ΑΔΕΙΜΑΝΤΟΣ. Καὶ μάλα γ᾽, ἦ δ᾽ ὅς, ἐναργῶς.

ΣΩΚΡΑΤΗΣ. Ζῇ δή, οἶμαι, μετὰ ταῦτα ὁ τοιοῦτος οὐδὲν μᾶλλον εἰς ἀναγκαίους ἢ μὴ ἀναγκαίους ἡδονὰς ἀναλίσκων καὶ χρήματα καὶ πόνους καὶ διατριβάς· ἀλλ᾽ ἐὰν εὐτυχὴς ᾖ καὶ μὴ πέρα

malheureux jeune homme qu'elles possèdent, comme si elles
l'initiaient aux grands mystères, elles y introduisent, avec un
nombreux cortège, richement parés, et la couronne sur la tête,
l'insolence, l'anarchie, le libertinage et l'effronterie dont elles
chantent les louanges et qu'elles décorent des plus beaux noms :
l'insolence s'appelle politesse, l'anarchie liberté, le libertinage
magnificence, l'effronterie courage. N'est-ce pas ainsi qu'un jeune
homme, accoutumé dès l'enfance à ne satisfaire d'autres plaisirs
que les plaisirs nécessaires, passe à l'état, dirai-je de liberté ou
d'esclavage, où il s'abandonne à une foule de plaisirs superflus
et pernicieux?

ADIMANTE. On ne peut exposer ce changement d'une manière
plus frappante.

SOCRATE. Comment vit-il après cela? Sans distinguer les plaisirs superflus des plaisirs nécessaires, il se livre aux uns et aux
autres; il n'épargne, pour les satisfaire, ni argent ni soin. S'il

τὴν τοῦ κατεχομένου τε
ὑπὸ αὐτῶν
καὶ τελουμένου
μεγάλοισι τέλεσι,
τὸ μετὰ τοῦτο ἤδη
κατάγουσιν λαμπρὰς
μετὰ πολλοῦ χοροῦ
ἐστεφανωμένας
ὕβριν καὶ ἀναρχίαν
καὶ ἀσωτίαν καὶ ἀναίδειαν,
ἐγκωμιάζοντες
καὶ ὑποκοριζόμενοι,
καλοῦντες ὕβριν μὲν
εὐπαιδευσίαν,
ἀναρχίαν δὲ ἐλευθερίαν,
ἀσωτίαν δὲ μεγαλοπρέπειαν,
ἀναίδειαν δὲ ἀνδρείαν.
Ἆρα οὐχ οὕτω πως,
ἦν δὲ ἐγώ,
νέος ὢν μεταβάλλει
ἐκ τοῦ τρεφομένου
ἐν ἐπιθυμίαις ἀναγκαίοις
τὴν ἐλευθέρωσίν τε
καὶ ἄνεσιν
τῶν ἡδονῶν
μὴ ἀναγκαίων καὶ ἀνωφελῶν;
ΑΔΕΙΜΑΝΤΟΣ. Καὶ μάλα γε
ἐναργῶς, ἦ δὲ ὅς.
ΣΩΚΡΑΤΗΣ. Μετὰ δὴ ταῦτα,
οἶμαι,
ὁ τοιοῦτος ζῇ
ἀναλίσκων καὶ χρήματα
καὶ πόνους καὶ διατριβὰς
εἰς ἡδονὰς ἀναγκαίους
οὐδὲν μᾶλλον
ἢ μὴ ἀναγκαίους·
ἀλλὰ ἐὰν ᾖ εὐτυχὴς
καὶ μὴ ἐκβακχευθῇ
πέρα,

celle de celui qui est et possédé
par eux (désirs)
et initié
aux grands mystères,
après cela alors
ils ramènent brillantes
avec grand cortège
couronnées
insolence et anarchie
et libertinage et impudence,
célébrant-leurs-louanges
et *leur* donnant-de-beaux-noms,
appelant l'insolence d'un côté
politesse,
de l'autre l'anarchie liberté,
et le libertinage magnificence
et l'impudence virilité.
N'est-ce pas ainsi à peu près,
dis-je,
que le étant jeune change (passe)
de l'état de celui qui est nourri
dans les désirs nécessaires
et au laisser-aller
et au relâchement
des plaisirs
non nécessaires et inutiles?
ADIMANTE. Et certes ainsi
clairement, dit-il.
SOCRATE. Or après cela,
je pense,
l'homme tel vit
dépensant et richesses
et peines et études
pour les plaisirs nécessaires
non plus
que *pour les* non nécessaires
mais s'il est heureux
et ne s'affole pas
au-delà de *toute limite*,

ἐκβακχευθῇ, ἀλλά τι καὶ πρεσβύτερος γενόμενος, τοῦ πολλοῦ θορύ-
βου παρελθόντος, μέρη τε καταδέξηται τῶν ἐκπεσόντων καὶ τοῖς
ἐπεισελθοῦσι μὴ ὅλον ἑαυτὸν ἐνδῷ, εἰς ἴσον δή τι καταστήσας τὰς
ἡδονὰς διάγει, τῇ παραπιπτούσῃ ἀεὶ ὥσπερ λαχούσῃ τὴν ἑαυτοῦ
ἀρχὴν παραδιδούς, ἕως ἂν πληρωθῇ, καὶ αὖθις ἄλλῃ, οὐδεμίαν
ἀτιμάζων, ἀλλ' ἐξ ἴσου τρέφων.

ΑΔΕΙΜΑΝΤΟΣ. Πάνυ μὲν οὖν.

ΣΩΚΡΑΤΗΣ. Καὶ λόγον γ', ἦν δ' ἐγώ, ἀληθῆ οὐ προσδεχό-
μενος οὐδὲ παριεὶς εἰς τὸ φρούριον, ἐάν τις λέγῃ, ὡς αἱ μὲν εἰσι
τῶν καλῶν τε καὶ ἀγαθῶν ἐπιθυμιῶν ἡδοναί, αἱ δὲ τῶν πονη-
ρῶν, καὶ τὰς μὲν χρὴ ἐπιτηδεύειν καὶ τιμᾶν, τὰς δὲ κολάζειν τε
καὶ δουλοῦσθαι· ἀλλ' ἐν πᾶσι τούτοις ἀνανεύει τε καὶ ὁμοίας
φησὶν ἀπάσας εἶναι καὶ τιμητέας ἐξ ἴσου.

est assez heureux pour ne pas porter ses désordres à leur dernier
excès, t si l'âge, ayant un peu calmé le tumulte des passions
l'engage à rappeler de l'exil la faction bannie, et à ne pas s'aban-
donner sans réserve au parti vainqueur, il établit alors entre ses
plaisirs une espèce d'égalité, et livre, au hasard, son âme à celui
qui se présente. Ce plaisir goûté, il passe sous l'empire d'un autre,
et ainsi de suite ; il n'en repousse aucun, et les admet tous également.

ADIMANTE. Cela est vrai.

SOCRATE. Que quelqu'un vienne lui dire qu'il y a des plaisirs
de deux sortes : les uns qui vont à la suite des désirs innocents et
légitimes, les autres qui sont le fruit des désirs criminels et dé-
fendus ; qu'il faut rechercher et estimer les premiers, réprimer et
dompter les seconds : il ferme toutes les avenues de la citadelle
à ces sages discours, et n'y répond que par des signes de doute ;
il soutient que tous les plaisirs sont de même nature, et méritent
également d'être recherchés.

ἀλλὰ γενόμενος	mais *que* étant devenu
τι πρεσβύτερος,	un peu plus vieux,
τοῦ πολλοῦ θορύβου	le grand tumulte *des désirs*
παρελθόντος,	ayant passé,
καταδέξηται τε μέρη	il aura rappelé les parties
τῶν ἐκπεσόντων	de ceux qui ont été bannis
καὶ μὴ ἐνδῷ ἑαυτὸν	et ne se sera pas donné lui-même
ὅλον	tout entier [place,
τοῖς ἐπεισελθοῦσι,	à ceux qui sont entrés *dans la*
διάγει	il vit
καταστήσας τὰς ἡδονὰς	ayant établi les plaisirs
εἰς ἴσον δή τι,	sur un *pied* d'égalité certes,
παραδιδοὺς ἀεὶ τὴν ἀρχήν	donnant toujours l'empire
ἑαυτοῦ	de lui-même
τῇ παραπιπτούσῃ	au *plaisir* qui se présente
ὥσπερ λαχούσῃ,	comme amené-par-le-sort,
ἕως ἂν πληρωθῇ,	jusqu'à ce qu'il *en* soit rempli,
καὶ αὖθις ἄλλη,	et ensuite à un autre,
ἀτιμάζων οὐδεμίαν,	ne faisant-fi d'aucun, [ment.
ἀλλὰ τρέφων ἐξ ἴσου.	mais *les* nourrissant *tous* également
ΑΔΕΙΜΑΝΤΟΣ. Πάνυ μὲν οὖν.	ADIMANTE. Très certainement.
ΣΩΚΡΑΤΗΣ. Καί γε, ἦν δὲ ἐγώ,	SOCRATE. Et certes *il vit*, dis-je,
οὐ προσδεχόμενος	n'accueillant pas
ἀληθῆ λόγον	le vrai discours
οὐδὲ παριεὶς εἰς τὸ φρούριον,	ni l'admettant dans la citadelle,
ἐάν τις λέγῃ	si quelqu'un *lui* dit
ὡς αἱ μὲν ἡδοναί	que certains plaisirs
εἰσι τῶν ἐπιθυμιῶν	sont *le fruit* des désirs
καλῶν τε καὶ ἀγαθῶν,	et bons et honnêtes,
αἱ δὲ τῶν πονηρῶν	certains autres des mauvais
καὶ χρὴ ἐπιτηδεύειν	et qu'il faut rechercher
καὶ τιμᾶν τὰς μὲν,	et estimer les uns,
κολάζειν τε καὶ δουλοῦσθαι	et réprimer et tenir-en-esclavage
τὰς δέ·	les autres :
ἀλλὰ ἐν πᾶσι τούτοις	mais à tous ces *discours*
ἀνανεύει τε	et il-fait-signe-que non
καὶ φησὶν ἁπάσας	et dit tous
εἶναι ὁμοίας	être semblables
καὶ ἐξ ἴσου τιμητέας.	et également estimables.

ΑΔΕΙΜΑΝΤΟΣ. Σφόδρα γάρ, ἔφη, οὕτω διακείμενος τοῦτο δρᾷ.

ΣΩΚΡΑΤΗΣ. Οὐκοῦν, ἦν δ' ἐγώ, καὶ διαζῇ τὸ καθ' ἡμέραν οὕτω χαριζόμενος τῇ προσπιπτούσῃ ἐπιθυμίᾳ, τοτὲ μὲν μεθύων καὶ καταυλούμενος, αὖθις δὲ ὑδροποτῶν καὶ κατισχναινόμενος, τοτὲ δ' αὖ γυμναζόμενος, ἔστι δ' ὅτε ἀργῶν καὶ πάντων ἀμελῶν, τοτὲ δ' ὡς ἐν φιλοσοφίᾳ διατρίβων· πολλάκις δὲ πολιτεύεται, καὶ ἀναπηδῶν ὅ τι ἂν τύχῃ λέγει τε καὶ πράττει· κἂν ποτέ τινας πολεμικοὺς ζηλώσῃ, ταύτῃ φέρεται, ἢ χρηματιστικούς, ἐπὶ τοῦτ' αὖ, καὶ οὔτε τις τάξις οὔτε ἀνάγκη ἔπεστιν αὐτοῦ τῷ βίῳ, ἀλλ' ἡδύν τε δὴ καὶ ἐλευθέριον καὶ μακάριον καλῶν τὸν βίον τοῦτον χρῆται αὐτῷ διὰ παντός.

ΑΔΕΙΜΑΝΤΟΣ. Παντάπασιν, ἦ δ' ὅς, διελήλυθας βίον ἰσονομικοῦ τινὸς ἀνδρός.

ADIMANTE. Telle doit être en effet sa conduite dans la disposition d'esprit où il se trouve.

SOCRATE. Il vit donc au jour le jour, livré au vent de la passion présente. Aujourd'hui il est ivre et bercé par les chants des flûtes ; demain il est au régime de l'eau claire et des macérations. Tantôt il s'exerce au gymnase, tantôt il est oisif et n'a souci de rien. Quelquefois il paraît philosophe ; le plus souvent il est homme d'État, il s'évertue à parler et à agir à tort et à travers. Un jour, il envie les gens de guerre, et le voilà devenu guerrier ; un autre jour, les hommes qui gagnent de l'argent, il se jette dans les affaires. En un mot, nul ordre, nulle loi ne préside à sa conduite, et il garde sans cesse cette vie qu'il appelle libre, agréable et bienheureuse.

ADIMANTE. Voilà au naturel la vie d'un ami de l'égalité.

ΑΔΕΙΜΑΝΤΟΣ.	ADIMANTE.
Οὕτω γὰρ διακείμενος, ἔφη,	Ainsi disposé, en effet, dit-il,
δρᾷ σφόδρα τοῦτο.	il fait tout-à-fait cela.
ΣΩΚΡΑΤΗΣ. Οὐκοῦν,	SOCRATE. Ainsi donc,
ἦν δὲ ἐγώ,	dis-je,
καὶ διαζῇ τὸ κατὰ ἡμέραν	et il vit au jour le jour
χαριζόμενος οὕτω	se laissant aller ainsi
τῇ ἐπιθυμίᾳ προσπιπτούσῃ,	au désir qui se présente,
τοτὲ μὲν μεθύων	tantôt s'enivrant
καὶ καταυλούμενος,	et charmé-par-le-son-de-la-flûte.
αὖθις δὲ ὑδροποτῶν	et ensuite buvant-de-l'eau-clair.
καὶ κατισχναινόμενος,	et amaigri par le jeûne, [nase
τοτὲ δὲ αὖ γυμναζόμενος	et tantôt aussi s'exerçant au gym-
ἔστι δὲ ὅτε ἀργῶν	et il est parfois oisif
καὶ ἀμελῶν πάντων	et insouciant de toutes choses
τοτὲ δὲ ὡς διατρίβων	et tantôt comme passant le temps
ἐν φιλοσοφίᾳ·	dans la philosophie ;
πολλάκις δὲ	et souvent
πολιτεύεται	il s'occupe-des-affaires-publiques
καὶ ἀναπηδῶν	et s'élançant *sur la place publique*
λέγει τε καὶ πράττει	et il dit et il fait
ὅ τι ἂν τύχῃ·	ce qui se rencontre ;
κἂν ποτὲ ζηλώσῃ	et si parfois il vient-à-envier
τινὰς πολεμικούς,	quelques *hommes* de guerre,
φέρεται ταύτῃ,	il s'emporte de ce côté,
ἢ χρηματιστικούς,	ou des *hommes* de négoce,
αὖ ἐπὶ τοῦτο,	encore *il va* vers cela,
καὶ οὔτε τις τάξις	et ni quelque ordre
οὔτε ἀνάγκη	ni nécessité
ἔπεστιν τῷ βίῳ αὐτοῦ,	ne s'impose à la vie de lui,
ἀλλὰ καλῶν τοῦτον τὸν βίον	mais appelant cette vie-là
ἡδύν τε δὴ καὶ ἐλευθέριον	et charmante certes et libre
καὶ μακάριον	et bienheureuse
χρῆται αὐτῷ διὰ παντός.	il use d'elle en tout *temps*.
ΑΔΕΙΜΑΝΤΟΣ. Διελήλυθας	ADIMANTE. Tu as parcouru
παντάπασιν,	tout-à-fait,
ἦ δὲ ὅς,	dit-il,
βίον τινὸς ἀνδρὸς	la vie d'un homme
ἰσονομικοῦ.	ami-de-l'égalité.

ΣΩΚΡΑΤΗΣ. Οἶμαι δέ γε, ἦν δ' ἐγώ, καὶ παντοδαπόν τε καὶ πλείστων ἠθῶν μεστόν, καὶ τὸν καλόν τε καὶ ποικίλον, ὥσπερ ἐκείνην τὴν πόλιν, τοῦτον τὸν ἄνδρα εἶναι· ὃν πολλοὶ ἂν καὶ πολλαὶ ζηλώσειαν τοῦ βίου, παραδείγματα πολιτειῶν τε καὶ τρόπων πλεῖστα ἐν αὐτῷ ἔχοντα.

ΑΔΕΙΜΑΝΤΟΣ. Οὕτω γάρ, ἔφη, ἔστιν.

ΣΩΚΡΑΤΗΣ. Τί οὖν; τετάχθω ἡμῖν κατὰ δημοκρατίαν ὁ τοιοῦτος ἀνήρ, ὡς δημοκρατικὸς ὀρθῶς ἂν προσαγορευόμενος.

ΑΔΕΙΜΑΝΤΟΣ. Τετάχθω, ἔφη.

XIV. ΣΩΚΡΑΤΗΣ. Ἡ καλλίστη δή, ἦν δ' ἐγώ, πολιτεία τε καὶ ὁ κάλλιστος ἀνὴρ λοιπὰ ἂν ἡμῖν εἴη διελθεῖν, τυραννίς τε καὶ τύραννος.

ΑΔΕΙΜΑΝΤΟΣ. Κομιδῇ γ', ἔφη.

ΣΩΚΡΑΤΗΣ. Φέρε δή, τίς τρόπος τυραννίδος, ὦ φίλε ἑταῖρε, γίγνεται; ὅτι μὲν γὰρ ἐκ δημοκρατίας μεταβάλλει, σχεδὸν δῆλον.

SOCRATE. Son caractère, qui réunit en lui toutes sortes de mœurs et de caractères, a tout l'agrément et toute la variété de l'État populaire, et il n'est pas étonnant que tant de personnes, hommes et femmes, trouvent si beau un genre de vie où sont rassemblées toutes les espèces de gouvernements et de caractères.

ADIMANTE. Je le conçois.

SOCRATE. Mettons donc en regard de la démocratie cet homme qu'on peut à bon droit nommer démocratique.

ADIMANTE. Mettons-le.

XIV. SOCRATE. Il nous reste désormais à considérer la plus belle forme de gouvernement et le caractère le plus accompli ; je veux dire la tyrannie et le tyran.

ADIMANTE. Sans doute.

SOCRATE. Voyons donc, mon cher ami, comment se forme le gouvernement tyrannique ; et d'abord il est presque évident qu'il doit sa naissance à la démocratie.

ΣΩΚΡΑΤΗΣ. Οἶμαι δέ γε,
ἦν δὲ ἐγώ,
τοῦτον τὸν ἄνδρα εἶναι
καὶ παντοδαπόν τε
καὶ μεστὸν πλείστων ἠθῶν
καὶ τὸν καλόν τε καὶ ποικίλον
ὥσπερ ἐκείνην τὴν πόλιν·
ὃν πολλοὶ
καὶ πολλαὶ ἂν ζηλώσειαν
τοῦ βίου,
ἔχοντα ἐν αὐτῷ
πλεῖστα παραδείγματα
πολιτειῶν τε καὶ τρόπων.

ΑΔΕΙΜΑΝΤΟΣ. Ἔστιν γὰρ οὕτω,
ἔφη.

ΣΩΚΡΑΤΗΣ. Τί οὖν;
ὁ τοιοῦτος ἀνὴρ
τετάχθω ἡμῖν
κατὰ δημοκρατίαν
ὡς ὀρθῶς
ἂν προσαγορευόμενος
δημοκρατικός.

ΑΔΕΙΜΑΝΤΟΣ. Τετάχθω,
ἔφη.

XIV. ΣΩΚΡΑΤΗΣ. Ἥ τε πολιτεία
καλλίστη δή, ἦν δὲ ἐγώ,
καὶ ὁ ἀνὴρ κάλλιστος
ἡμῖν ἂν εἴη
λοιπὰ διελθεῖν,
τυραννίς τε καὶ τύραννος.

ΑΔΕΙΜΑΝΤΟΣ. Κομιδῇ γε,
ἔφη.

ΣΩΚΡΑΤΗΣ. Φέρε δή,
ὦ φίλε ἑταῖρε,
τίς τρόπος τυραννίδος
γίγνεται;
σχεδὸν μὲν γὰρ δῆλον
ὅτι ἐκ δημοκρατίας
μεταβάλλει.

SOCRATE. Je pense certes,
dis-je,
cet homme-ci être
et de toute sorte [res
et rempli de beaucoup de caractè-
et beau aussi et bigarré
comme cette cité-là ;
et tel que *hommes* nombreux
et *femmes* nombreuses *l'*envieront
à cause de son genre-de-vie,
ayant en lui-même
de nombreux types
et de gouvernements et de mœurs.

ADIMANTE. Il *en* est ainsi, en effet,
dit-il.

SOCRATE. Quoi donc?
que l'*homme* tel
soit placé par nous
en face de *la* démocratie
comme justement
pouvant être appelé
démocratique.

ADIMANTE. Qu'il soit placé *ainsi*,
dit-il. [ment

XIV. SOCRATE. Et le gouverne-
le plus beau certes, dis-je,
et aussi l'homme le plus beau
nous serait
de reste à être parcouru,
la tyrannie et *le* tyran.

ADIMANTE. Tout-à-fait certes,
dit-il.

SOCRATE. Voyons donc,
ô cher ami,
quelle forme de tyrannie
se produit?
car il est à peu près éviden
que *c'est* de *la* démocratie
que *ce* changement-se-fait.

ΑΔΕΙΜΑΝΤΟΣ. Δῆλον.

ΣΩΚΡΑΤΗΣ. Ἆρ' οὖν τρόπον τινὰ τὸν αὐτὸν ἔκ τε ὀλιγαρχίας δημοκρατία γίγνεται καὶ ἐκ δημοκρατίας τυραννίς;

ΑΔΕΙΜΑΝΤΟΣ. Πῶς;

ΣΩΚΡΑΤΗΣ. Ὃ προὔθεντο, ἦν δ' ἐγώ, ἀγαθόν, καὶ δι' οὗ
ὀλιγαρχία καθίστατο — τοῦτο δ' ἦν ὑπέρπλουτος · ἦ γάρ;

ΑΔΕΙΜΑΝΤΟΣ. Ναί.

ΣΩΚΡΑΤΗΣ. Ἡ πλούτου τοίνυν ἀπληστία καὶ ἡ τῶν ἄλλων
ἀμέλεια διὰ χρηματισμὸν αὐτὴν ἀπώλλυ.

ΑΔΕΙΜΑΝΤΟΣ. Ἀληθῆ, ἔφη.

ΣΩΚΡΑΤΗΣ. Ἆρ' οὖν καὶ ὃ δημοκρατία ὁρίζεται ἀγαθόν, ἡ
τούτου ἀπληστία καὶ ταύτην καταλύει;

ΑΔΕΙΜΑΝΤΟΣ. Λέγεις δ' αὐτὴν τί ὁρίζεσθαι;

ΣΩΚΡΑΤΗΣ. Τὴν ἐλευθερίαν, εἶπον. Τοῦτο γάρ που ἐν δη-
μοκρατουμένῃ πόλει ἀκούσαις ἂν ὡς ἔχει τε κάλλιστον καὶ διὰ
ταῦτα ἐν μόνῃ ταύτῃ ἄξιον οἰκεῖν ὅστις φύσει ἐλεύθερος.

ADIMANTE. Cela est évident.

SOCRATE. Le passage de la démocratie à la tyrannie n'est-il
pas à peu près le même que celui de l'oligarchie à la démocratie?

ADIMANTE. Comment cela?

. SOCRATE. Ce qu'on regarde dans l'oligarchie comme le plus
grand bien, ce qui même donne naissance à cette forme de gouvernement, ce sont les richesses excessives des particuliers,
n'est-ce pas?

ADIMANTE. Oui.

SOCRATE. Et ce qui cause sa ruine, n'est-ce pas le désir insatiable de s'enrichir, et l'indifférence que cet unique objet in-
spire pour tout le reste?

ADIMANTE. Cela est encore vrai.

SOCRATE. Par la même raison, la démocratie trouve la cause
de sa perte dans le désir insatiable de ce qu'elle regarde comme
son bien suprême.

ADIMANTE. Quel est ce bien?

SOCRATE. La liberté. Entre dans un État démocratique, tu
entendras dire de toutes parts qu'il n'est point d'avantage préfé-
rable à celui-là; et que, pour ce motif, tout homme né libre ne
saurait vivre convenablement dans un autre État.

ΑΔΕΙΜΑΝΤΟΣ. Δῆλον.

ΣΩΚΡΑΤΗΣ. Ἆρα οὖν
τὸν αὐτὸν τινὰ τρόπον
δημοκρατία γίγνεται
ἔκ τε ὀλιγαρχίας
καὶ ἐκ δημοκρατίας
τυραννίς;

ΑΔΕΙΜΑΝΤΟΣ. Πῶς;

ΣΩΚΡΑΤΗΣ. Ἀγαθὸν
ὃ προύθεντο,
ἦν δὲ ἐγώ,
καὶ διὰ οὗ ἡ ὀλιγαρχία
καθίστατο
τοῦτο δὲ ἦν
ὑπέρπλουτος· ἢ γάρ;

ΑΔΕΙΜΑΝΤΟΣ. Ναί.

ΣΩΚΡΑΤΗΣ. Ἡ τοίνυν ἀπληστία
πλούτου
καὶ ἡ ἀμέλεια τῶν ἄλλων
διὰ χρηματισμὸν
ἀπώλλυ αὐτήν.

ΑΔΕΙΜΑΝΤΟΣ. Ἀληθῆ, ἔφη.

ΣΩΚΡΑΤΗΣ. Ἆρα οὖν καὶ
ἡ ἀπληστία τούτου
ὃ δημοκρατία ὁρίζεται ἀγαθὸν
καὶ καταλύει ταύτην;

ΑΔΕΙΜΑΝΤΟΣ. Τί λέγεις δὲ
αὐτὴν.
ὁρίζεσθαι;

ΣΩΚΡΑΤΗΣ. Τὴν ἐλευθερίαν,
εἶπον,
Ἐν γὰρ πόλει
δημοκρατουμένη
ἂν ἀκούσαις τοῦτό που
ὡς ἔχει τε κάλλιστον
καὶ διὰ ταῦτα
ἄξιον οἰκεῖν
ἐν ταύτη μόνη
ὅστις ἐλεύθερος φύσει.

ADIMANTE. *C'est* évident.

SOCRATE. N'*est-il* pas *vrai* que
de la même manière
que *la* démocratie naît
et de *l'*oligarchie
aussi de *la* démocratie
naît la tyrannie?

ADIMANTE. Comment?

SOCRATE. Le bien
qu'on s'est proposé *pour fin*,
dis-je,
et par quoi l'oligarchie
s'établissait
c'était *de devenir*
excessivement-riche, n'est-ce pas?

ADIMANTE. Oui.

SOCRATE. Donc le désir-insatiable
de *la* richesse
et l'insouciance des autres choses
pour *l'*amour du gain
détruit elle (l'oligarchie).

ADIMANTE. *Tu dis* vrai, dit-il.

SOCRATE. N'*est-il* pas *vrai* aussi
le désir-insatiable de ce   [que
que *la* démocratie définit un bien
détruit aussi celle-ci?

ADIMANTE. Mais quoi dis-tu
elle (la démocratie)
définir *comme un bien?*

SOCRATE. La liberté,
dis-je.
Car dans une cité
organisée-démocratiquement
tu auras entendu cela sans doute
combien et c'est très-beau
et à cause de cela
il vaut-la-peine d'habiter
dans celle-ci seule
pour celui qui *est* libre de naturel.

ΑΔΕΙΜΑΝΤΟΣ. Λέγεται γὰρ δή, ἔφη, καὶ πολὺ τοῦτο τὸ ῥῆμα.

ΣΩΚΡΑΤΗΣ. Ἆρ' οὖν, ἦν δ' ἐγώ, ὅπερ ᾖα νῦν δὴ ἐρῶν, ἡ τοῦ τοιούτου ἀπληστία καὶ ἡ τῶν ἄλλων ἀμέλεια καὶ ταύτην τὴν πολιτείαν μεθίστησί τε καὶ παρασκευάζει τυραννίδος δεηθῆναι;

ΑΔΕΙΜΑΝΤΟΣ. Πῶς; ἔφη.

ΣΩΚΡΑΤΗΣ. Ὅταν, οἶμαι, δημοκρατουμένη πόλις ἐλευθερίας διψήσασα κακῶν οἰνοχόων προστατούντων τύχῃ, καὶ πορρωτέρω τοῦ δέοντος ἀκράτου αὐτῆς μεθυσθῇ, τοὺς ἄρχοντας δή, ἂν μὴ πάνυ πρᾶοι ὦσι καὶ πολλὴν παρέχωσι τὴν ἐλευθερίαν, κολάζει αἰτιωμένη ὡς μιαρούς τε καὶ ὀλιγαρχικούς.

ΑΔΕΙΜΑΝΤΟΣ. Δρῶσι γάρ, ἔφη, τοῦτο.

ΣΩΚΡΑΤΗΣ. Τοὺς δέ γε, εἶπον, τῶν ἀρχόντων κατηκόους προπηλακίζει ὡς ἐθελοδούλους τε καὶ οὐδὲν ὄντας, τοὺς δὲ ἄρ-

ADIMANTE. Rien n'est plus ordinaire qu'un pareil langage.

SOCRATE. N'est-ce pas, et c'est ce que je voulais dire, cet amour de la liberté porté à l'excès, et accompagné d'une indifférence extrême pour tout le reste, qui perd enfin ce gouvernement et rend la tyrannie nécessaire?

ADIMANTE. Comment?

SOCRATE. Lorsqu'un État démocratique, dévoré d'une soif ardente de liberté, trouve à sa tête de mauvais échansons qui la lui versent toute pure, sans mesure et jusqu'à l'enivrer: alors, si les gouvernants ne portent pas la complaisance jusqu'à lui donner de la liberté tant qu'il veut, il les accuse et les châtie, comme des traîtres et des amis de l'oligarchie.

ADIMANTE. Assurément.

SOCRATE. Il accable d'outrages ceux qui sont encore dociles aux magistrats; les traite d'âmes serviles et de gens de rien. En

ΑΔΕΙΜΑΝΤΟΣ. Τοῦτο τὸ ῥῆμα γὰρ δὴ
λέγεται, ἔφη, καὶ πολύ.

ΣΩΚΡΑΤΗΣ. Ἆρα οὖν,
ἦν δὲ ἐγώ,
ὅπερ ᾖα νῦν δὴ ἐρῶν,
ἡ ἀπληστία τοῦ τοιούτου
καὶ ἡ ἀμέλεια τῶν ἄλλων
μεθίστησί τε
καὶ ταύτην τὴν πολιτείαν
καὶ παρασκευάζει
δεηθῆναι
τυραννίδος;

ΑΔΕΙΜΑΝΤΟΣ. Πῶς; ἔφη.

ΣΩΚΡΑΤΗΣ. Ὅταν,
οἶμαι,
πόλις
δημοκρατουμένη
διψήσασα ἐλευθερίας
τύχῃ
κακῶν οἰνοχόων·
προστατούντων,
καὶ πορρωτέρω τοῦ δέοντος
μεθυσθῇ
αὐτῆς ἀκράτου,
κολάζει δὴ αἰτιωμένη
ὡς μιαρούς τε
καὶ ὀλιγαρχικοὺς
τοὺς ἄρχοντας,
ἂν μὴ ὦσι πάνυ πρᾶοι
καὶ παρέχωσι
πολλὴν τὴν ἐλευθερίαν.

ΑΔΕΙΜΑΝΤΟΣ. Δρῶσι γὰρ τοῦτο, ἔφη.

ΣΩΚΡΑΤΗΣ. Προπηλακίζει γε,
εἶπον,
τοὺς δὲ κατηκόους ἀρχόντων
ὡς ἐθελοδούλους τε
καὶ ὄντας οὐδέν,

ADIMANTE. Cette parole-ci
en effet certes
est dite, dit-il, et souvent.

SOCRATE. N'*est-il* pas *vrai* que,
dis-je,
ce que j'allais tout à l'heure dire,
le désir-insatiable de tel *bien*
et la négligence des autres choses
et fait-changer
aussi ce gouvernement
et prépare
le être-besoin (la nécessité)
de la tyrannie?

ADIMANTE. Comment? dit-il.

SOCRATE. Lorsque,
je pense,
une cité
organisée-démocratiquement
ayant pris soif de liberté
aura rencontré
de mauvais échansons
étant-à-sa-tête,
et au-delà du nécessaire
elle aura été enivrée
d'elle (de liberté) toute-pure,
elle châtie alors accusant
et comme criminels
et comme oligarchiques
ses chefs,
s'ils ne sont pas très faciles
et *ne lui* fournissent *pas*
abondante la liberté.

ADIMANTE. Ils font en effet cela,
dit-il.   [la boue,

SOCRATE. Elle traine certes dans
dis-je,
ceux d'un côté dociles aux chefs
comme et esclaves-volontaires
et *gens* n'étant rien (de rien),

χοντας μὲν ἀρχομένοις, ἀρχομένους δὲ ἄρχουσιν ὁμοίους ἰδίᾳ τε
καὶ δημοσίᾳ ἐπαινεῖ τε καὶ τιμᾷ. Ἆρ' οὐκ ἀνάγκη ἐν τοιαύτῃ
πόλει ἐπὶ πᾶν τὸ τῆς ἐλευθερίας ἰέναι;

ΑΔΕΙΜΑΝΤΟΣ. Πῶς γὰρ οὔ;

ΣΩΚΡΑΤΗΣ. Καὶ καταδύεσθαί γε, ἦν δ' ἐγώ, ὦ φίλε, εἴς τε
τὰς ἰδίας οἰκίας καὶ τελευτᾶν μέχρι τῶν θηρίων τὴν ἀναρχίαν
ἐμφυομένην.

ΑΔΕΙΜΑΝΤΟΣ. Πῶς, ἦ δ' ὅς, τὸ τοιοῦτον λέγομεν;

ΣΩΚΡΑΤΗΣ. Οἷον, ἔφην, πατέρα μὲν ἐθίζεσθαι παιδὶ ὅμοιον
γίγνεσθαι καὶ φοβεῖσθαι τοὺς υἱεῖς, υἱὸν δὲ πατρί, καὶ μήτε
αἰσχύνεσθαι μήτε δεδιέναι τοὺς γονέας, ἵνα δὴ ἐλεύθερος ᾖ· μέτοικον δὲ ἀστῷ καὶ ἀστὸν μετοίκῳ ἐξισοῦσθαι, καὶ ξένον ὡσαύτως.

ΑΔΕΙΜΑΝΤΟΣ. Γίγνεται γὰρ οὕτως, ἔφη.

ΣΩΚΡΑΤΗΣ. Ταῦτά τε, ἦν δ' ἐγώ, καὶ σμικρὰ τοιάδε ἄλλα

public comme en particulier, il loue et honore les gouvernants
qui ont l'allure de gouvernés et les gouvernés qui prennent l'air
de gouvernants. N'est-il pas inévitable que dans un pareil État
l'esprit de liberté s'étende à tout?

ADIMANTE. Comment cela ne serait-il pas?

SOCRATE. Qu'il pénètre dans l'intérieur des familles et qu'à la
fin l'anarchie gagne jusqu'aux animaux?

ADIMANTE. Qu'entends-tu par là?

SOCRATE. Je veux dire que le père s'accoutume à traiter son fils
comme son égal, à le craindre même; celui-ci à s'égaler à son
père, à n'avoir ni respect ni crainte pour ses parents, parce que
autrement sa liberté en souffrirait; que les citoyens, les simples
habitants et les étrangers même aspirent aux mêmes droits.

ADIMANTE. C'est ainsi que les choses se passent.

SOCRATE. Et l'on voit aussi d'autres petits abus comme ceux-ci.

ἰδίᾳ τε καὶ δημοσίᾳ   et en particulier et en public

ἐπαινεῖ τε καὶ τιμᾷ   et loue et honore

τοὺς δὲ ἄρχοντας μὲν   d'un autre côté les gouvernants

ὁμοίους ἀρχομένοις,   *qui sont* semblables aux gouvernés,

ἀρχομένους δὲ   et les gouvernés *semblables*

ἄρχουσιν.   aux gouvernants.

Ἆρα οὐκ ἀνάγκη   N'y a-t-il pas nécessité

ἐν τοιαύτη πόλει   dans une telle cité

τὸ τῆς ἐλευθερίας   l'*esprit* de liberté

ἰέναι ἐπὶ πᾶν;   aller à tout?   [fet?

ΑΔΕΙΜΑΝΤΟΣ. Πῶς γὰρ οὔ;   ADIMANTE. Comment non en ef-

ΣΩΚΡΑΤΗΣ.   SOCRATE.

Καὶ τήν γε ἀναρχίαν,   Et l'anarchie certes,

ἦν δὲ ἐγώ, ὦ φίλε,   dis-je, ô ami,

καταδύεσθαι   descendre

εἴς τε τὰς οἰκίας ἰδίας   et dans les maisons privées

καὶ τελευτᾶν ἐμφυομένην   et finir devenant-innée

μεχρὶ τῶν θηρίων.   jusque chez les animaux.

ΑΔΕΙΜΑΝΤΟΣ. Πῶς, ἦ δὲ ὅς,   ADIMANTE. Comment, dit-il,

λέγομεν τὸ τοιοῦτον;   disons-nous telle chose?

ΣΩΚΡΑΤΗΣ. Οἷον, ἔφην,   SOCRATE. Comme *ceci*, dis-je,

πατέρα μὲν ἐθίζεσθαι   le père d'une part s'accoutumer

γίγνεσθαι ὅμοιον παιδὶ   à se faire l'égal de son fils

καὶ φοβεῖσθαι τοὺς υἱεῖς,   et à craindre ses fils,

υἱὸν δὲ   le fils d'autre part

πατρί,   *à se faire l'égal* de son père,

καὶ μήτε αἰσχύνεσθαι   et à ne pas respecter

τοὺς γονέας   ses parents

μήτε δεδιέναι,   ni à les craindre,

ἵνα δὴ ἦ ἐλεύθερος·   afin que certes il soit libre;

μέτοικον δὲ   et l'*étranger-domicilié*

ἐξισοῦσθαι ἀστῷ   s'égaler au citoyen

καὶ ἀστὸν μετοίκῳ,   et *le* citoyen à l'*étranger-domicilié*

καὶ ξένον ὡσαύτως.   et *le* pur-étranger de même.

ΑΔΕΙΜΑΝΤΟΣ. Γίγνεται γὰρ   ADIMANTE. Il *en* est, en effet,

οὕτως, ἔφη.   ainsi, dit-il.

ΣΩΚΡΑΤΗΣ. Ταῦτά τε,   SOCRATE. Et ces choses,

ἦν δὲ ἐγώ,   dis-je,

καὶ τοιάδε ἄλλα   et de telles autres

γίγνεται· διδάσκαλός τε ἐν τῷ τοιούτῳ φοιτητὰς φοβεῖται καὶ
θωπεύει, φοιτηταί τε διδασκάλων ὀλιγωροῦσιν, οὕτω δὲ καὶ παιδ-
αγωγῶν· καὶ ὅλως οἱ μὲν νέοι πρεσβυτέροις ἀπεικάζονται καὶ
διαμιλλῶνται καὶ ἐν λόγοις καὶ ἐν ἔργοις, οἱ δὲ γέροντες ξυγκα-
θιέντες τοῖς νέοις εὐτραπελίας τε καὶ χαριεντισμοῦ ἐμπίπλανται,
μιμούμενοι τοὺς νέους, ἵνα δὴ μὴ δοκῶσιν ἀηδεῖς εἶναι μηδὲ
δεσποτικοί.

ΑΔΕΙΜΑΝΤΟΣ. Πάνυ μὲν οὖν, ἔφη.

ΣΩΚΡΑΤΗΣ. Τὸ δέ γε, ἦν δ᾿ ἐγώ, ἔσχατον, ὦ φίλε, τῆς ἐλευθερίας τοῦ πλήθους, ὅσον γίγνεται ἐν τῇ τοιαύτῃ πόλει, ὅταν δὴ
οἱ ἐωνημένοι καὶ αἱ ἐωνημέναι μηδὲν ἧττον ἐλεύθεροι ὦσι τῶν
πριαμένων. Ἐν γυναιξὶ δὲ πρὸς ἄνδρας καὶ ἀνδράσι πρὸς γυναῖκας
ὅση ἡ ἰσονομία καὶ ἐλευθερία γίγνεται, ὀλίγου ἐπελαθόμεθ᾿ εἰπεῖν.

Les maîtres, dans cet État, craignent et flattent leurs disciples;
ceux-ci se moquent de leurs maîtres et de leurs pédagogues. En
général, les jeunes gens veulent aller de pair avec les vieillards
et leur tenir tête, en paroles ou en actions. Les vieillards, de
leur côté, s'abaissant aux façons des jeunes gens, affectent et co-
pient la jeunesse, de peur d'avoir l'air d'esprits fâcheux et despo-
tiques.

ADIMANTE. Cela est vrai.

SOCRATE. Mais le dernier excès de la liberté, dans ce gouvernement, c'est quand les esclaves de l'un et de l'autre sexe sont
aussi libres que ceux qui les ont achetés. Et nous avons presque
oublié de dire jusqu'où va la liberté et l'égalité dans les relations
entre les femmes et les hommes.

σμικρὰ γίγνεται	petites deviennent :　[choses
διδάσκαλός τε ἐν τῷ τοιούτῳ	et le maître dans un tel *état de*
φοβεῖται καὶ θωπεύει φοιτητάς,	craint et flatte ses disciples,
φοιτηταί τε	et *les* disciples
ὀλιγωροῦσι	tiennent-en-peu-d'estime
διδασκάλων	*leurs* maîtres
οὕτω δὲ καὶ παιδαγωγῶν·	et de même aussi leurs pédagogues;
καὶ ὅλως	et en-général
οἱ μὲν νέοι	les jeunes-gens d'un côté
ἀπεικάζονται πρεσβυτέροις	singent les vieillards
καὶ διαμιλλῶνται	et luttent *avec eux*
καὶ ἐν λόγοις καὶ ἐν ἔργοις,	et en paroles et en actions,
οἱ δὲ γέροντες	et de l'autre côté les vieillards
ξυγκαθιέντες	descendant
τοῖς νέοις	aux *façons des* jeunes-gens
ἐμπίπλανται εὐτραπελίας τε	sont pleins et d'enjouement
καὶ χαριεντισμοῦ,	et de grâce-juvénile,
μιμούμενοι τοὺς νέους,	imitant les jeunes-gens,　[être
ἵνα δὴ μὴ δοκῶσιν εἶναι	afin certes qu'ils ne semblent pas
ἀηδεῖς μηδὲ δεσποτικοί.	ennuyeux ni despotiques.　[ment
ΑΔΕΙΜΑΝΤΟΣ. Πάνυ μὲν οὖν,	ADIMANTE. Tout-à-fait, assuré-
ἔφη.	dit-il.　[*point* (le comble),
ΣΩΚΡΑΤΗΣ. Τὸ δέ γε ἔσχατον,	SOCRATE. Mais certes le dernier
ὦ φίλε, ἦν δ' ἐγώ,	ô ami, dis-je,
τῆς ἐλευθερίας τοῦ πλήθους	de la liberté de la multitude
ὅσον γίγνεται	combien grand il devient
ἐν τῇ τοιαύτῃ πόλει,	dans une telle cité,
ὅταν δὴ	c'est quand assurément
οἱ ἐωνημένοι	les *hommes* achetés
καὶ αἱ ἐωνημέναι	et les *femmes* achetées
μηδὲν ὦσι ἧττον ἐλεύθεροι	ne sont en rien moins libres
τῶν πριαμένων.	*que* ceux qui les ont achetés.
Ἐν γυναιξὶ δὲ	Parmi les femmes　[mes
πρὸς ἄνδρας	dans-leurs-rapports-avec les hom-
καὶ ἀνδράσι	et parmi les hommes　[mes
πρὸς γυναῖκας	dans-leurs-rapports-avec les fem-
ὀλίγου ἐπελαθόμεθα εἰπεῖν	nous avons presque oublié de dire
ὅση γίγνεται ἡ ἰσονομία	combien grande devient *l'*égalité
καὶ ἐλευθερία.	et *la* liberté.

ΑΔΕΙΜΑΝΤΟΣ. Οὐκοῦν κατ' Αἰσχύλον, ἔφη, ἐροῦμεν ὅ τι νῦν ἦλθ' ἐπὶ στόμα;

ΣΩΚΡΑΤΗΣ. Πάνυ γε, εἶπον. Καὶ ἔγωγε οὕτω λέγω· τὸ μὲν γὰρ τῶν θηρίων τῶν ὑπὸ τοῖς ἀνθρώποις ὅσῳ ἐλευθερώτερά ἐστιν ἐνταῦθα ἢ ἐν ἄλλῃ, οὐκ ἄν τις πείθοιτο ἄπειρος. Ἀτεχνῶς γὰρ αἵ τε κύνες κατὰ τὴν παροιμίαν οἷαίπερ αἱ δέσποιναι γίγνονταί τε δὴ καὶ ἵπποι καὶ ὄνοι, πάνυ ἐλευθέρως καὶ σεμνῶς εἰθισμένοι πορεύεσθαι, κατὰ τὰς ὁδοὺς ἐμβάλλοντες τῷ ἀεὶ ἀπαντῶντι, ἐὰν μὴ ἐξίστηται· καὶ τἄλλα πάντα οὕτω μεστὰ ἐλευθερίας γίγνεται.

ΑΔΕΙΜΑΝΤΟΣ. Τὸ ἐμόν γ', ἔφη, ἐμοὶ λέγεις ὄναρ· αὐτὸς γὰρ εἰς ἀγρὸν πορευόμενος θαμὰ αὐτὸ πάσχω.

ADIMANTE. N'oublions rien, et, selon l'expression d'Eschyle, *disons tout ce qui nous vient à la bouche.*

SOCRATE. Fort bien. C'est aussi ce que je fais. On aurait peine à croire, à moins de l'avoir vu, combien les animaux qui sont à l'usage des hommes sont plus libres là que partout ailleurs. De petites chiennes, selon le proverbe, y sont sur le même pied que leurs maîtresses; les chevaux et les ânes, accoutumés à marcher d'une allure libre et fière, heurtent tous ceux qu'ils rencontrent s'ils ne leur cèdent le pas; et ainsi du reste, tout y respire la liberté.

ADIMANTE. Tu me racontes mon propre songe: je ne vais presque jamais à la campagne que cela ne m'arrive.

ΑΔΕΙΜΑΝΤΟΣ. Οὐκοῦν ἐροῦμεν, ἔφη,
κατὰ Αἰσχύλον
ὅ τι νῦν ἦλθε
ἐπὶ στόμα;

ΑDIMANTE. Ne dirons-nous pas, dit-il,
selon *le mot* d'Eschyle
ce qui tout à l'heure *nous* est venu
à la bouche?

ΣΩΚΡΑΤΗΣ. Πάνυ γε, εἶπον.
Καὶ ἔγωγε λέγω οὕτω·
τὸ μὲν γὰρ
τῶν θηρίων
τῶν
ὑπὸ τοῖς ἀνθρώποις,
τις ἄπειρος
οὐκ ἂν πείθοιτο
ὅσῳ ἐλευθερώτερά
ἐστιν ἐνταῦθα
ἢ ἐν ἄλλῃ.
Ἀτεχνῶς γὰρ
αἵ τε κύνες
κατὰ τὴν παροιμίαν
γίγνονταί τε δὴ
οἷαίπερ αἱ δέσποιναι·
καὶ ἵπποι καὶ ὄνοι
εἰθισμένοι πορεύεσθαι
πάνυ ἐλευθέρως καὶ σεμνῶς
κατὰ τὰς ὁδοὺς
ἀεὶ ἐμβάλλοντες
τῷ ἀπαντῶντι
ἐὰν μὴ ἐξίστηται·
καὶ πάντα τἆλλα
γίγνεται οὕτω
μεστὰ ἐλευθερίας.

SOCRATE. Tout-à-fait, dis-je.
Et moi je dis ainsi :
pour ce qui *est du chapitre*
des bêtes
de celles *qui sont*
sous l'*empire* des hommes,
quelqu'un ne-*l'*ayant-pas-expéri-
ne croirait point   [menté
combien plus libres
elles sont là
que dans une autre *cité.*
Véritablement en effet
et les chiennes
selon le dicton
deviennent certes
telles que leurs maîtresses,
et chevaux et ânes
deviennent habitués à cheminer
fort librement et fièrement
sur les routes
toujours se jetant
sur qui vient-à-la-rencontre
s'il ne cède-la-place;
et toutes les autres choses
deviennent ainsi
pleines de liberté.

ΑΔΕΙΜΑΝΤΟΣ. Λέγεις γε, ἔφη, ἐμοὶ
τὸ ἐμὸν ὄναρ·
αὐτὸς γὰρ
πορευόμενος
εἰς ἀγρὸν
θαμὰ αὐτὸ πάσχω.

ΑDIMANTE. Tu dis, dit-il, à moi
mon *propre* songe;
moi-même, en effet,
cheminant
dans la campagne,
souvent je l'éprouve.

ΣΩΚΡΑΤΗΣ. Τὸ δὲ δὴ κεφάλαιον, ἦν δ' ἐγώ, πάντων τούτων ξυνηθροισμένων ἐννοεῖς, ὡς ἀπαλὴν τὴν ψυχὴν τῶν πολιτῶν ποιεῖ, ὥστε, κἂν ὁτιοῦν δουλείας τις προσφέρηται, ἀγανακτεῖν καὶ μὴ ἀνέχεσθαι; τελευτῶντες γάρ που οἶσθ' ὅτι οὐδὲ τῶν νόμων φροντίζουσι γεγραμμένων ἢ ἀγράφων, ἵνα δὴ μηδαμῇ μηδεὶς αὐτοῖς ᾖ δεσπότης.

ΑΔΕΙΜΑΝΤΟΣ. Καὶ μάλ', ἔφη, οἶδα.

XV. ΣΩΚΡΑΤΗΣ. Αὕτη μὲν τοίνυν, ἦν δ' ἐγώ, ὦ φίλε, ἡ ἀρχὴ οὕτωσι καλὴ καὶ νεανική, ὅθεν τυραννὶς φύεται, ὡς ἐμοὶ δοκεῖ.

ΑΔΕΙΜΑΝΤΟΣ. Νεανικὴ δῆτα, ἔφη· ἀλλὰ τί τὸ μετὰ τοῦτο;

ΣΩΚΡΑΤΗΣ. Ταὐτὸν, ἦν δ' ἐγώ, ὅπερ ἐν τῇ ὀλιγαρχίᾳ νόσημα ἐγγενόμενον ἀπώλεσεν αὐτήν, τοῦτο καὶ ἐν ταύτῃ πλέον τε καὶ

SOCRATE. Or vois-tu le mal qui résulte de tout cela? Vois-tu combien les citoyens en deviennent délicats, au point de s'indigner et de se révolter à la moindre ombre de contrainte? Ils en viennent à la fin, comme tu sais, jusqu'à ne tenir nul compte des lois écrites ou non écrites, afin de n'avoir absolument aucun maître.

ADIMANTE. Je le sais.

XV. SOCRATE. C'est de cette forme de gouvernement, si belle et si juvénile, que naît la tyrannie, du moins à ce que je pense.

ADIMANTE. Juvénile, en vérité; mais qu'arrive-t-il ensuite?

SOCRATE. Le même fléau qui a perdu l'oligarchie prenant de nouvelles forces et de nouveaux accroissements, grâce à la licence

ΣΩΚΡΑΤΗΣ. Ἐννοεῖς δὲ δή,
ἦν δὲ ἐγώ,
τὸ κεφάλαιον
πάντων τούτων
ξυνηθροισμένων,
ὡς ποιεῖ ἁπαλὴν
τὴν ψυχὴν τῶν πολιτῶν, ὥστε
καὶ ἄν τις προσφέρηται
ὁτιοῦν
δουλείας,
ἀγανακτεῖν καὶ μὴ ἀνέχεσθαι;
Οἶσθα γάρ που ὅτι
τελευτῶντες
οὐδὲ φροντίζουσι
τῶν νόμων γεγραμμένων
ἢ ἀγράφων,
ἵνα δὴ μηδαμῇ
μηδεὶς δεσπότης ᾖ αὐτοῖς.

ΑΔΕΙΜΑΝΤΟΣ. Καὶ οἶδα μάλα,
ἔφη.

XV. ΣΩΚΡΑΤΗΣ. Ὦ φίλε,
ἦν δὲ ἐγώ,
ἡ μὲν ἀρχὴ
οὕτωσι καλὴ καὶ νεανικὴ
ὅθεν τυραννὶς φύεται
αὕτη τοίνυν,
ὡς δοκεῖ ἐμοί.

ΑΔΕΙΜΑΝΤΟΣ. Νεανικὴ δῆτα,
ἔφη·
ἀλλὰ τί τὸ μετὰ τοῦτο;

ΣΩΚΡΑΤΗΣ. Τὸ αὐτὸν νόσημα,
ἦν δὲ ἐγώ,
ὅπερ ἐγγενόμενον
ἐν τῇ ὀλιγαρχίᾳ
ἀπώλεσεν αὐτήν,
τοῦτο ἐγγενόμενον
ἐκ τῆς ἐξουσίας
καὶ ἐν αὐτῇ
πλέον τε

SOCRATE. Or conçois-tu mainte-
dis-je,   [nant,
la somme (le résultat)
de toutes ces choses
réunies-ensemble,
combien elles font délicate
l'âme des citoyens, au point de,
même si quelqu'un vient-à-apporter
si-peu-que-ce-soit
de servitude (dépendance),
s'indigner et ne point supporter?
Tu sais en effet sans doute que
finissant (à la fin)   [peine
ils ne se mettent pas non plus en
des lois écrites
ou non-écrites,
afin qu'alors d'aucune manière
aucun maître ne soit à eux.

ADIMANTE. Et je le sais bien,
dit-il.

XV. SOCRATE. O ami,
dis-je,
le pouvoir (gouvernement)
si beau et juvénile
d'où la tyrannie germe
est donc celui-ci,
comme il semble à moi.

ADIMANTE. Juvénile assurément,
dit-il;
mais qu'advient-il après cela?

SOCRATE. La même maladie,
dis-je,
qui étant née
dans l'oligarchie
a perdu elle,
celle-là étant née
par suite de la licence
aussi dans elle (la démocratie)
maladie plus grande encore

ἰσχυρότερον ἐκ τῆς ἐξουσίας ἐγγενόμενον καταδουλοῦται δημοκρα-
τίαν· καὶ τῷ ὄντι τὸ ἄγαν τι ποιεῖν μεγάλην φιλεῖ εἰς τοὐναντίον
μεταβολὴν ἀνταποδιδόναι, ἐν ὥραις τε καὶ ἐν φυτοῖς καὶ ἐν σώμασι,
καὶ δὴ καὶ ἐν πολιτείαις οὐχ ἥκιστα.

ΑΔΕΙΜΑΝΤΟΣ. Εἰκός, ἔφη.

ΣΩΚΡΑΤΗΣ. Ἡ γὰρ ἄγαν ἐλευθερία ἔοικεν οὐκ εἰς ἄλλο τι ἢ
εἰς ἄγαν δουλείαν μεταβάλλειν καὶ ἰδιώτῃ καὶ πόλει.

ΑΔΕΙΜΑΝΤΟΣ. Εἰκὸς γάρ.

ΣΩΚΡΑΤΗΣ. Εἰκότως τοίνυν, εἶπον, οὐκ ἐξ ἄλλης πολιτείας
τυραννὶς καθίσταται ἢ ἐκ δημοκρατίας, ἐξ οἶμαι τῆς ἀκροτάτης
ἐλευθερίας δουλεία πλείστη τε καὶ ἀγριωτάτη.

ΑΔΕΙΜΑΝΤΟΣ. Ἔχει γάρ, ἔφη, λόγον.

ΣΩΚΡΑΤΗΣ. Ἀλλ’ οὐ τοῦτ’, οἶμαι, ἦν δ’ ἐγώ, ἠρώτας, ἀλλὰ
ποῖον νόσημα ἐν ὀλιγαρχίᾳ τε φυόμενον ταὐτὸν καὶ ἐν δημοκρατίᾳ
δουλοῦται αὐτήν.

générale, perd l'État démocratique et lui prépare l'esclavage : car
il est vrai de dire que tout excès amène d'ordinaire l'excès contraire dans les saisons, dans les plantes, dans nos corps et dans
les États, tout comme ailleurs.

ADIMANTE. Naturellement.

SOCRATE. Ainsi, dans un État, comme dans un individu, l'extrême liberté doit engendrer l'extrême servitude.

ADIMANTE. Naturellement encore.

SOCRATE. Il est donc naturel que la tyrannie ne prenne naissance d'aucun autre gouvernement que du gouvernement populaire; c'est-à-dire qu'à la liberté la plus illimitée succède le despotisme le plus absolu et le plus intolérable.

ADIMANTE. C'est l'ordre même des choses.

SOCRATE. Mais ce n'est pas là ce que tu demandes. Tu veux
savoir quel est ce fléau qui, formé dans l'oligarchie, comme dans
la démocratie, conduit celle-ci à la tyrannie?

καὶ ἰσχυρότερον	et plus forte
καταδουλοῦται δημοκρατίαν ·	asservit la démocratie ;
καὶ τῷ ὄντι	et *dans* le étant (en réalité)
τὸ ποεῖν τι ἄγαν	le faire quelque-chose trop (l'excès)
φιλεῖ ἀνταποδιδόναι ·	a coutume de rendre-en-retour
μεγάλην μεταβολὴν	grand changement
εἰς τὸ ἐναντίον	en *sens* contraire
ἐν ὥραις τε καὶ ἐν φυτοῖς	et dans *les* saisons et dans *les* plantes
καὶ ἐν σώμασι	et dans *les* corps
καὶ δὴ καὶ	et même
ἐν πολιτείαις οὐχ ἥκιστα.	dans *les* gouvernements surtout.

ΑΔΕΙΜΑΝΤΟΣ. Εἰκός, ἔφη.

ADIMANTE. Naturellement, dit-il.

ΣΩΚΡΑΤΗΣ.

SOCRATE.

Ἡ γὰρ ἄγαν ἐλευθερία	En effet la trop-grande liberté
ἔοικεν μεταβάλλειν	paraît se changer
οὐκ εἰς ἄλλο τι	non en autre chose
ἢ εἰς ἄγαν δουλείαν	que en trop-grande servitude
καὶ ἰδιώτῃ	et pour un particulier
καὶ πόλει.	et pour une cité. [fet.

ΑΔΕΙΜΑΝΤΟΣ. Εἰκὸς γάρ.

ADIMANTE. Naturellement en ef-

ΣΩΚΡΑΤΗΣ. Εἰκότως τοίνυν, εἶπον,

SOCRATE. Naturellement donc, dis-je,

τυραννὶς καθίσταται	*la* tyrannie s'établit
οὐκ ἐξ ἄλλης πολιτείας	non d'un autre gouvernement
ἢ ἐκ δημοκρατίας,	que de *la* démocratie,
οἶμαι,	*et*, je pense,
δουλεία πλείστη τε	*l'*esclavage et le plus grand
καὶ ἀγριωτάτη	et le plus farouche
ἐκ τῆς ἐλευθερίας ἀκροτάτης.	de la liberté la plus haute. [*d'être*,

ΑΔΕΙΜΑΝΤΟΣ. Ἔχει γὰρ λόγον, ἔφη.

ADIMANTE. *Cela* a en effet raison dit-il.

ΣΩΚΡΑΤΗΣ. Ἀλλὰ

SOCRATE. Mais

οὐκ ἤρωτας τοῦτο,	tu ne demandais pas cela,
οἶμαι, ἦν δ᾽ ἐγώ,	je pense, dis-je,
ἀλλὰ ποῖον νόσημα	mais quelle maladie
φυόμενον ἐν ὀλιγαρχίᾳ τε	germant et dans *l'*oligarchie
τὸ αὐτὸν καὶ ἐν δημοκρατίᾳ	la même aussi dans *la* démocratie
δουλοῦται αὐτήν.	asservit elle (celle-ci).

ΑΔΕΙΜΑΝΤΟΣ. Ἀληθῆ, ἔφη, λέγεις.

ΣΩΚΡΑΤΗΣ. Ἐκεῖνο τοίνυν, ἔφην, ἔλεγον, τὸ τῶν ἀργῶν τε καὶ δαπανηρῶν ἀνδρῶν γένος, τὸ μὲν ἀνδρειότατον ἡγούμενον αὐ- τῶν, τὸ δ' ἀνανδρότερον ἑπόμενον · οὓς δὴ ἀφωμοιοῦμεν κηφῆσι, τοὺς μὲν κέντρα ἔχουσι, τοὺς δὲ ἀκέντροις.

ΑΔΕΙΜΑΝΤΟΣ. Καὶ ὀρθῶς γ', ἔφη.

ΣΩΚΡΑΤΗΣ. Τούτω τοίνυν, ἦν δ' ἐγώ, ταράττετον ἐν πάσῃ πολιτείᾳ ἐγγιγνομένω, οἷον περὶ σῶμα φλέγμα τε καὶ χολή · ᾧ δὴ καὶ δεῖ τὸν ἀγαθὸν ἰατρόν τε καὶ νομοθέτην πόλεως μὴ ἧττον ἢ σοφὸν μελιττουργὸν πόρρωθεν εὐλαβεῖσθαι, μάλιστα μὲν ὅπως μὴ ἐγγενήσεσθον, ἂν δὲ ἐγγένησθον, ὅπως ὅ τι τάχιστα ξὺν αὐτοῖσι τοῖς κηρίοις ἐκτετμήσεσθον.

ADIMANTE. Tu as raison.

SOCRATE. Par ce fléau, j'entends cette foule de gens oisifs et prodigues : les uns, plus courageux, qui vont à la tête, les autres, plus lâches, qui marchent à la suite. Nous avons comparé les premiers à des frelons armés d'aiguillons, et les seconds à des frelons sans aiguillons.

ADIMANTE. Et avec une grande justesse.

SOCRATE. Ces deux espèces d'hommes font, dans tout corps politique, les mêmes ravages que le flegme et la bile dans le corps humain. Le législateur, en habile médecin de l'État, prendra à leur égard les mêmes précautions que l'habile apiculteur à l'égard des frelons. Son premier soin sera d'empêcher qu'ils ne s'introduisent dans la ruche: et si, malgré sa vigilance, ils s'y sont glissés, il les détruira au plus tôt avec les alvéoles qu'ils ont infestées.

ΑΔΕΙΜΑΝΤΟΣ. Λέγεις ἀληθῆ, ἔφη.

ΣΩΚΡΑΤΗΣ. Ἔλεγον τοίνυν, ἔφην,
ἐκεῖνο τὸ γένος
τῶν ἀνδρῶν ἀργῶν τε
καὶ δαπανηρῶν,
τὸ μὲν ἀνδρειότατον
αὐτῶν
ἡγούμενον,
τὸ δὲ ἀνανδρότερον
ἑπόμενον ·
οὓς δὴ ἀφωμοιοῦμεν
κηφῆσι
τοὺς μὲν ἔχουσι κέντρα
τοὺς δὲ ἀκέντροις.

ΑΔΕΙΜΑΝΤΟΣ. Καὶ ὀρθῶς γε, ἔφη.

ΣΩΚΡΑΤΗΣ. Τούτω τοίνυν,
ἦν δὲ ἐγώ,
ἐγγιγνομένω
ἐν πάσῃ πολιτείᾳ
ταράττετον
οἷον φλέγμα τε καὶ χολὴ
περὶ σῶμα ·
ὦ δὴ
καὶ δεῖ
τὸν ἀγαθὸν ἰατρόν τε
καὶ νομοθέτην πόλεως
μὴ ἧττον
ἢ σοφὸν μελιττουργὸν
εὐλαβεῖσθαι πόρρωθεν,
μάλιστα μὲν
ὅπως μὴ ἐγγενήσεσθον,
ἂν δὲ ἐγγένησθον
ὅπως ὅτι τάχιστα
ἐκτετμήσεσθον
ξὺν τοῖς κηρίοις
αὐτοῖσι.

ADIMANTE. **Tu dis choses-vraies,** dit-il.

SOCRATE. Je disais donc, dis-je,
au sujet de cette espèce-là
des hommes et indolents
et dépensiers,   [viril
que d'un côté ce qu'*il y a* de plus
parmi eux
est conduisant,   [lâche
que de l'autre ce qu'*il y a* de plus
est suivant ;
lesquels alors nous comparions
à des frelons
les uns ayant des aiguillons
les autres sans-aiguillon.

ADIMANTE. Et fort justement, dit-il.

SOCRATE. Ces-deux *espèces* donc, dis-je,
naissant-toutes-deux
dans tout gouvernement
le troublent
comme et le flegme et **la bile**
dans le corps :
contre lesquelles-deux-choses
aussi il faut
que le bon et médecin
et législateur de cité
non moins
que *le* sage apiculteur   [ce),
se précautionnent de loin (d'avan-
surtout il est vrai   [pas,
de manière qu'elles n'y naissent
et si elles y sont nées   [ble
de manière que le plus-vite-possi-
elles soient extirpées
avec les rayons-de-cire
eux-mêmes.

ΑΔΕΙΜΑΝΤΟΣ. Ναὶ μὰ Δία, ἦ δ' ὅς, παντάπασί γε.

XVI. ΣΩΚΡΑΤΗΣ. Ὧδε τοίνυν, ἦν δ' ἐγώ, λάβωμεν, ἵν' εὐκρινέστερον ἴδωμεν ὃ βουλόμεθα

ΑΔΕΙΜΑΝΤΟΣ. Πῶς;

ΣΩΚΡΑΤΗΣ. Τριχῇ διαστησώμεθα τῷ λόγῳ δημοκρατουμένη πόλιν, ὥσπερ οὖν καὶ ἔχει. Ἐν μὲν γάρ που τὸ τοιοῦτον γένος ἐ αὐτῇ ἐμφύεται δι' ἐξουσίαν οὐκ ἔλαττον ἢ ἐν τῇ ὀλιγαρχουμένῃ

ΑΔΕΙΜΑΝΤΟΣ. Ἔστιν οὕτως.

ΣΩΚΡΑΤΗΣ. Πολὺ δέ γε δριμύτερον ἐν ταύτῃ ἢ ἐν ἐκείνῃ.

ΑΔΕΙΜΑΝΤΟΣ. Πῶς;

ΣΩΚΡΑΤΗΣ. Ἐκεῖ μὲν διὰ τὸ μὴ ἔντιμον εἶναι, ἀλλ' ἀπελαύνεσθαι τῶν ἀρχῶν, ἀγύμναστον καὶ οὐκ ἐρρωμένον γίγνεται· ἐν δημοκρατίᾳ δὲ τοῦτό που τὸ προεστὸς αὐτῆς, ἐκτὸς ὀλίγων, καὶ τὸ μὲν δριμύτατον αὐτοῦ λέγει τε καὶ πράττει, τὸ δ' ἄλλο περὶ τὰ βήματα προσίζον βομβεῖ τε καὶ οὐκ ἀνέχεται τοῦ ἄλλα λέγον-

ADIMANTE. Il n'a pas d'autre parti à prendre.

XVI. SOCRATE. Pour comprendre encore mieux ce que nous voulons dire, faisons une chose.

ADIMANTE. Oui?

SOCRATE. Séparons par la pensée l'État populaire en trois classes, dont en effet il est composé. La première comprend cette espèce d'hommes qui, à la faveur de la licence publique, est aussi nombreuse dans la démocratie que dans l'oligarchie.

ADIMANTE. La chose est ainsi.

SOCRATE. Seulement elle y est beaucoup plus ardente.

ADIMANTE. Pour quelle raison?

SOCRATE. C'est que dans l'autre État, comme de pareilles gens n'ont aucun crédit, et qu'on a soin de les écarter de toutes les charges, ils ne peuvent ni agir ni grandir ; au lieu que, dans l'État démocratique, ce sont eux presque exclusivement qui sont à la tête des affaires. Les plus ardents parlent et agissent, les autres bourdonnent assis autour de la tribune, et ferment la bouche à quiconque voudrait ouvrir un avis contraire : de sorte

ΑΔΕΙΜΑΝΤΟΣ. Ναὶ μὰ Δία,
ἦ δὲ ὅς, παντάπασί γε.

XVI. ΣΩΚΡΑΤΗΣ.

Λάθωμεν τοίνυν
ὧδε, ἦν δὲ ἐγώ,
ἵνα ἴδωμεν
εὐκρινέστερον
ὃ βουλόμεθα.

ΑΔΕΙΜΑΝΤΟΣ. Πῶς;

ΣΩΚΡΑΤΗΣ. Διαστησώμεθα
τῷ λόγῳ
πόλιν δημοκρατουμένην
τριχῇ,
ὥσπερ οὖν καὶ ἔχει.
Ἕν μὲν γάρ που γένος
τὸ τοιοῦτον
ἐμφύεται ἐν αὐτῇ
διὰ ἐξουσίαν
οὐκ ἔλαττον
ἢ ἐν τῇ ὀλιγαρχουμένῃ.

ΑΔΕΙΜΑΝΤΟΣ. Ἔστιν οὕτως.

ΣΩΚΡΑΤΗΣ.

Πολὺ δέ γε δριμύτερον
ἐν ταύτῃ ἢ ἐν ἐκείνῃ.

ΑΔΕΙΜΑΝΤΟΣ. Πῶς;

ΣΩΚΡΑΤΗΣ. Ἐκεῖ μὲν
διὰ τὸ μὴ εἶναι ἔντιμον,
ἀλλὰ ἀπελαύνεσθαι τῶν ἀρχῶν
γίγνεται ἀγύμναστον
καὶ οὐκ ἐρρωμένον·
ἐν δημοκρατίᾳ δὲ
τοῦτό που
τὸ προεστὸς αὐτῆς,
καὶ τὸ μὲν δριμύτατον αὐτοῦ
λέγει τε καὶ πράττει, τὸ δὲ ἄλλο
προσίζον περὶ τὰ βήματα
βομβεῖ τε
καὶ οὐκ ἀνέχεται τοῦ λέγοντος
ἄλλα,

ADIMANTE. Oui par Jupiter,
dit-il, tout-à-fait certes.

XVI. SOCRATE.

Prenons donc
ainsi *la chose*, dis-je,
afin que nous voyions
plus distinctement
ce que nous voulons.

ADIMANTE. Comment?

SOCRATE. Partageons
par la pensée
une cité gouvernée-démocratique-
en trois classes,   [ment
comme en effet elle l'est. [espèce
En effet sans-doute une *première*
qui est telle
pousse dans elle
à cause de *la* licence
non moins
que dans la *cité* oligarchique.

ADIMANTE. Il est ainsi.

SOCRATE.

Et certes beaucoup plus-ardente
dans celle-ci que dans celle-là.

ADIMANTE. Comment? [la vérité
SOCRATE. Là (dans l'oligarchie) à
par le *fait* de ne pas être estimée,
mais être-écartée des honneurs
elle (cette espèce) devient non-exer-
et non vigoureuse;   [cée
mais dans *la* démocratie
cette *espèce* apparemment *est*
celle qui domine elle (la cité),
et la partie la plus ardente d'elle
et parle et agit, mais le reste
assis autour des tribunes
et bourdonne
et ne supporte pas celui qui dit
d'autres-choses *que ce qu'il veut*,

τος, ὥστε πάντα ὑπὸ τοῦ τοιούτου διοικεῖται ἐν τῇ τοιαύτῃ πολιτείᾳ χωρίς τινων ὀλίγων.

ΑΔΕΙΜΑΝΤΟΣ. Μάλα γε, ἦ δ' ὅς.

ΣΩΚΡΑΤΗΣ. Ἄλλο τοίνυν τοιόνδε ἀεὶ ἀποκρίνεται ἐκ τοῦ πλήθους.

ΑΔΕΙΜΑΝΤΟΣ. Τὸ ποῖον;

ΣΩΚΡΑΤΗΣ. Χρηματιζομένων που πάντων οἱ κοσμιώτατοι φύσει ὡς τὸ πολὺ πλουσιώτατοι γίγνονται.

ΑΔΕΙΜΑΝΤΟΣ. Εἰκός.

ΣΩΚΡΑΤΗΣ. Πλεῖστον δή, οἶμαι, τοῖς κηφῆσι μέλι καὶ εὐπορώτατον ἐντεῦθεν βλίττεται.

ΑΔΕΙΜΑΝΤΟΣ. Πῶς γὰρ ἄν, ἔφη, παρά γε τῶν σμικρὰ ἐχόντων τις βλίσειεν;

ΣΩΚΡΑΤΗΣ. Πλούσιοι δή, οἶμαι, οἱ τοιοῦτοι καλοῦνται κηφήνων βοτάνη.

ΑΔΕΙΜΑΝΤΟΣ. Σχεδόν τι, ἔφη.

ΣΩΚΡΑΤΗΣ. Δῆμος δ' ἂν εἴη τρίτον γένος, ὅσοι αὐτουργοί τε

que, dans ce gouvernement, toutes les affaires passent entre leurs mains, à l'exception d'un très petit nombre.

ADIMANTE. Cela est vrai.

SOCRATE. La seconde classe fait bande à part, et est distincte de la multitude.

ADIMANTE. Quelle est-elle?

SOCRATE. Dans un État où tout le monde travaille à s'enrichir, ceux qui sont les plus sages dans leur conduite sont aussi pour l'ordinaire les plus riches.

ADIMANTE. Cela doit être.

SOCRATE. C'est de là sans doute que les frelons tirent le plus de miel, et avec le plus de facilité.

ADIMANTE. Quel butin feraient-ils sur ceux qui n'ont que peu de chose?

SOCRATE. Aussi donne-t-on aux riches le nom d'*herbe aux frelons*.

ADIMANTE. Ordinairement.

SOCRATE. La troisième classe est le menu peuple, tous ceux

ὥστε πάντα	de telle sorte que toutes choses
χωρίς	à-l'exception-de
τινων ὀλίγων	quelques-unes peu nombreuses
ἐν τῇ τοιαύτῃ πολιτείᾳ	dans le tel gouvernement
διοικεῖται ὑπὸ τοῦ τοιούτου.	sont administrées par l'*espèce* telle
ΑΔΕΙΜΑΝΤΟΣ. Μάλα γε,	ADIMANTE. Tout-à-fait certes,
ἦ δὲ ὅς.	dit-il.
ΣΩΚΡΑΤΗΣ. Ἄλλο τοίνυν	SOCRATE. Or une autre *classe*
τοιόνδε	de cette-sorte-ci
ἀποκρίνεται ἀεὶ	se distingue (se sépare) toujours
ἐκ τοῦ πλήθους.	de la multitude.
ΑΔΕΙΜΑΝΤΟΣ. Τὸ ποῖον;	ADIMANTE. Laquelle?
ΣΩΚΡΑΤΗΣ. Πάντων που	SOCRATE. De tous ceux à-peu-près
χρηματιζομένων	travaillant-à-s'enrichir
οἱ φύσει κοσμιώτατοι	les *étant* par-nature les plus sages
γίγνονται ὡς τὸ πολὺ	deviennent le plus souvent
πλουσιώτατοι.	les plus riches.
ΑΔΕΙΜΑΝΤΟΣ. Εἰκός.	ADIMANTE. Naturellement.
ΣΩΚΡΑΤΗΣ.	SOCRATE.
Πλεῖστον δὲ μέλι,	Et la plus grande quantité de miel,
οἶμαι,	je pense,
καὶ εὐπορώτατον	et le-plus-facile-à-se-procurer
βλίττεται ἐντεῦθεν	est exprimé de là
τοῖς κηφῆσι.	pour les frelons.
ΑΔΕΙΜΑΝΤΟΣ. Πῶς γάρ,	ADIMANTE. Comment en effet,
ἔφη,	dit-il,
τις ἂν βλίσειεν	quelqu'un exprimerait-il
παρά γε τῶν ἐχόντων σμικρά;	de ceux qui ont peu?
ΣΩΚΡΑΤΗΣ. Οἱ τοιοῦτοι δὴ	SOCRATE. Les tels alors
πλούσιοι,	*étant* riches,
οἶμαι,	je pense,
καλοῦνται	sont appelés
βοτάνη κηφήνων.	herbe *à butiner* de frelons.
ΑΔΕΙΜΑΝΤΟΣ. Σχεδόν τι,	ADIMANTE. A peu près,
ἔφη.	dit-il.
ΣΩΚΡΑΤΗΣ. Δῆμος δὲ ἂν εἴη	SOCRATE. Or le *bas* peuple sera
τρίτον γένος,	la troisième classe,
ὅσοι	tous ceux qui
αὐτουργοί τε	et travaillant-de-leurs-mains

καὶ ἀπράγμονες, οὐ πάνυ πολλὰ κεκτημένοι; ὃ δὴ πλεῖστόν τε καὶ κυριώτατον ἐν δημοκρατίᾳ, ὅταν περ ἀθροισθῇ.

ΑΔΕΙΜΑΝΤΟΣ. Ἔστι γάρ, ἔφη· ἀλλ' οὐ θαμὰ ἐθέλει ποιεῖν τοῦτο, ἐὰν μὴ μέλιτός τι μεταλαμβάνῃ.

ΣΩΚΡΑΤΗΣ. Οὐκοῦν μεταλαμβάνει, ἦν δ' ἐγώ, ἀεί, καθ' ὅσον δύνανται οἱ προεστῶτες, τοὺς ἔχοντας τὴν οὐσίαν ἀφαιρούμενοι, διανέμοντες τῷ δήμῳ τὸ πλεῖστον αὐτοὶ ἔχειν.

ΑΔΕΙΜΑΝΤΟΣ. Μεταλαμβάνει γὰρ οὖν, ἦ δ' ὅς, οὕτως.

ΣΩΚΡΑΤΗΣ. Ἀναγκάζονται δή, οἶμαι, ἀμύνεσθαι, λέγοντές τε ἐν τῷ δήμῳ καὶ πράττοντες ὅπῃ δύνανται, οὗτοι ὧν ἀφαιροῦνται.

ΑΔΕΙΜΑΝΤΟΣ. Πῶς γὰρ οὔ;

ΣΩΚΡΑΤΗΣ. Αἰτίαν δὴ ἔσχον ὑπὸ τῶν ἑτέρων, κἂν μὴ ἐπιθυμῶσι νεωτερίζειν, ὡς ἐπιβουλεύουσι τῷ δήμῳ καὶ εἰσιν ὀλιγαρχικοί.

qui travaillant de leurs mains sont étrangers aux affaires et ont à peine de quoi vivre. Dans la démocratie, cette classe est la plus nombreuse et la plus puissante lorsqu'elle se rassemble.

ADIMANTE. Oui ; mais elle ne s'assemble guère, à moins qu'il ne doive lui revenir pour sa part quelque peu de miel.

SOCRATE. Et il lui en revient, quand ceux qui président à ces assemblées trouvent moyen de s'emparer des biens des riches, qu'ils partagent avec le peuple, gardant toujours pour eux la meilleure part.

ADIMANTE. C'est de la sorte qu'il attrape quelque chose.

SOCRATE. Cependant les riches, qu'on dépouille de leurs biens, se voient bien obligés de se défendre; ils portent leurs plaintes au peuple, et emploient tous les moyens pour se garantir.

ADIMANTE. Sans doute.

SOCRATE. Les autres, de leur côté, les accusent, encore qu'ils ne désirent nulle révolution, de conspirer contre le peuple et d'être oligarchiques.

καὶ ἀπράγμονες
οὐ κεκτημένοι πάνυ πολλὰ
ὃ δὴ
πλεῖστόν τε
καὶ κυριώτατον
ὅταν περ ἀθροισθῇ.

ΑΔΕΙΜΑΝΤΟΣ. Ἔστι γάρ,
ἔφη·
ἀλλὰ οὐ ἐθέλει θαμὰ
ποιεῖν τοῦτο,
ἐὰν μὴ μεταλαμβάνῃ
μέλιτός τι.

ΣΩΚΡΑΤΗΣ. Οὐκοῦν,
ἦν δὲ ἐγώ,
μεταλαμβάνει ἀεὶ
κατὰ ὅσον
οἱ προεστῶτες δύνανται
ἀφαιρούμενοι τὴν οὐσίαν
τοὺς ἔχοντας
διανέμοντες τῷ δήμῳ
ἔχειν αὐτοὶ
τὸ πλεῖστον.

ΑΔΕΙΜΑΝΤΟΣ. Μεταλαμβάνει
γὰρ οὖν οὕτως, ἦ δὲ ὅς,

ΣΩΚΡΑΤΗΣ. Οὗτοι δὴ
ὧν ἀφαιροῦνται
ἀναγκάζονται, οἶμαι,
ἀμύνεσθαι
ὅπη δύνανται
λέγοντές τε καὶ πράττοντες
ἐν τῷ δήμῳ.

ΑΔΕΙΜΑΝΤΟΣ. Πῶς γὰρ οὔ;

ΣΩΚΡΑΤΗΣ. Ἔσχον δὴ αἰτίαν
ὑπὸ τῶν ἑτέρων,
κἂν μὴ ἐπιθυμῶσι
νεωτερίζειν,
ὡς ἐπιβουλεύουσι
τῷ δήμῳ
καί εἰσιν ὀλιγαρχικοί.

et ne-s'occupant-pas-des-affaires
ne possédant pas beaucoup de bien
laquelle *classe* certes
est et la plus nombreuse
et la plus puissante [blée.
quand par hasard elle sera-assem-

ADIMANTE. Il est, en effet, *ainsi*,
dit-il; [vent
mais il (le peuple) ne veut pas sou-
faire cela,
à moins qu'il reçoive en partage
un peu de miel.

SOCRATE. Aussi,
dis-je,
il en reçoit-en-partage toujours
autant que
ceux qui président peuv
enlevant la fortune
à ceux qui possèdent
la partageant au peuple
de manière à avoir eux-mêmes
le plus (la plus grosse part).

ADIMANTE. Il recueille une part
en effet ainsi, dit-il.

SOCRATE. Or ceux-ci
qu'ils dépouillent
sont forcés, je pense,
de se défendre
par où ils peuvent
et parlant et agissant
auprès du peuple. [effet?

ADIMANTE. Comment non en

SOCRATE. Alors ils sont accusés
par les autres,
quand même ils ne désirent pas
faire-de-révolution,
à savoir qu'ils conspirent
contre le peuple
et sont oligarchiques.

ΑΔΕΙΜΑΝΤΟΣ. Τί μήν;

ΣΩΚΡΑΤΗΣ. Οὐκοῦν καὶ τελευτῶντες, ἐπειδὰν ὁρῶσι τὸν δῆμον οὐχ ἑκόντα, ἀλλ' ἀγνοήσαντά τε καὶ ἐξαπατηθέντα ὑπὸ τῶν διαβαλλόντων, ἐπιχειροῦντα σφᾶς ἀδικειν, τότ' ἤδη, εἴτε βούλονται εἴτε μή, ὡς ἀληθῶς ὀλιγαρχικοὶ γίγνονται, οὐχ ἑκόντες, ἀλλὰ καὶ τοῦτο τὸ κακὸν ἐκεῖνος ὁ κηφὴν ἐντίκτει κεντῶν αὐτούς.

ΑΔΕΙΜΑΝΤΟΣ. Κομιδῇ μὲν οὖν.

ΣΩΚΡΑΤΗΣ. Εἰσαγγελίαι δὴ καὶ κρίσεις καὶ ἀγῶνες περὶ ἀλλήλων γίγνονται.

ΑΔΕΙΜΑΝΤΟΣ. Καὶ μάλα.

ΣΩΚΡΑΤΗΣ. Οὐκοῦν ἕνα τινὰ ἀεὶ δῆμος εἴωθε διαφερόντως προΐστασθαι ἑαυτοῦ, καὶ τοῦτον τρέφειν τε καὶ αὔξειν μέγαν;

ΑΔΕΙΜΑΝΤΟΣ. Εἴωθε γάρ.

ΣΩΚΡΑΤΗΣ. Τοῦτο μὲν ἄρα, ἦν δ' ἐγώ, δῆλον, ὅτι, ὅταν περ φύηται τύραννος, ἐκ προστατικῆς ῥίζης καὶ οὐκ ἄλλοθεν ἐκβλαστάνει.

ADIMANTE. Ils n'y manquent pas.

SOCRATE. Mais lorsque ceux qu'on accuse s'aperçoivent que le peuple, moins par mauvaise volonté que par ignorance, et séduit par les artifices de leurs calomniateurs, songe à les sacrifier ; alors, qu'ils le veuillent ou non, ils finissent en effet par devenir oligarchiques. Ce n'est point à eux qu'il faut s'en prendre, mais aux frelons qui les piquent de leurs aiguillons et les poussent à cette extrémité.

ADIMANTE. Sans contredit.

SOCRATE. Ensuite viennent les mises en accusation, les procès et les luttes des factions.

ADIMANTE. Cela est vrai.

SOCRATE. N'est-il pas ordinaire au peuple d'avoir quelqu'un à qui il confie spécialement ses intérêts, qu'il travaille à agrandir et à rendre puissant?

ADIMANTE. Oui.

SOCRATE. Or il est certain que c'est de la tige de ces protecteurs du peuple que germe le tyran et non d'ailleurs.

ΑΔΕΙΜΑΝΤΟΣ. Τί μήν;   ADIMANTE. Quoi en effet?

ΣΩΚΡΑΤΗΣ. Οὐκοῦν καὶ   SOCRATE. Eh bien aussi

ἐπειδὰν ὁρῶσι   lorsqu'ils voient

τὸν δῆμον   le peuple   [ment)

οὐχ ἑκόντα   non de-son-plein-gré (spontané-

ἀλλὰ ἀγνοήσαντά τε   mais et ayant-ignoré

καὶ ἐξαπατηθέντα   et ayant été trompé

ὑπὸ τῶν διαβαλλόντων   par ceux-qui *les* calomnient

ἐπιχειροῦντα ἀδικεῖν σφᾶς,   tâchant de faire injustice à eux

τότε ἤδη   alors seulement

εἴτε βούλονται εἴτε μὴ   soit qu'ils le veuillent ou non

γίγνονται τελευτῶντες   ils deviennent *en* finissant (à la fin)

ὡς ἀληθῶς ὀλιγαρχικοί   véritablement oligarchiques

οὐχ ἑκόντες,   non spontanément,

ἀλλὰ καὶ ἐκεῖνος ὁ κηφὴν   mais aussi ce *fameux* frelon

κεντῶν αὐτοὺς   piquant eux

ἐντίκτει τοῦτο τὸ κακόν.   engendre *en eux* ce mal.   [ment

ΑΔΕΙΜΑΝΤΟΣ. Κομιδῆ μὲν οὖν.   ADIMANTE. Tout-à-fait assuré-

ΣΩΚΡΑΤΗΣ. Εἰσαγγελίαι δὴ   SOCRATE. Des mises en accusa-

καὶ κρίσεις   et des jugements   [tion alors

καὶ ἀγῶνες   et des luttes

περὶ ἀλλήλων   des uns contre les autres

γίγνονται.   naissent.

ΑΔΕΙΜΑΝΤΟΣ. Καὶ μάλα.   ADIMANTE. Et assurément.

ΣΩΚΡΑΤΗΣ. Οὐκοῦν   SOCRATE. *N'est-il* pas *vrai* que

ἀεὶ δῆμος   toujours *le* peuple

εἴωθε   a l'habitude

προΐστασθαι ἑαυτοῦ   d'établir-comme-chef de lui

διαφερόντως   d'une-façon-hors-de-pair

ἕνα τινὰ   un certain *personnage*

καὶ τρέφειν τε τοῦτον   et à la fois de nourrir lui

καὶ αὔξειν μέγαν.   et de l'élever grand.   [bitude.

ΑΔΕΙΜΑΝΤΟΣ. Εἴωθε γάρ.   ADIMANTE. Il a en effet cette ha-

ΣΩΚΡΑΤΗΣ. Τοῦτο μὲν ἄρα   SOCRATE. Cela donc

δῆλον, ἦν δὲ ἐγώ, ὅτι,   *est* évident, dis-je, que,

ὅταν περ τύραννος φύηιαι,   si quelque part le tyran pousse,

ἐκβλαστάνε   il germe

ἐκ ῥίζης προστατικῆς   d'une racine présidentielle

καὶ οὐκ ἄλλοθεν.   et non d'ailleurs.

ΑΔΕΙΜΑΝΤΟΣ. Καὶ μάλα δῆλον.

ΣΩΚΡΑΤΗΣ. Τίς ἀρχὴ οὖν μεταβολῆς ἐκ προστάτου ἐπὶ τύραννον; ἢ δῆλον ὅτι ἐπειδὰν ταὐτὸν ἄρξηται δρᾶν ὁ προστάτης τῷ ἐν τῷ μύθῳ, ὃς περὶ τὸ ἐν Ἀρκαδίᾳ τὸ τοῦ Διὸς τοῦ Λυκαίου ἱερὸν λέγεται;

ΑΔΕΙΜΑΝΤΟΣ. Τίς; ἔφη.

ΣΩΚΡΑΤΗΣ. Ὡς ἄρα ὁ γευσάμενος τοῦ ἀνθρωπίνου σπλάγχνου, ἐν ἄλλοις ἄλλων ἱερείων ἑνὸς ἐγκατατετμημένου, ἀνάγκη δὴ τούτῳ λύκῳ γενέσθαι. Ἢ οὐκ ἀκήκοας τὸν λόγον;

ΑΔΕΙΜΑΝΤΟΣ. Ἔγωγε.

ΣΩΚΡΑΤΗΣ. Ἆρ᾽ οὖν οὕτω καὶ ὃς ἂν δήμου προεστώς, λαβὼν σφόδρα πειθόμενον ὄχλον, μὴ ἀπόσχηται ἐμφυλίου αἵματος, ἀλλ᾽ ἀδίκως ἐπαιτιώμενος, οἷα δὴ φιλοῦσιν, εἰς δικαστήρια ἄγων μιαιφονῇ, βίον ἀνδρὸς ἀφανίζων, γλώττῃ τε καὶ στόματι ἀνοσίῳ γευό-

ADIMANTE. La chose n'est pas douteuse.

SOCRATE. Mais par où le protecteur du peuple commence-t-il à en devenir le tyran? N'est-ce pas évidemment lorsqu'il commence à faire quelque chose de semblable à ce qui se passe, dit-on, en Arcadie, dans le temple de Jupiter Lycien?

ADIMANTE. Que dit-on qu'il s'y passe.

SOCRATE. On dit que celui qui a goûté des entrailles humaines mêlées à celles des autres victimes est inévitablement changé en loup. Ne l'as-tu jamais entendu dire?

ADIMANTE. Si.

SOCRATE. De même, lorsque le chef du peuple, ayant la multitude à sa dévotion, ne craint pas de tremper ses mains dans le sang de ses concitoyens; quand, sur des accusations injustes comme il arrive, il traîne ses adversaires devant les tribunaux, les fait mourir, que lui-même abreuve sa langue et sa bouche

ΑΔΕΙΜΑΝΤΟΣ. Καὶ μάλα δῆλον.

ΣΩΚΡΑΤΗΣ. Τίς ἀρχὴ οὖν
μεταβολῆς
ἐκ προστάτου ἐπὶ τύραννον ;
ἢ δῆλον ὅτι
ἐπειδὰν ὁ προστάτης
ἄρξηται δρᾶν
τὸ αὐτὸν
τῷ ἐν τῷ μύθῳ
ὃς λέγεται
περὶ τὸ ἱερὸν ἐν Ἀρκαδίᾳ
τὸ τοῦ Διὸς τοῦ Λυκαίου ;

ΑΔΕΙΜΑΝΤΟΣ. Τίς ;
ἔφη.

ΣΩΚΡΑΤΗΣ. Ὡς ἄρα
ὁ γευσάμενος
τοῦ σπλάγχνου ἀνθρωπίνου
ἑνὸς ἐγκατατετμημένου
ἐν ἄλλοις ἄλλων ἱερείων
ἀνάγκη δὴ τούτῳ
γενέσθαι λύκῳ.
Ἢ οὐκ ἀκήκοας τὸν λόγον ;

ΑΔΕΙΜΑΝΤΟΣ. Ἔγωγε.

ΣΩΚΡΑΤΗΣ. Ἆρα οὖν
οὕτω καὶ ὃς
προεστὼς δήμου,
λαβὼν ὄχλον
σφόδρα πειθόμενον
ἂν μὴ ἀπόσχηται
αἵματος ἐμφυλίου,
ἀλλὰ ἐπαιτιώμενος ἀδίκως
ἄγων εἰς δικαστήρια,
οἷα δὴ
φιλοῦσιν,
μιαιφονῇ
ἀφανίζων βίον ἀνδρός,
γευόμενος
γλώττῃ τε
καὶ στόματι ἀνοσίῳ

ADIMANTE. Et fort évident.

SOCRATE. Quelle *est* donc l'origine
du changement
de président en tyran?
ou bien *est-ce* apparemment
après que le président
aura commencé à faire
la même chose
que celui dans le mythe
qui est dit
auprès du temple en Arcadie
celui du *temple* de Jupiter Lycien?

ADIMANTE. Quel *mythe?*
dit-il.

SOCRATE. C'est que
celui-qui a goûté
des entrailles humaines
d'un seul *homme* coupées-et-mêlées
avec les autres *entrailles* d'autres
nécessité certes *est* à lui [victimes
de devenir loup.
Ou n'as-tu pas entendu le récit?

ADIMANTE. *Si bien je l'ai entendu.*

SOCRATE. N'*est-ce* donc pas
de même aussi que celui-ci
présidant le peuple,
ayant acquis la multitude
tout-à-fait obéissante
s'il ne se sera pas abstenu
du sang de la même-race,
mais *que* accusant injustemen
et conduisant aux tribunaux,
toutes choses certes
qui-sont-ordinaires,
il se souille de meurtre
anéantissant vie d'homme,
goûtant
et d'une lan ue
et d'une bouche impie

μενος φόνου ξυγγενοῦς, καὶ ἀνδρηλατῇ καὶ ἀποκτιννύῃ καὶ ὑποση-
μαίνῃ χρεῶν τε ἀποκοπὰς καὶ γῆς ἀναδασμόν, ἆρα τῷ τοιούτῳ
ἀνάγκη δὴ τὸ μετὰ τοῦτο καὶ εἵμαρται ἢ ἀπολωλέναι ὑπὸ τῶν
ἐχθρῶν ἢ τυραννεῖν καὶ λύκῳ ἐξ ἀνθρώπου γενέσθαι;

ΑΔΕΙΜΑΝΤΟΣ. Πολλὴ ἀνάγκη, ἔφη.

ΣΩΚΡΑΤΗΣ. Οὗτος δή, ἔφην, ὁ στασιάζων γίγνεται πρὸς τοὺς
ἔχοντας τὰς οὐσίας.

ΑΔΕΙΜΑΝΤΟΣ. Οὗτος.

ΣΩΚΡΑΤΗΣ. Ἆρ᾽ οὖν ἐκπεσὼν μὲν καὶ κατελθὼν βίᾳ τῶν ἐχθρῶν τύραννος ἀπειργασμένος κατέρχεται;

ΑΔΕΙΜΑΝΤΟΣ. Δῆλον.

ΣΩΚΡΑΤΗΣ. Ἐὰν δὲ ἀδύνατοι ἐκβάλλειν αὐτὸν ὦσιν ἢ ἀπο-
κτεῖναι διαβάλλοντες τῇ πόλει, βιαίῳ δὴ θανάτῳ ἐπιβουλεύουσιν
ἀποκτιννύναι λάθρᾳ.

impie du sang de ses proches et de ses amis, qu'il exile ou qu'il tue,
et fait miroiter aux yeux du peuple l'abolition des dettes et un
nouveau partage des terres: n'est-ce pas pour lui une nécessité
et comme une loi fatale de périr de la main de ses ennemis ou de
devenir le tyran de l'État et de se changer en loup?

ADIMANTE. Il n'y a pas de milieu.

SOCRATE. Le voilà donc en guerre ouverte avec tous ceux qui
possèdent de la fortune?

ADIMANTE. Oui.

SOCRATE. Et si, après avoir été chassé, il revient malgré ses
ennemis, n'en revient-il pas tyran achevé?

ADIMANTE. Sans nul doute.

SOCRATE. Mais si les riches ne peuvent venir à bout de le chasser ni de le faire condamner à mort, en l'accusant devant le
peuple, alors ils conspirent sourdement contre sa vie.

φόνου	le meurtre (le sang)
ξυγγενοῦς	*de ceux qui sont* de même famille
καὶ ἀνδρηλατῇ	et qu'il bannisse
καὶ ἀποκτιννύῃ	et mette-à-mort [voir]
καὶ ὑποσημαίνῃ	et montre-sous-main (laisse entre-
ἀποκοπάς τε χρεῶν	et des suppressions de dettes
καὶ ἀναδασμὸν γῆς,	et un nouveau-partage de terre,
ἆρα δὴ τὸ μετὰ τοῦτο	n'est-ce pas qu'après cela
ἀνάγκη τῷ τοιούτῳ	nécessité *est* pour l'*homme* tel
καὶ εἵμαρται	et qu'il-est-fixé-par-le destin
ἢ ἀπολωλέναι	ou d'être perdu (tué)
ὑπὸ τῶν ἐχθρῶν	par *ses* ennemis
ἢ τυραννεῖν	ou d'être tyran
καὶ ἐξ ἀνθρώπου	et d'homme
γενέσθαι λύκῳ;	devenir loup?
ΑΔΕΙΜΑΝΤΟΣ. Πολλὴ ἀνάγκη, ἔφη.	ADIMANTE. Grande nécessité *est*, dit-il.
ΣΩΚΡΑΤΗΣ. Οὗτος δή,	SOCRATE. Celui-ci donc,
ἔφην,	dis-je,
γίγνεται.	devient
ὁ στασιάζων	celui qui-soulève
πρὸς τοὺς ἔχοντας τὰς οὐσίας.	contre ceux qui-ont les fortunes.
ΑΔΕΙΜΑΝΤΟΣ. Οὗτος.	ADIMANTE. *C'est* celui-ci.
ΣΩΚΡΑΤΗΣ. Ἆρα οὖν	SOCRATE. N'*est-il* pas *vrai* que
ἐκπεσὼν μὲν	ayant été banni, à la vérité,
καὶ κατελθὼν	et étant revenu
βίᾳ τῶν ἐχθρῶν	malgré ses ennemis,
κατέρχεται	il revient
τύραννος ἀπειργασμένος;	tyran achevé?
ΑΔΕΙΜΑΝΤΟΣ. Δῆλον.	ADIMANTE. *C'est* évident.
ΣΩΚΡΑΤΗΣ. Ἐὰν δὲ ὦσιν	SOCRATE. Or s'ils sont
ἀδύνατοι	impuissants
ἐκβάλλειν αὐτὸν	à chasser lui
ἢ ἀποκτεῖναι	ou à le tuer
διαβάλλοντες	*en* l'accusant
τῇ πόλει,	dans la cité (publiquement),
ἐπιβουλεύουσι δὴ	ils trament certes
ἀποκτιννύναι λάθρα	de le faire mourir secrètement
θανάτῳ βιαίῳ.	par une mort violente.

ΑΔΕΙΜΑΝΤΟΣ. Φιλεῖ γοῦν, ἦ δ' ὅς, οὕτω γίγνεσθαι.

ΣΩΚΡΑΤΗΣ. Τὸ δὴ τυραννικὸν αἴτημα τὸ πολυθρύλητον ἐπὶ τούτῳ πάντες οἱ εἰς τοῦτο προβεβηκότες ἐξευρίσκουσιν, αἰτεῖν τὸν δῆμον φύλακάς τινας τοῦ σώματος, ἵνα σῶς αὐτοῖς ᾖ ὁ τοῦ δήμου βοηθός.

ΑΔΕΙΜΑΝΤΟΣ. Καὶ μάλ', ἔφη.

ΣΩΚΡΑΤΗΣ. Διδόασι δή, οἶμαι, δείσαντες μὲν ὑπὲρ ἐκείνου, θαρρήσαντες δὲ ὑπὲρ ἑαυτῶν.

ΑΔΕΙΜΑΝΤΟΣ. Καὶ μάλα.

ΣΩΚΡΑΤΗΣ. Οὐκοῦν τοῦτο ὅταν ἴδῃ ἀνὴρ χρήματα ἔχων καὶ μετὰ τῶν χρημάτων αἰτίαν μισόδημος εἶναι, τότε δὴ οὗτος, ὦ ἑταῖρε, κατὰ τὸν Κροίσῳ γενόμενον χρησμὸν

πολυψήφιδα παρ' Ἕρμον
φεύγει, οὐδὲ μένει, οὐδ' αἰδεῖται κακὸς εἶναι.

ADIMANTE. Cela ne manque guère d'arriver.

SOCRATE. C'est alors qu'a lieu la fameuse requête du tyran, comme tout ambitieux monté au pouvoir l'adresse au peuple. Il lui demande une garde, afin de garantir la sûreté du protecteur du peuple.

ADIMANTE. Oui, vraiment.

SOCRATE. Le peuple la lui accorde, craignant tout pour son défenseur et sans défiance pour lui-même.

ADIMANTE. Assurément.

SOCRATE. Quand les choses en sont à ce point, tout homme qui possède de grandes richesses, et qui, par cette raison, est accusé d'être ennemi du peuple, prend pour lui l'oracle adressé à Crésus : *Il fuit vers l'Hermus au lit pierreux, il quitte son pays et se soucie peu qu'on le taxe de lâcheté.*

ΑΔΕΙΜΑΝΤΟΣ. Φιλεῖ γοῦν,
ἦ δὲ ὅς,
γίγνεσθαι οὕτω.

ΣΩΚΡΑΤΗΣ. Ἐπὶ τούτῳ δὴ
πάντες οἱ προβεβηκότες
ἐπὶ τοῦτο
ἐξευρίσκουσι
τὸ αἴτημα τυραννικὸν
τὸ πολυθρύλητον,
αἰτεῖν τὸν δῆμον
φύλακάς τινας τοῦ σώματος,
ἵνα ὁ βοηθὸς
τοῦ δήμου
ᾖ σῶς αὐτοῖς.

ΑΔΕΙΜΑΝΤΟΣ. Καὶ μάλα,
ἔφη.

ΣΩΚΡΑΤΗΣ. Διδόασι δή,
οἶμαι,
δείσαντες μὲν
ὑπὲρ ἐκείνου,
θαρρήσαντες δὲ
ὑπὲρ ἑαυτῶν.

ΑΔΕΙΜΑΝΤΟΣ. Καὶ μάλα.

ΣΩΚΡΑΤΗΣ. Οὐκοῦν
ὅταν ἀνὴρ
ἔχων χρήματα
καὶ μετὰ τῶν χρημάτων
αἰτίαν εἶναι
μισόδημος
ἴδῃ τοῦτο,
τότε δὴ οὗτος,
ὦ ἑταῖρε,
κατὰ τὸν χρησμὸν
γενόμενον Κροίσῳ
φεύγει
παρὰ Ἕρμον πολυψήφιδα,
οὐδὲ μένει,
οὐδὲ αἰδεῖται
εἶναι κακός.

ADIMANTE. Il a coutume, en effet,
dit-il,
de se faire ainsi

SOCRATE. Au sujet de cela certes
tous ceux-qui sont-montés
à cela (à la tyrannie)
imaginent
la requête du-tyran
la fameuse,
de demander au peuple
quelques gardes du corps,
afin que le défenseur
du peuple
soit sain-et-sauf pour eux.

ADIMANTE. Et assurément,
dit-il.

SOCRATE. Ils *les* donnent sans
je pense,   [doute,
ayant craint d'une part
pour celui-là,
pleins-de-confiance d'autre part
pour eux-mêmes.

ADIMANTE. Et assurément.

SOCRATE. Aussi
lorsque un homme
ayant des richesses
et avec ses richesses
*l'*accusation d'être
haïssant-le-peuple
aura vu cela,
alors certes celui-ci,
ô compagnon,
selon l'oracle
qui a été *donné à* Crésus
fuit (s'exile)
vers l'Hermus pierreux,
et ne reste pas,
et ne rougit pas
d'être poltron.

ΑΔΕΙΜΑΝΤΟΣ. Οὐ γὰρ ἄν, ἔφη, δεύτερον αὖθις αἰδεσθείη.

ΣΩΚΡΑΤΗΣ. Ὁ δέ γε, οἶμαι, ἦν δ' ἐγώ, καταληφθεὶς θανάτῳ δίδοται.

ΑΔΕΙΜΑΝΤΟΣ. Ἀνάγκη.

ΣΩΚΡΑΤΗΣ. Ὁ δὲ δὴ προστάτης ἐκεῖνος αὐτὸς δῆλον δὴ ὅτι μέγας μεγαλωστί, οὐ κεῖται, ἀλλὰ καταβαλὼν ἄλλους πολλοὺς ἕστηκεν ἐν τῷ δίφρῳ τῆς πόλεως, τύραννος ἀντὶ προστάτου ἀπο- τετελεσμένος.

ΑΔΕΙΜΑΝΤΟΣ. Τί δ' οὐ μέλλει; ἔφη.

XVII. ΣΩΚΡΑΤΗΣ. Διέλθωμεν δὴ τὴν εὐδαιμονίαν, ἦν δ' ἐγώ, τοῦ τε ἀνδρὸς καὶ τῆς πόλεως, ἐν ᾗ ἂν ὁ τοιοῦτος βροτὸς ἐγγέ- νηται;

ΑΔΕΙΜΑΝΤΟΣ. Πάνυ μὲν οὖν, ἔφη, διέλθωμεν.

ΣΩΚΡΑΤΗΣ. Ἆρ' οὖν, εἶπον, οὐ ταῖς μὲν πρώταις ἡμέραις τε καὶ χρόνῳ προσγελᾷ τε καὶ ἀσπάζεται πάντας, ᾧ ἂν περι-

ADIMANTE. Il a raison; il n'aurait pas à craindre deux fois de pareils reproches.

SOCRATE. En effet, s'il est pris, il est mis à mort.

ADIMANTE. Il n'a pas d'autre sort à attendre.

SOCRATE. Quant au protecteur du peuple, ne crois pas qu'il s'endorme dans sa grandeur : du haut du char de l'État où il est monté il domine et écrase tous les autres, et de chef du peuple le voilà tyran consacré.

ADIMANTE. Qui pourrait l'en empêcher?

XVII. SOCRATE. Voyons à présent quel est le bonheur de cet homme et de l'État où un pareil mortel s'est rencontré.

ADIMANTE. Je le veux bien.

SOCRATE. D'abord, dans les premiers jours de sa domination, n'accueille-t-il pas d'un gracieux sourire tous ceux qu'il ren-

ΑΔΕΙΜΑΝΤΟΣ.
Οὐ γὰρ ἂν αἰδεσθείη
δεύτερον αὖθις,
ἔφη.

ADIMANTE.
Et en effet il ne rougirait pa
une seconde fois encore,
dit-il.

ΣΩΚΡΑΤΗΣ.
Ὁ δέ γε καταληφθείς,
οἶμαι, ἦν δὲ ἐγώ,
δίδοται θανάτῳ.

SOCRATE.
Mais celui qui a été saisi,
je pense, dis-je,
est donné à la mort.

ΑΔΕΙΜΑΝΤΟΣ. Ἀνάγκη.

ADIMANTE. *Il y a* nécessité.

ΣΩΚΡΑΤΗΣ.
Ὁ δὲ δὴ ἐκεῖνος προστάτης
αὐτὸς δὴ δῆλον ὅτι
οὐ κεῖται
μέγας μεγαλωστί,
ἀλλὰ καταβαλὼν
ἄλλους πολλοὺς
ἕστηκεν
ἐν τῷ δίφρῳ τῆς πόλεως,
ἀντὶ προστάτου
τύραννος ἀποτετελεσμένος.

SOCRATE.
Mais certes ce président
lui-même apparemment
ne demeure pas couché　　[long),
grand grandement (tout de son
mais ayant renversé
d'autres en-grand-nombre
il se tient debout
dans le char de la cité,
au lieu de président
devenu tyran consacré.　[t-il pas ?

ΑΔΕΙΜΑΝΤΟΣ. Τί δὲ οὐ μέλλει;
ἔφη.

ADIMANTE. Pourquoi ne le fera-
dit-il.

XVII. ΣΩΚΡΑΤΗΣ.
Διέλθωμεν δή,
ἦν δὲ ἐγώ,
τὴν εὐδαιμονίαν
τοῦ τε ἀνδρὸς
καὶ τῆς πόλεως
ἐν ᾗ ὁ τοιοῦτος βροτὸς
ἂν ἐγγένηται.

XVII. SOCRATE.
Parcourons maintenant,
dis-je,
le bonheur
et de l'homme
et de la ville
dans laquelle le tel mortel
vient à se produire.

ΑΔΕΙΜΑΝΤΟΣ. Πάνυ μὲν οὖν,
ἔφη, διέλθωμεν.

ADIMANTE. Oui certes,
dit-il, parcourons.　　　[que,

ΣΩΚΡΑΤΗΣ. Ἆρα οὖν οὔ,
εἶπον,
ταῖς μὲν πρώταις ἡμέραις τε
καὶ χρόνῳ
προσγελᾷ τε
καὶ ἀσπάζεται
πάντας,

SOCRATE. N'*est-il* donc pas *vrai*
dis-je,
dans les premières heures
et *dans le premier* temps
et il sourit
et est de gracieux-accueil
à tous

τυγχάνῃ, καὶ οὔτε τύραννός φησιν εἶναι, ὑπισχνεῖταί τε πολλὰ καὶ ἰδίᾳ καὶ δημοσίᾳ, χρεῶν τε ἠλευθέρωσε, καὶ γῆν διένειμε δήμῳ τε καὶ τοῖς περὶ ἑαυτόν, καὶ πᾶσιν ἵλεώς τε καὶ πρᾶος εἶναι προσποιεῖται;

ΑΔΕΙΜΑΝΤΟΣ. Ἀνάγκη, ἔφη.

ΣΩΚΡΑΤΗΣ. Ὅταν δέ γε, οἶμαι, πρὸς τοὺς ἔξω ἐχθροὺς τοῖς μὲν καταλλαγῇ, τοὺς δὲ καὶ διαφθείρῃ, καὶ ἡσυχία ἐκείνων γένηται, πρῶτον μὲν πολέμους τινὰς ἀεὶ κινεῖ, ἵν' ἐν χρείᾳ ἡγεμόνος ὁ δῆμος ᾖ.

ΑΔΕΙΜΑΝΤΟΣ. Εἰκός γε.

ΣΩΚΡΑΤΗΣ. Οὐκοῦν καὶ ἵνα χρήματα εἰσφέροντες πένητες γιγνόμενοι πρὸς τῷ καθ' ἡμέραν ἀναγκάζωνται εἶναι καὶ ἧττον αὐτῷ ἐπιβουλεύωσιν;

ΑΔΕΙΜΑΝΤΟΣ. Δῆλον.

ΣΩΚΡΑΤΗΣ. Καὶ ἄν γέ τινας, οἶμαι, ὑποπτεύῃ ἐλεύθερα φρονήματα ἔχοντας μὴ ἐπιτρέψειν αὐτῷ ἄρχειν, ὅπως ἂν τούτους

contre? Il proteste qu'il ne pense à rien moins qu'à être tyran. Ne fait-il pas les plus belles promesses en public et en particulier? Il affranchit tous les débiteurs, partage des terres entre le peuple et ses favoris, affectant avec tout le monde la douceur et l'affabilité?

ADIMANTE. Il faut bien qu'il commence de la sorte.

SOCRATE. Quand il s'est délivré de ses ennemis du dehors, en partie par des transactions, en partie par des victoires, et qu'il est en repos de ce côté, il a toujours soin de fomenter quelque guerre, afin que le peuple sente le besoin d'un chef.

ADIMANTE. Cela doit être.

SOCRATE. Et puis afin que, appauvris par les contributions que nécessite la guerre, les citoyens songent plus à leurs besoins de chaque jour qu'à conspirer contre lui.

ADIMANTE. Sans contredit.

SOCRATE. Et s'il en est qu'il soupçonne de nourrir des idées de liberté et d'être les ennemis de son pouvoir, il a de la sorte un

ᾧ ἂν περιτυγχάνῃ, — qu'il peut rencontrer,
καὶ οὔτε φησὶν εἶναι — et *qu'*il nie qu'il soit
τύραννος, — tyran,
ὑπισχνεῖταί τε πολλὰ — et *qu'*il promet beaucoup de choses
καὶ ἰδίᾳ καὶ δημοσίᾳ, — et en particulier et en public,
ἠλευθέρωσέ τε χρεῶν, — et *qu'*il a libéré des dettes,
καὶ διένειμε γῆν — et a partagé *la* terre
δήμῳ τε — et au peuple
καὶ τοῖς περὶ ἑαυτόν, — et à ceux *qui sont* autour de lui,
καὶ προσποιεῖται — et *qu'*il affecte
εἶναι πᾶσιν — d'être pour tous
ἵλεώς τε καὶ πρᾶος; — et doux et facile?

ΑΔΕΙΜΑΝΤΟΣ. Ἀνάγκη, — ADIMANTE. *Il y a* nécessité,
ἔφη. — dit-il.

ΣΩΚΡΑΤΗΣ. Ὅταν δέ γε, — SOCRATE. Mais lorsque,
οἶμαι, — je pense,
πρὸς τοὺς ἐχθροὺς ἔξω — par rapport aux ennemis du dehors
καταλλαγῇ τοῖς μὲν — il aura traité avec les uns
καὶ διαφθείρῃ τοὺς δέ, — et aura détruit les autres
καὶ ἡσυχία ἐκείνων γένηται, — et que sécurité d'eux sera,
πρῶτον μὲν — d'abord à la vérité
κινεῖ ἀεὶ πολέμους τινὰς, — il excite toujours quelques guerres,
ἵνα ὁ δῆμος ᾖ — afin que le peuple soit
ἐν χρείᾳ ἡγεμόνος. — dans le besoin d'un chef.

ΑΔΕΙΜΑΝΤΟΣ. Εἰκός γε. — ADIMANTE. Naturellement.

ΣΩΚΡΑΤΗΣ. Οὐκοῦν καὶ — SOCRATE. Et n'*est-ce* pas aussi
ἵνα γιγνόμενοι πένητες — afin que devenant pauvres [*guerre,*
εἰσφέροντες χρήματα — *en* fournissant l'argent *pour la*
ἀναγκάζωνται — ils soient forcés   [*jour*
εἶναι πρὸς τῷ κατὰ ἡμέραν — de s'attacher à la chose de chaque
καὶ ἐπιβουλεύωσιν ἧττον αὐτῷ; — et conspirent moins *contre* lui?

ΑΔΕΙΜΑΝΤΟΣ. Δῆλον. — ADIMANTE. *C'est* évident.

ΣΩΚΡΑΤΗΣ. Καὶ ἄν γε, — SOCRATE. Et certes si,
οἶμαι, — je pense,
ὑποπτεύῃ τινὰς — il soupçonne quelques-uns
ἔχοντας φρονήματα ἐλεύθερα — qui-ont des pensées libres
μὴ ἐπιτρέψειν αὐτῷ — de ne pas devoir-permettre à lui
ἄρχειν, — de commander,
ὅπως ἂν ἀπολλύῃ τούτους — afin qu'il se défasse de ceux-ci

μετὰ προφάσεως ἀπολλύῃ, ἐνδοὺς τοῖς πολεμίοις; τούτων πάντων ἕνεκα τυράννῳ ἀεὶ ἀνάγκη πόλεμον ταράττειν;

ΑΔΕΙΜΑΝΤΟΣ. Ἀνάγκη.

ΣΩΚΡΑΤΗΣ. Ταῦτα δὴ ποιοῦντα ἕτοιμον μᾶλλον ἀπεχθάνεσθαι τοῖς πολίταις;

ΑΔΕΙΜΑΝΤΟΣ. Πῶς γὰρ οὔ;

ΣΩΚΡΑΤΗΣ. Οὐκοῦν καί τινας τῶν ξυγκαταστησάντων καὶ ἐν δυνάμει ὄντων παρρησιάζεσθαι καὶ πρὸς αὐτὸν καὶ πρὸς ἀλλή-λους, ἐπιπλήττοντας τοῖς γιγνομένοις, οἳ ἂν τυγχάνωσιν ἀνδρι-κώτατοι ὄντες;

ΑΔΕΙΜΑΝΤΟΣ. Εἰκός γε.

ΣΩΚΡΑΤΗΣ. Ὑπεξαιρεῖν δὴ τούτους πάντας δεῖ τὸν τύραννον, εἰ μέλλει ἄρξειν, ἕως ἂν μήτε φίλων μήτ' ἐχθρῶν λίπῃ μηδένα, ὅτου τι ὄφελος.

ΑΔΕΙΜΑΝΤΟΣ. Δῆλον.

ΣΩΚΡΑΤΗΣ. Ὀξέως ἄρα δεῖ ὁρᾶν αὐτόν, τίς ἀνδρεῖος, τίς μεγαλόφρων, τίς φρόνιμος, τίς πλούσιος· καὶ οὕτως εὐδαίμων

bon moyen de s'en défaire, en les exposant aux coups de l'ennemi. Par toutes ces raisons, le tyran est toujours condamné à machiner quelque guerre.

ADIMANTE. J'en conviens.

SOCRATE. Mais par une pareille conduite il ne peut manquer de se rendre à charge aux citoyens?

ADIMANTE. Sans doute.

SOCRATE. Et parmi ceux qui se sont associés à son usurpa-tion, et qui ont gardé quelque crédit, plusieurs ne s'échapperont-ils pas en paroles hardies, soit entre eux, soit avec lui-même, et en libres critiques sur ce qui se fait, j'entends ceux qui auront le plus de cœur?

ADIMANTE. Il y a grande apparence.

SOCRATE. Il faut donc que le tyran s'en débarrasse, s'il veut rester le maître, jusqu'à ce qu'il ne laisse ni parmi ses amis, ni parmi ses ennemis, aucun homme qui ait quelque valeur.

ADIMANTE. Cela est évident.

SOCRATE. Il faut que son œil pénétrant sache discerner ceux qui ont du courage, de la grandeur d'âme, de la prudence, des

μετὰ προφάσεως,   avec un prétexte
ἐνδοὺς τοῖς πολεμίοις;   *les* livrant (exposant) aux ennemis?
ἕνεκα πάντων τούτων   à cause de toutes ces choses [tyran
ἀνάγκη τυράννῳ   *n'y a-t-il pas* nécessité pour un
ταράττειν ἀεὶ πόλεμον;   de fomenter toujours *la* guerre?
    ΑΔΕΙΜΑΝΤΟΣ. Ανάγκη.   ADIMANTE. *Il y a* nécessité.
    ΣΩΚΡΑΤΗΣ.   SOCRATE.
Ἕτοιμον δὴ   Peut-il manquer d'arriver certes
ποιοῦντα ταῦτα   que *le* faisant ces choses
ἀπεχθάνεσθαι μᾶλλον   soit-à-haine davantage
τοῖς πολίταις;   aux citoyens?   [non ?
    ΑΔΕΙΜΑΝΤΟΣ. Πῶς γὰρ οὔ;   ADIMANTE. En effet, comment
    ΣΩΚΡΑΤΗΣ.   SOCRATE.
Οὐκοῦν καὶ   Et aussi ne *doit-il* pas *arriver*
τινὰς   quelques-uns   [usurpation
τῶν ξυγκαταστησάντων   de ceux s'étant-associés-à-son-
καὶ ὄντων ἐν δυνάμει   et étant au pouvoir
παρρησιάζεσθαι   parler-avec-liberté
καὶ πρὸς αὐτὸν   et à lui
καὶ πρὸς ἀλλήλους   et entre eux
ἐπιπλήττοντας τοῖς γινομένοις,   critiquant ce qui se passe,
οἳ ἂν τυγχάνωσιν   ceux qui peuvent-se-rencontrer
ὄντες ἀνδρικώτατοι;   étant les plus hommes-de-cœur?
    ΑΔΕΙΜΑΝΤΟΣ. Εἰκός γε.   ADIMANTE. Certes il y a apparence.
    ΣΩΚΡΑΤΗΣ. Δεῖ δὴ   SOCRATE. Il faut donc
τὸν τύραννον ὑπεξαιρεῖν   le tyran faire-disparaître
πάντας τούτους   tous ceux-ci
εἰ μέλλει ἄρξειν,   s'il doit être-le-maître,
ἕως ἂν λίπῃ μηδένα   jusqu'à ce qu'il ne laisse aucun
μήτε φίλων μήτε ἐχθρῶν   ni des amis ni des ennemis
ὅτου τι ὄφελος.   duquel quelque valeur *est*.
    ΑΔΕΙΜΑΝΤΟΣ. Δῆλον.   ADIMANTE. *Cela est* évident.
    ΣΩΚΡΑΤΗΣ. Δεῖ ἄρα   SOCRATE. Il faut donc
αὐτὸν ὁρᾶν ὀξέως   lui voir de façon-pénétrante
τίς ἀνδρεῖος,   qui *est* homme-de-cœur,
τίς μεγαλόφρων,   qui de grande-âme,
τίς φρόνιμος,   qui prudent,
τίς πλούσιος·   qui riche;
καὶ ἐστὶν εὐδαίμων οὕτως,   et il est heureux de telle sorte,

ἐστίν, ὥστε τούτοις ἅπασιν ἀνάγκη αὐτῷ, εἴτε βούλεται εἴτε μή, πολεμίῳ εἶναι καὶ ἐπιβουλεύειν, ἕως ἂν καθήρῃ τὴν πόλιν.

ΑΔΕΙΜΑΝΤΟΣ. Καλόν γε, ἔφη, καθαρμόν.

ΣΩΚΡΑΤΗΣ. Ναί, ἦν δ' ἐγώ, τὸν ἐναντίον ἢ οἱ ἰατροὶ τὰ σώματα· οἱ μὲν γὰρ τὸ χείριστον ἀφαιροῦντες λείπουσι τὸ βέλτιστον, ὁ δὲ τοὐναντίον.

ΑΔΕΙΜΑΝΤΟΣ. Ὡς ἔοικε γάρ, αὐτῷ, ἔφη, ἀνάγκη, εἴπερ ἄρξει.

XVIII. ΣΩΚΡΑΤΗΣ. Ἐν μακαρίᾳ ἄρα, εἶπον ἐγώ, ἀνάγκη δέδεται, ἢ προστάττει αὐτῷ ἢ μετὰ φαύλων τῶν πολλῶν οἰκεῖν καὶ ὑπὸ τούτων μισούμενον ἢ μὴ ζῆν.

ΑΔΕΙΜΑΝΤΟΣ. Ἐν τοιαύτῃ, ἦν δ' ὅς.

ΣΩΚΡΑΤΗΣ. Ἆρ' οὖν οὐχί, ὅσῳ ἂν μᾶλλον τοῖς πολίταις ἀπεχθάνηται ταῦτα δρῶν, τοσούτῳ πλειόνων καὶ πιστοτέρων δορυφόρων δεήσεται;

richesses : et tel est son bonheur, qu'il est réduit, bon gré mal gré, à leur faire la guerre à tous, à leur tendre des pièges, jusqu'à ce qu'il en ait purgé l'État.

ADIMANTE. Belle manière de le purger !

SOCRATE. C'est le contraire des médecins, qui purgent le corps en ôtant ce qu'il y a de mauvais et en laissant ce qu'il y a de bon.

ADIMANTE. Il faut apparemment qu'il en vienne là, s'il veut garder le pouvoir.

XVIII. SOCRATE. En vérité, n'est-ce pas pour lui une heureuse alternative que celle de périr, ou de vivre avec des gens méprisables, dont encore il ne peut éviter la haine?

ADIMANTE. Telle est sa situation.

SOCRATE. N'est-il pas vrai que plus il se rendra odieux à ses concitoyens par ses cruautés, plus il aura besoin d'une garde nombreuse et fidèle?

ὥστε ἀνάγκη αὐτῷ,
εἴτε βούλεται εἴτε μή,
εἶναι πολεμίῳ
καὶ ἐπιβουλεύειν
ἅπασιν τούτοις,
ἕως ἂν καθήρῃ τὴν πόλιν.

ΑΔΕΙΜΑΝΤΟΣ.
Καλόν γε καθαρμόν, ἔφη.
ΣΩΚΡΑΤΗΣ. Ναί,
ἦν δὲ ἐγώ,
τὸν ἐναντίον
ἢ οἱ ἰατροὶ
τὰ σώματα·
οἱ μὲν γὰρ
ἀφαιροῦντες τὸ χείριστον
λείπουσι τὸ βέλτιστον,
ὁ δὲ τὸ ἐναντίον.

ΑΔΕΙΜΑΝΤΟΣ. Ὡς ἔοικε γάρ,
ἔφη,
ἀνάγκη αὐτῷ,
εἴπερ ἄρξει.

XVIII. ΣΩΚΡΑΤΗΣ. Δέδεται ἄρα,
εἶπον ἐγώ,
ἐν ἀνάγκῃ μακαρίᾳ
ἢ προστάττει αὐτῷ
ἢ οἰκεῖν
μετὰ τῶν πολλῶν φαύλων
καὶ μισούμενον ὑπὸ τούτων,
ἢ μὴ ζῆν.

ΑΔΕΙΜΑΝΤΟΣ. Ἐν τοιαύτῃ,
ἦ δὲ ὅς.
ΣΩΚΡΑΤΗΣ. Ἆρα οὖν οὐχί,
ὅσῳ
μᾶλλον ἂν ἀπεχθάνηται
τοῖς πολίταις
δρῶν ταῦτα,
τοσούτῳ πλειόνων
καὶ πιστοτέρων
δορυφόρων δεήσεται.

qu'*il y a* nécessité pour lui,
soit qu'il le veuille ou non,
d'être ennemi
et de dresser-des-embûches
à tous ceux-ci,
jusqu'à ce qu'il ait purgé la cité.

ADIMANTE.
Belle purgation certes, dit-il.
SOCRATE. Oui,
dis-je,
la *purgation* contraire
à celle dont les médecins *purgent*
les corps :
car ceux-ci à la vérité
enlevant le plus mauvais
laissent le meilleur,
mais lui *fait* le contraire. [effet,

ADIMANTE. A ce qu'il semble, en
dit-il,
il y a nécessité pour lui,
s'il doit être le maître.

XVIII. SOCRATE. Il a été lié donc,
dis-je,
dans une nécessité bienheureuse
qui prescrit à lui
ou d'habiter
avec une foule de pervers
et haï par ceux-ci,
ou de ne pas vivre. [*nécessité,*

ADIMANTE. *Il est* dans une telle
dit-il. [*que,*

SOCRATE. N'est-*il* donc pas *vrai*
d'autant
il sera plus odieux
aux citoyens
en faisant ces choses,
d'autant plus nombreu
et plus fidèles
porte-lances il aura besoin,

ΑΔΕΙΜΑΝΤΟΣ. Πῶς γὰρ οὔ;

ΣΩΚΡΑΤΗΣ. Τίνες οὖν οἱ πιστοί, καὶ πόθεν αὐτοὺς μεταπέμψεται;

ΑΔΕΙΜΑΝΤΟΣ. Αὐτόματοι, ἔφη, πολλοὶ ἥξουσι πετόμενοι, ἐὰν
τὸν μισθὸν διδῷ.

ΣΩΚΡΑΤΗΣ. Κηφῆνας, ἦν δ' ἐγώ, νὴ τὸν κύνα, δοκεῖς αὖ
τινάς μοι λέγειν ξενικούς τε καὶ παντοδαπούς.

ΑΔΕΙΜΑΝΤΟΣ. Ἀληθῆ γάρ, ἔφη, δοκῶ σοι.

ΣΩΚΡΑΤΗΣ. Τί δέ; αὐτόθεν ἆρ' οὐκ ἂν ἐθελήσειεν;

ΑΔΕΙΜΑΝΤΟΣ. Πῶς;

ΣΩΚΡΑΤΗΣ. Τοὺς δούλους ἀφελόμενος τοὺς πολίτας, ἐλευθερώσας, τῶν περὶ ἑαυτὸν δορυφόρων ποιήσασθαι.

ΑΔΕΙΜΑΝΤΟΣ. Σφόδρα γ', ἔφη· ἐπεί τοι καὶ πιστότατοι
αὐτῷ οὗτοί εἰσιν.

ΣΩΚΡΑΤΗΣ. Ἦ μακάριον, ἦν δ' ἐγώ, λέγεις τυράννου χρῆμα,
εἰ τοιούτοις φίλοις τε καὶ πιστοῖς ἀνδράσι χρῆται, τοὺς προτέρους
ἐκείνους ἀπολέσας.

ADIMANTE. Sans doute.

SOCRATE. Mais où trouvera-t-il des gens fidèles? D'où les
tirera-t-il?

ADIMANTE. S'il les paye bien, ils lui accourront en foule de
toutes parts.

SOCRATE. Je crois t'entendre. Il lui viendra par essaims des
frelons de tous les pays.

ADIMANTE. C'est bien cela que j'entends.

SOCRATE. Pourquoi ne confierait-il point la garde de sa personne à des gens du pays?

ADIMANTE. Comment cela?

SOCRATE. En composant sa garde d'esclaves, qu'il affranchirait
après avoir fait mourir leurs maîtres.

ADIMANTE. Fort bien, car ces esclaves lui seraient entièrement
dévoués.

SOCRATE. Encore un coup, la condition du tyran est bien digne
d'envie, si elle l'oblige à perdre les meilleurs citoyens, et à faire
de leurs esclaves ses amis et ses familiers.

ΑΔΕΙΜΑΝΤΟΣ. Πῶς γὰρ οὔ;

ADIMANTE. En effet comment non?

ΣΩΚΡΑΤΗΣ. Τίνες οὖν
οἱ πιστοί,
καί ποθεν αὐτοὺς μεταπέμψεται;

SOCRATE. Quels *seront* donc
les fidèles,
et d'où les fera-t-il-venir?

ΑΔΕΙΜΑΝΤΟΣ. Πολλοί,
ἔφη,
αὐτόματοι
ἥξουσι πετόμενοι
ἐὰν διδῷ τὸν μισθόν.

ADIMANTE. Beaucoup,
dit-il,   [mêmes
se-mettant-en-mouvement-d'eux-
viendront prenant–leur-vol
s'il donne le salaire.

ΣΩΚΡΑΤΗΣ. Δοκεῖς αὖ,
ἦν δὲ ἐγώ,
νὴ τὸν κύνα,
λέγειν μοι τινὰς κηφῆνας
ξενικούς τε καὶ παντοδαπούς.

SOCRATE. Tu parais à ton tour,
dis-je,
par le chien,
dire à moi certains frelons
et étrangers et de toute sorte.

ΑΔΕΙΜΑΝΤΟΣ. Δοκῶ γάρ σοι,
ἔφη, ἀληθῆ.

ADIMANTE. En effet je te parais,
dit-il, *dire* des choses-vraies.

ΣΩΚΡΑΤΗΣ. Τί δέ;
ἆρα οὐκ ἂν ἐθελήσειεν
αὐτόθεν;

SOCRATE. Mais quoi?
ne serait-il pas disposé
à les prendre du pays même?

ΑΔΕΙΜΑΝΤΟΣ. Πῶς;

ADIMANTE. Comment?

ΣΩΚΡΑΤΗΣ. Ἀφελόμενος
τοὺς δούλους
τοὺς πολίτας,
ἐλευθερώσας
ποιήσασθαι
τῶν δορυφόρων
περὶ ἑαυτόν.

SOCRATE. Ayant enlevé
les esclaves
aux citoyens
en les ayant affranchis,
de placer *ceux-ci*
au nombre des portes-lances
autour de lui-même.

ΑΔΕΙΜΑΝΤΟΣ. Σφόδρα γε,
ἔφη·
ἐπεί τοι
οὗτοί εἰσι καὶ
πιστότατοι αὐτῷ.

ADIMANTE. Parfaitement,
dit-il :
puisqu'en effet
ceux-ci sont aussi
très-dévoués à lui.

ΣΩΚΡΑΤΗΣ. Ἦ λέγεις
μακάριον χρῆμα
τυράννου, ἦν δὲ ἐγώ,
εἰ χρῆται τοιούτοις ἀνδράσι
φίλοις τε καὶ πιστοῖς
ἀπολέσας
τοὺς ἐκείνους προτέρους.

SOCRATE. Assurément tu dis
une heureuse affaire (condition)
de tyran. dis-je,
s'il use de semblables hommes
et *pour* amis et *pour* fidèles
ayant fait mourir
ces premiers (dits plus haut).

ΑΔΕΙΜΑΝΤΟΣ. Ἀλλὰ μήν, ἔφη, τοιούτοις γε χρῆται.

ΣΩΚΡΑΤΗΣ. Καὶ θαυμάζουσι δή, εἶπον, οὗτοι οἱ ἑταῖροι αὐτὸν καὶ ξύνεισιν οἱ νέοι πολῖται, οἱ δ' ἐπιεικεῖς μισοῦσί τε καὶ φεύγουσιν;

ΑΔΕΙΜΑΝΤΟΣ. Τί δ' οὐ μέλλουσιν;

ΣΩΚΡΑΤΗΣ. Οὐκ ἐτός, ἦν δ' ἐγώ, ἥ τε τραγῳδία ὅλως σοφὸν δοκεῖ εἶναι καὶ ὁ Εὐριπίδης διαφέρων ἐν αὐτῇ.

ΑΔΕΙΜΑΝΤΟΣ. Τί δή;

ΣΩΚΡΑΤΗΣ. Ὅτι καὶ τοῦτο πυκνῆς διανοίας ἐχόμενον ἐφθέγξατο, ὡς ἄρα σοφοὶ τύραννοί εἰσι τῶν σοφῶν συνουσίᾳ. Καὶ ἔλεγε δῆλον ὅτι τούτους εἶναι τοὺς σοφοὺς οἷς ξύνεστιν.

ΑΔΕΙΜΑΝΤΟΣ. Καὶ ὡς ἰσόθεόν γ', ἔφη, τὴν τυραννίδα ἐγκωμιάζει, καὶ ἕτερα πολλά, καὶ οὗτος καὶ οἱ ἄλλοι ποιηταί.

ΣΩΚΡΑΤΗΣ. Τοιγάρτοι, ἔφην, ἅτε σοφοὶ ὄντες οἱ τῆς τραγω-

ADIMANTE. Il ne saurait en avoir d'autres.

SOCRATE. Ces compagnons sont pleins d'admiration pour sa personne; ces nouveaux citoyens vivent dans son intimité, tandis que les gens de bien le haïssent et le fuient.

ADIMANTE. Cela doit être.

SOCRATE. On a donc bien raison de vanter la tragédie comme une école de sagesse, et Euripide particulièrement.

ADIMANTE. A quel propos dis-tu cela?

SOCRATE. C'est qu'Euripide a prononcé quelque part cette maxime d'un sens profond: *Les tyrans deviennent habiles par le commerce des gens habiles.* Sans doute il a voulu dire que leur société ne se compose que de gens habiles.

ADIMANTE. Il est vrai qu'il appelle la tyrannie divine et autres choses semblables, lui et les autres poëtes.

SOCRATE. Aussi ces poëtes tragiques, en leur qualité d'habiles

ΑΔΕΙΜΑΝΤΟΣ. Ἀλλὰ μήν,
ἔφη.
χρῆταί γε τοιούτοις.

ΣΩΚΡΑΤΗΣ. Καὶ δή, εἶπον,
οὗτοι οἱ ἑταῖροι
θαυμάζουσιν αὐτὸν
καὶ οἱ νέοι πολῖται
ξύνεισιν,
οἱ δ' ἐπιεικεῖς
μισοῦσί τε
καὶ φεύγουσιν;

ΑΔΕΙΜΑΝΤΟΣ. Τί δὲ
οὐ μέλλουσιν;

ΣΩΚΡΑΤΗΣ. Οὐκ ἐτός, ἦν δ' ἐγώ,
ἥ τε τραγωδία
δοκεῖ εἶναι ὅλως σοφόν,
καὶ ὁ Εὐριπίδης
διαφέρων ἐν αὐτῇ.

ΑΔΕΙΜΑΝΤΟΣ. Τί δή;

ΣΩΚΡΑΤΗΣ. Ὅτι ἐφθέγξατο
καὶ τοῦτο
ἐχόμενον διανοίας πυκνῆς,
ὡς ἄρα τύραννοί
εἰσι σοφοὶ
συνουσίᾳ τῶν σοφῶν.
Καὶ δῆλον ὅτι ἔλεγε
τοὺς σοφοὺς εἶναι
τούτους οἷς
ξύνεστιν.

ΑΔΕΙΜΑΝΤΟΣ. Καὶ ἐγκωμιάζει,
ἔφη, τὴν τυραννίδα
ὡς ἰσόθεόν γε
καὶ ἕτερα πολλά,
καὶ οὗτος
καὶ οἱ ἄλλοι ποιηταί.

ΣΩΚΡΑΤΗΣ. Τοιγάρτοι,
ἔφη,
οἱ ποιηταὶ τῆς τραγωδίας
ἅτε ὄντες σοφοὶ

ADIMANTE. Mais certes,
dit-il,
il use de tels *amis*.

SOCRATE. Et alors, dis-je,
ces compagnons-là
*n'*admirent-ils *pas* lui
et les (ces) nouveaux citoyens
ne sont-ils *pas* avec lui,
mais les hommes de bien
ne le haïssent-ils *pas*,
et *ne le* fuient-ils *pas?*

ADIMANTE. Et pourquoi
ne le feront-ils pas?

SOCRATE. Non sans raison, dis-je,
et la tragédie
paraît être tout-à-fait chose-sage,
et Eripide
excellant dans elle.

ADIMANTE. Pourquoi donc?

SOCRATE. *C'est* qu'il a proféré
et ceci
s'attachant à une pensée profonde,
que certes les tyrans
sont sages
par le commerce des sages.
Et *il est* évident qu'il disait
les sages être
ceux *avec* lesquels
il (le tyran) a commerce.

ADIMANTE. Et il prône,
dit-il, la tyrannie
comme divine certes
et beaucoup d'autres choses,
et celui-ci (Euripide)
et les autres poètes.

SOCRATE. En effet sans doute
dit-il,
les poètes de la tragédie
comme étant sages

δίας ποιηταὶ ξυγγιγνώσκουσιν ἡμῖν τε καὶ ἐκείνοις, ὅσοι ἡμῶν ἐγγὺς πολιτεύονται, ὅτι αὐτοὺς εἰς τὴν πολιτείαν οὐ παραδεξόμεθα ἅτε τυραννίδος ὑμνητάς.

ΑΔΕΙΜΑΝΤΟΣ. Οἶμαι ἔγωγ', ἔφη, ξυγγιγνώσκουσιν ὅσοιπέρ γε αὐτῶν κομψοί.

ΣΩΚΡΑΤΗΣ. Εἰς δέ γε, οἶμαι, τὰς ἄλλας περιιόντες πόλεις, ξυλλέγοντες τοὺς ὄχλους, καλὰς φωνὰς καὶ μεγάλας καὶ πιθανὰς μισθωσάμενοι εἰς τυραννίδας τε καὶ δημοκρατίας ἕλκουσι τὰς πολιτείας.

ΑΔΕΙΜΑΝΤΟΣ. Μάλα γε.

ΣΩΚΡΑΤΗΣ. Οὐκοῦν καὶ προσέτι τούτων μισθοὺς λαμβάνουσι καὶ τιμῶνται, μάλιστα μέν, ὥσπερ τὸ εἰκός, ὑπὸ τυράννων, δεύτερον δὲ ὑπὸ δημοκρατίας· ὅσῳ δ' ἂν ἀνωτέρω ἴωσι πρὸς τὸ ἄναντες τῶν πολιτειῶν, μᾶλλον ἀπαγορεύει αὐτῶν ἡ τιμή, [ἢ] ὥσπερ ὑπὸ ἄσθματος ἀδυνατοῦσα πορεύεσθαι.

gens, ne trouveront pas mauvais que dans notre État, et dans tous ceux qui se gouvernent suivant notre méthode, on ferme la porte à ces panégyristes de la tyrannie.

ADIMANTE. Les plus raisonnables d'entre eux ne s'en offenseront point.

SOCRATE. A leur gré, ils peuvent parcourir les autres États, rassembler le peuple et prenant à leurs gages les voix les plus belles, les plus fortes et les plus séduisantes, inspirer à la multitude le goût de la tyrannie et de la démocratie.

ADIMANTE. Sans doute.

SOCRATE. Il leur en reviendra de l'argent et des honneurs, en premier lieu, de la part des tyrans, comme cela est dans l'ordre; en second lieu, de la part des démocraties. Mais à mesure qu'ils prennent leur essor vers des gouvernements plus parfaits, leur renommée se lasse, perd le souffle et ne peut plus marcher.

ξυγγιγνώσκουσιν ἡμῖν τε   pardonnent et à nous
καὶ ἐκείνοις ὅσοι   et à tous ceux qui
πολιτεύονται   se gouvernent
ἐγγὺς ἡμῶν,   près de nous (selon notre méthode),
ὅτι οὐ παραδεξόμεθα αὐτοὺς   de-ce-que nous ne recevrons pas
εἰς τὴν πολιτείαν   dans la cité   [eux
ἅτε ὑμνητὰς τυραννίδος.   comme *étant* chantres de tyrannie.

 ΑΔΕΙΜΑΝΤΟΣ. Οἶμαι ἔγωγε,   ADIMANTE. Je pense moi aussi,
ἔφη,   dit-il,
ξυγγιγνώσκουσιν,   ils nous pardonnent,
ὅσοιπέρ γε αὐτῶν   tous ceux du moins d'eux
κομψοί.   qui *sont* spirituels.

 ΣΩΚΡΑΤΗΣ. Περιιόντες δέ γε,   SOCRATE. Mais circulant certes,
οἶμαι,   je pense,
εἰς τὰς ἄλλας πόλεις,   dans les autres villes,
ξυλλέγοντες τοὺς ὄχλους,   rassemblant les foules,
μισθωσάμενοι φωνὰς   ayant-pris-à-gages des voix
καλὰς καὶ μεγάλας   belles et grandes
καὶ πιθανὰς   et séduisantes
ἕλκουσι τὰς πολ.τείας   ils attirent les cités
εἰς τυραννίδας τε   vers et des tyrannies
καὶ δημοκρατίας.   et des démocraties.

 ΑΔΕΙΜΑΝΤΟΣ. Μάλα γε.   ADIMANTE. Tout-à-fait, certes.
 ΣΩΚΡΑΤΗΣ. Οὐκοῦν   SOCRATE. En effet
καὶ προσέτι   et de plus
λαμβάνουσι   ils recueillent
μισθοὺς τούτων   des salaires de ces choses
καὶ τιμῶνται   et sont honorés
μάλιστα μέν,   et principalement,
ὥσπερ τὸ εἰκός,   comme il est naturel,
ὑπὸ τυράννων, δεύτερον δὲ   par *des* tyrans, et secondement
ὑπὸ δημοκρατίας·   par *la* démocratie;
ὅσῳ δὲ ἂν ἀνωτέρω ἴωσι   et plus haut ils peuvent aller
πρὸς τὸ ἄναντες   sur la pente-montante
τῶν πολιτειῶν,   des gouvernements,
μᾶλλον ἡ τιμὴ αὐτῶι   plus l'honneur (renommée) d'eux
ἀπαγορεύει,   se fatigue,
ἀδυνατοῦσα πορεύεσθαι   ne pouvant plus aller-en-avant
ὥσπερ ὑπὸ ἄσθματος.   comme par manque d'haleine.

ΑΔΕΙΜΑΝΤΟΣ. Πάνυ μὲν οὖν.

XIX. ΣΩΚΡΑΤΗΣ. Ἀλλὰ δή, εἶπον, ἐνταῦθα μὲν ἐξέθημεν·
λέγωμεν δὲ πάλιν ἐκεῖνο τὸ τοῦ τυράννου στρατόπεδον τὸ καλόν
τε καὶ πολὺ καὶ ποικίλον καὶ οὐδέποτε ταὐτόν, πόθεν θρέψεται.

ΑΔΕΙΜΑΝΤΟΣ. Δῆλον, ἔφη, ὅτι, ἐάν τε ἱερὰ χρήματα ᾖ ἐν
τῇ πόλει, ταῦτα ἀναλώσει ὅποι ποτὲ ἂν ἀεὶ ἐξαρκῇ, τὸ τῶν
ἀποδομένων, ἐλάττους εἰσφορὰς ἀναγκάζων τὸν δῆμον εἰσφέρειν.

ΣΩΚΡΑΤΗΣ. Τί δ' ὅταν δὴ ταῦτα ἐπιλείπῃ;

ΑΔΕΙΜΑΝΤΟΣ. Δῆλον, ἔφη, ὅτι ἐκ τῶν πατρῴων θρέψεται
αὐτός τε καὶ οἱ συμπόται τε καὶ ἑταῖροι καὶ ἑταῖραι.

ΣΩΚΡΑΤΗΣ. Μανθάνω, ἦν δ' ἐγώ· ὅτι ὁ δῆμος **ὁ γεννήσας**
τὸν τύραννον θρέψει αὐτόν τε καὶ ἑταίρους.

ADIMANTE. Tu as raison.

XIX. SOCRATE. Mais laissons celte digression. Revenons au
tyran, et voyons comment il pourra pourvoir à l'entretien de celte
garde, nombreuse, mélangée et renouvelée à tous moments.

ADIMANTE. Il est évident qu'il commencera par dépouiller les
temples, et, tant que la vente des choses sacrées lui produira des
ressources suffisantes, il ne demandera pas au peuple de trop
fortes contributions.

SOCRATE. Fort bien; mais quand ce fonds viendra à lui manquer, que fera-t-il?

ADIMANTE. Alors il vivra du bien de son père, lui, ses commensaux, ses favoris et ses maîtresses.

SOCRATE. J'entends, c'est-à-dire que le peuple, qui a donné
naissance au tyran, le nourrira lui et les siens.

ΑΔΕΙΜΑΝΤΟΣ. Πάνυ μὲν οὖν.

XIX. ΣΩΚΡΑΤΗΣ. Ἀλλὰ δή,
εἶπον,
ἐξέβημεν μὲν
ἐνταῦθα·
λέγωμεν δὲ πάλιν
ἐκεῖνο τὸ στρατόπεδον
τοῦ τυράννου
τὸ καλόν τε καὶ πολὺ
καὶ ποικίλον
καὶ οὐδέποτε τὸ αὐτόν,
πόθεν θρέψεται.

ΑΔΕΙΜΑΝΤΟΣ. Δῆλον ὅτι,
ἔφη,
ἐάν τε χρήματα ἱερὰ
ᾖ ἐν τῇ πόλει,
ἀναλώσει ταῦτα,
ὅποι ποτὲ ἀεὶ
τὸ τῶν ἀποδομένων
ἂν ἐξαρκῇ,
ἀναγκάζων τὸν δῆμον
εἰσφέρειν
εἰσφορὰς ἐλάττους.

ΣΩΚΡΑΤΗΣ. Τί δὲ
ὅταν δὴ ταῦτα
ἐπιλείπῃ ;

ΑΔΕΙΜΑΝΤΟΣ. Δῆλον ὅτι,
ἔφη,
αὐτός τε θρέψεται
ἐκ τῶν πατρῴων
καὶ οἱ συμπόται τε
καὶ ἑταῖροι
καὶ ἑταῖραι.

ΣΩΚΡΑΤΗΣ. Μανθάνω,
ἦν δὲ ἐγώ·
ὅτι ὁ δῆμος
ὁ γεννήσας τὸν τύραννον
θρέφει αὐτόν τε
καὶ ἑταίρους.

ADIMANTE. Très-certainement.

XIX. SOCRATE. Mais certes,
dis-je,
nous nous sommes écartés
jusqu'à arriver là ;
disons donc de nouveau
cette armée
du tyran
et belle et nombreuse
et variée
et jamais la même,
d'où (avec quoi) elle sera nourrie.

ADIMANTE. *Il est* évident que,
dit-il,
si des trésors sacrés
sont dans la ville,
il les dépensera,
jusque-là successivement que
le *produit* de ces choses vendues
pourra suffire,
forçant le peuple
à apporter
des contributions plus faibles.

SOCRATE. Mais que *fera-t-il*
lorsque certes ces *ressources*
auront manqué ?

ADIMANTE. Évidemment,
dit-il,
et lui-même (le tyran) sera nourri
des *ressources* paternelles
et aussi les commensaux
et compagnons
et compagnes.

SOCRATE. Je comprends,
dis-je :
c'est que le peuple
qui a engendré le tyran
nourrira et lui
et ses compagnons.

ΑΔΕΙΜΑΝΤΟΣ. Πολλὴ αὐτῷ, ἔφη, ἀνάγκη.

ΣΩΚΡΑΤΗΣ. Πῶς δὲ λέγεις; εἶπον· ἐὰν δὲ ἀγανακτῇ τε καὶ
λέγῃ ὁ δῆμος, ὅτι οὔτε δίκαιον τρέφεσθαι ὑπὸ πατρὸς υἱὸν ἡβῶντα,
ἀλλὰ τοὐναντίον ὑπὸ υἱέος πατέρα, οὔτε τούτου αὐτὸν ἕνεκα ἐγέν-
νησέ τε καὶ κατέστησεν, ἵνα, ἐπειδὴ μέγας γένοιτο, τότε αὐτὸς
δουλεύων τοῖς αὑτοῦ δούλοις τρέφοι ἐκεῖνόν τε καὶ τοὺς δούλους
μετὰ ξυγκλύδων ἄλλων, ἀλλ' ἵνα ἀπὸ τῶν πλουσίων τε καὶ καλῶν
κἀγαθῶν λεγομένων ἐν τῇ πόλει ἐλευθερωθείη ἐκείνου προστάντος,
καὶ νῦν κελεύει ἀπιέναι ἐκ τῆς πόλεως αὐτόν τε καὶ τοὺς ἑταίρους, ὥσπερ πατὴρ υἱὸν ἐξ οἰκίας μετὰ ὀχληρῶν ξυμποτῶν ἐξε-
λαύνων;

ADIMANTE. Il le faudra bien.

SOCRATE. Mais quoi! si le peuple se fâchait à la fin, et lui
disait qu'il n'est pas juste qu'un fils déjà grand et fort soit à la
charge de son père; qu'au contraire, c'est à lui de pourvoir à
l'entretien de son père; qu'il n'a pas prétendu, en le formant et
en l'élevant, se le donner pour maître, aussitôt qu'il serait grand,
ni devenir l'esclave des ses esclaves, et le nourrir lui et ce ramas
de gens sans aveu qu'il traîne à sa suite; qu'il a voulu seulement
s'affranchir par son moyen du joug des riches, et de ceux qu'on
appelle les honnêtes gens; qu'ainsi il lui ordonne de se retirer avec
ses amis, du même droit qu'un père chasse de sa maison son fils
avec ses turbulents compagnons de débauche?

ΑΔΕΙΜΑΝΤΟΣ. Πολλὴ ἀνάγκη αὐτῷ,	ADIMANTE. *Il y a* grande nécessité pour lui,
ἔφη.	dit-il.
ΣΩΚΡΑΤΗΣ. Πῶς δὲ λέγεις; εἶπον·	SOCRATE. Mais comment dis-tu? dis-je :
ἐὰν δὲ ὁ δῆμος	mais si le peuple
ἀγανακτῇ τε καὶ λέγῃ	et se fâche et dit
ὅτι οὔτε δίκαιον	que ni il n'est pas juste
υἱὸν ἡβῶντα	un fils adulte
τρέφεσθαι	être nourri
ὑπὸ πατρός,	par son père,
ἀλλὰ τὸ ἐνάντιον	mais au contraire
πατέρα ὑπὸ υἱέος,	un père par son fils,
οὔτε ἐγέννησέ τε	ni il n'a engendré
καὶ κατέστησεν αὐτὸν	et établi lui
ἕνεκα τούτου,	pour cela,
ἵνα, ἐπειδὴ	afin que, après que
γένοιτο μέγας,	il serait devenu grand,
τότε αὐτὸς	alors lui (peuple)
δουλεύων	étant esclave
τοῖς δούλοις αὑτοῦ	des esclaves de **lui-même**
τρέφοι ἐκεῖνόν τε	nourrisse et lui
καὶ τοὺς δούλους	et ses esclaves
μετὰ ἄλλων ξυγκλύδων,	avec d'autres attroupés,
ἀλλὰ ἵνα,	mais afin que,
ἐκείνου προστάντος,	lui étant devenu président,
ἐλευθερωθείη	il fût rendu libre
ἐν τῇ πόλει	dans la cité
ἀπὸ τῶν πλουσίων τε	*du joug* et des riches
καὶ λεγομένων	et de *ceux* appelés
καλῶν καὶ ἀγαθῶν,	bons et honnêtes *gens*,
καὶ νῦν κελεύει	et que maintenant il ordonne
αὐτόν τε καὶ τοὺς ἑταίρους	et lui et ses compagnons
ἀπιέναι ἐκ τῆς πόλεως	sortir de la cité
ὥσπερ πατὴρ	comme un père
ἐξελαύνων ἐξ οἰκίας	chassant de *sa* maison
υἱὸν	*son* fils
μετὰ ξυμποτῶν	avec ses compagnons-de-table
ὀχληρῶν;	turbulents?

ΑΔΕΙΜΑΝΤΟΣ. Γνώσεταί γε, νὴ Δία, ἦ δ' ὅς, τότ' ἤδη ὁ δῆμος, οἷος οἷον θρέμμα γεννῶν ἠσπάζετό τε καὶ ηὖξε, καὶ ὅτι ἀσθενέστερος ὢν ἰσχυροτέρους ἐξελαύνει.

ΣΩΚΡΑΤΗΣ. Πῶς, ἦν δ' ἐγώ, λέγεις; τολμήσει τὸν πατέρα βιάζεσθαι, κἂν μὴ πείθηται, τύπτειν ὁ τύραννος;

ΑΔΕΙΜΑΝΤΟΣ. Ναί, ἔφη, ἀφελόμενός γε τὰ ὅπλα.

ΣΩΚΡΑΤΗΣ. Πατραλοίαν, ἦν δ'ἐγώ, λέγεις τύραννον καὶ χαλεπὸν γηροτρόφον, καί, ὡς ἔοικε, τοῦτο δὴ ὁμολογουμένη ἂν ἤδη τυραννὶς εἴη, καὶ τὸ λεγόμενον ὁ δῆμος φεύγων ἂν καπνὸν δουλείας ἐλευθέρων εἰς πῦρ δούλων δεσποτείας ἂν ἐμπεπτωκὼς εἴη, ἀντὶ τῆς πολλῆς ἐκείνης καὶ ἀκαίρου ἐλευθερίας τὴν χαλεπωτάτην τε καὶ πικροτάτην δούλων δουλείαν μεταμπισχόμενος.

ADIMANTE. Alors, par Jupiter, il connaîtra quel rejeton il a nourri, caressé, élevé et que ceux qu'il prétend chasser sont plus forts que lui.

SOCRATE. Que dis-tu? Quoi! le tyran oserait faire violence à son père et même le frapper, s'il ne cédait pas?

ADIMANTE. Qui doute qu'il n'en vînt jusque-là, après l'avoir désarmé?

SOCRATE. Le tyran est donc un fils dénaturé, un parricide, et voilà bien ce qu'on appelle communément la tyrannie. Le peuple, en voulant, comme on dit, éviter la fumée de l'esclavage des hommes libres, tombe dans le feu du despotisme des esclaves, et voit succéder la servitude la plus dure et la plus amère à une liberté excessive et extravagante.

ΑΔΕΙΜΑΝΤΟΣ. Τότε ἤδη
ὁ δῆμος, ἦ δὲ ὅς,
νὴ Δία
γνώσεταί γε
οἷος γεννῶν
οἷον θρέμμα
ἠσπάζετό τε καὶ ηὖξε
καὶ ὅτι ὢν ἀσθενέστερος
ἐξελαύνει
ἰσχυροτέρους.
    ΣΩΚΡΑΤΗΣ. Πῶς λέγεις,
ἦν δὲ ἐγώ;
ὁ τύραννος τολμήσει
βιάζεσθαι τὸν πατέρα,
καὶ ἂν μὴ πείθηται
τύπτειν;
    ΑΔΕΙΜΑΝΤΟΣ. Ναί, ἔφη,
ἀφελόμενός γε τὰ ὅπλα.
    ΣΩΚΡΑΤΗΣ. Λέγεις τύραννον,
ἦν δὲ ἐγώ,
πατραλοίαν
καὶ χαλεπὸν γηροτρόφον,
καὶ, ὡς ἔοικε,
τυραννὶς
ἂν εἴη ὁμολογουμένη
τοῦτο δή,
καὶ τὸ λεγόμενον
ὁ δῆμος φεύγων ἂν
καπνὸν
δουλείας ἐλευθέρων
ἂν εἴη ἐμπεπτωκὼς
εἰς πῦρ δεσποτείας
τῶν δούλων,
μεταμπισχόμενος
ἀντὶ τῆς ἐκείνης πολλῆς
καὶ ἀκαίρου ἐλευθερίας
τὴν χαλεπωτάτην
καὶ πικροτάτην
δουλείαν δούλων.

ADIMANTE. Alors seulement
le peuple, dit-il,
par Jupiter
connaîtra bien
quel (lui étant) engendrant
quel nourrisson
et il embrassait et faisait-croître
et que étant plus faible
il chasse
de plus forts *que lui.*
    SOCRATE. Comment dis-tu,
dis-je?
le tyran osera
faire violence à son père,
et s'il n'obéit pas
le frapper?
    ADIMANTE. Oui, dit-il,
lui ayant enlevé *ses* armes.
    SOCRATE. Tu dis le tyran,
dis-je,
parricide
et dur nourricier-de-la-vieillesse,
et, comme il semble,
la tyrannie
sera unanimement-reconnue
cela certes,
et *selon* ce qui est dit
le peuple voulant fuir
la fumée
de servitude d'*hommes* libres
sera tombé (tombera)
dans le feu du despotisme
des esclaves,
revêtant
à la place de cette grande
et intempestive liberté
le plus dur
et le plus amer
esclavage d'esclaves.

ΑΔΕΙΜΑΝΤΟΣ. Καὶ μάλα, ἔφη, ταῦτα οὕτω γίγνεται.

ΣΩΚΡΑΤΗΣ. Τί οὖν; εἶπον· οὐκ ἐμμελῶς ἡμῖν εἰρήσεται, ἐὰν φῶμεν ἱκανῶς διεληλυθέναι, ὡς μεταβαίνει τυραννὶς ἐκ δημοκρατίας, γενομένη τε οἷα ἐστίν;

ΑΔΕΙΜΑΝΤΟΣ. Πάνυ μὲν οὖν ἱκανῶς, ἔφη.

ADIMANTE. C'est bien là ce qui ne manque guère d'arriver.

SOCRATE. Eh bien, pouvons-nous nous flatter d'avoir expliqué d'une manière satisfaisante le passage de la démocratie à la tyrannie, et les mœurs de ce gouvernement?

ADIMANTE. Oui, nous pouvons nous en flatter avec raison.

ΑΔΕΙΜΑΝΤΟΣ. Καὶ μάλα, ἔφη, ταῦτα γίγνεται οὕτω.

ΣΩΚΡΑΤΗΣ. Τί οὖν, εἶπον, οὐκ εἰρήσεται ἡμῖν ἐμμελῶς, ἐὰν φῶμεν διεληλυθέναι, ἱκανῶς ὥς τυραννὶς μεταβαίνει ἐκ δημοκρατίας γενομένη τε οἷα ἐστιν;

ΑΔΕΙΜΑΝΤΟΣ. Πάνυ μὲν οὖν ἱκανῶς, ἔφη.

ADIMANTE. Et certes, dit-il, ces choses arrivent ainsi.

SOCRATE. Quoi donc, dis-je, n'aura-t-il pas été dit par nous convenablement, si nous disons que nous avons parcouru (expliqué) suffisamment comment la tyrannie passe de la démocratie et étant née quelle elle est?

ADIMANTE. Très certainement suffisamment, dit-il.

PARIS. — IMPRIMERIE A. LAHURE
9, Rue de Fleurus, 9

NOTICE

DE

LIVRES CLASSIQUES

A L'USAGE

1° DE L'ENSEIGNEMENT SECONDAIRE CLASSIQUE

(LYCÉES, COLLÈGES, SÉMINAIRES, INSTITUTIONS ET PENSIONS)

2° DE L'ENSEIGNEMENT SUPÉRIEUR

———～〰〰———

PARIS

LIBRAIRIE HACHETTE ET Cⁱᵉ

79, BOULEVARD SAINT-GERMAIN, 79

———

1884

TABLE DES MATIÈRES

On adressera franco aux personnes qui en feront la demande :

Le catalogue des livres d'éducation et d'enseignement;

Le catalogue des livres de littérature générale et de connaissances utiles ;

Le catalogue des livres reliés pour les distributions de prix ;

Le catalogue des livres à l'usage des bibliothèques populaires ;

Le catalogue des livres reçus en dépôt;

Le catalogue des livres pour étrennes ;

Le catalogue des livres espagnols ;

Le catalogue des fournitures de classes ;

Le catalogue du matériel nécessaire pour l'enseignement pratique des science

1° PÉDAGOGIE

Bréal (Michel), inspecteur général de l'instruction publique. *Quelques mots sur l'instruction publique en France.* 1 vol. in-16, broché. 3 fr. 50 c.
— *Excursions pédagogiques* en Allemagne, en Belgique et en France. 1 vol. in-16, broché. 3 fr. 50 c.

Compayré, professeur à la Faculté des lettres de Toulouse. *Histoire critique des doctrines de l'éducation en France depuis le XVIᵉ siècle.* 2 vol. in-16, brochés. 7 fr.

Ferneuil. *La réforme de l'enseignement en France.* 1 vol. in-16, br. 3 fr. 50 c.

Riant (Dr). *L'hygiène et l'éducation dans les internats* (lycées, collèges, pensionnats, maisons d'éducation, écoles normales, écoles spéciales, universités, etc.). 1 vol. in-16, broché. 3 fr. 50 c.

Simon (Jules). *La réforme de l'enseignement secondaire.* In-16, br. 3 fr. 50 c.

2° PROGRAMMES ET MANUELS

POUR DIVERS EXAMENS

Mémento du baccalauréat ès lettres. Nouvelle édition, conforme aux programmes de 1880. 4 vol. petit in-16, cartonnés :

PREMIER EXAMEN, *partie littéraire*, comprenant : Conseils sur les épreuves écrites ; — Notices sur les auteurs et les ouvrages grecs, latins, français, allemands et anglais indiqués pour l'explication orale ; — Notions de rhétorique et de littérature classique, par M. Albert Le Roy. 1 vol. 5 fr.

PREMIER EXAMEN, *partie historique*, comprenant : Histoire ; — Géographie, par MM. Ducoudray et Cortambert. 1 vol. 5 fr.

DEUXIÈME EXAMEN, *partie littéraire*, comprenant : Philosophie ; — Histoire contemporaine, par MM. Thamin et G. Ducoudray. 1 vol. 5 fr.

DEUXIÈME EXAMEN, *partie scientifique*, comprenant : Arithmétique ; — Algèbre ; — Géométrie ; — Physique ; — Chimie ; — Histoire naturelle, par MM. Bos, Pichot, Schützenberger, Baillon et Perrier. 1 vol. 5 fr.

Mémento du baccalauréat ès sciences. 2 vol. petit in-16, cart. 13 fr.
TOME I, *partie littéraire*, par MM. Albert Le Roy, Ducoudray, Cortambert, etc., cartonné. 6 fr. 50 c.
TOME II, *partie scientifique*, comprenant : Arithmétique ; — Géométrie ; — Algèbre ; — Trigonométrie rectiligne ; — Géométrie descriptive ; — Cosmographie ; — Mécanique ; — Physique ; — Chimie, par MM. Bos, Bezodis, Pichot, Mascart et Boutet de Monvel, cartonné. 6 fr. 50 c.

Plan d'études et programmes pour l'enseignement secondaire classique. Classes de lettres. In-16, broché. 75 c.
Classes de sciences. In-16, broché. 75 c.

Programmes pour l'admission à l'École spéciale militaire de Saint-Cyr. Brochure in-16. 30 c.

Programmes pour l'admission à l'École polytechnique. In-16. 40 c.

Programmes du baccalauréat ès lettres scindé en deux parties. Brochure in-16. 30 c.

Programme du baccalauréat ès sciences complet. Brochure in-16. 30 c.

3° ÉTUDE DE LA LANGUE FRANÇAISE

*Traités de Grammaire, de Rhétorique, de Versification et de Littéra-
ture; Dictionnaires; Auteurs français; Recueils de morceaux; Étude
littéraires; Mélanges.*

Albert (Paul), ancien professeur au Collège
de France. *La poesie*, études sur les chefs-
d'œuvre des poetes de tous les temps et de
tous les pays. 1 vol in-16, br   3 fr. 50 c.
— *La prose*, études sur les chefs-d'œuvre
des prosateurs de tous les temps et de tous
les pays. 1 vol. in-16, br.   3 fr. 50 c.
— *La littérature française*, des origines à
la fin du xvi⁰ siècle. In-16, br. 3 fr. 50 c.
— *La littérature française au* xvii⁰ *siècle.* 1 vol. in-16, broché.   3 fr. 50 c.
— *La littérature française au* xviii⁰ *siècle.*
1 vol. in-16, broché.   3 fr. 50 c.
— *La littérature française au* xix⁰ *siècle.*
1 vol. in-16, broché.   3 fr. 50 c.
— *Variétés.* 1 vol. in-16. broché. 3 fr. 50 c.
Barrau. *Méthode de composition et de
style*, ou principes de l'art d'écrire en
français, suivie d'un choix de modèles
1 vol. in-16, cartonné.   2 fr. 75 c.
— *Exercices de composition et de style*, ou
sujets de descriptions, de narrations, de
dialogues et de discours. In-16, br.   2 fr.
Brachet (Auguste), lauréat de l'Académie française. *Nouvelle grammaire française*, fondée sur l'histoire de la langue.
1 vol. in-16, cartonné.   1 fr. 50 c.
— *Exercices sur la nouvelle grammaire
française*, par M. Dussouchet, agrégé de
grammaire :
   Livre de l'élève. 1 v. in-16, cart. 1 fr. 50 c.
   Livre du maître. 1 v. in-16, cart.   2 fr.
   Voir *Morceaux choisis des écrivains
français du* xvi⁰ *siècle.*
Chassang, inspecteur général de l'instruction publique. *Modèles de composition
française*, empruntés aux écrivains classiques ; comprenant des descriptions, des
portraits, des narrations, des lettres, des
dialogues, des discours, des dissertations
morales et littéraires, avec des arguments
et des préceptes sur chaque genre de
composition ; à l'usage des classes supérieures et des aspirants au baccalauréat
ès l ttres. 1 vol in-16, cartonné.   2 fr.
Classiques français. Nouvelle collection
format petit in-16, publiée avec des notices,
des arguments analytiques et des notes,
par les auteurs dont les noms sont indiqués entre parenthèses:
Les éditions se recommandent par la pureté du
texte, la concision des notes, la commodité du
format et l'élégance du cartonnage.

Boileau : Œuvres poétiques (Geruzez)
   Prix :   1 fr. 50 c
Bossuet : Sermons choisis (Rébellian
   Prix :   3 f
Buffon : Morceaux choisis (E. Dupré
   Prix :   1 fr. 50
— Discours sur le style.   30
Corneille : Le menteur (Lavigne). 1 f
Fénelon : Fables (A. Regnier).   75
— Sermon pour la fête de l'Épiphan
   (G. Merlet).   60
— Télémaque (Chassang).   1 fr. 80
Florian : Fables (Geruzez).   75
Joinville : Histoire de saint Louis (N
   talis de Wailly).   2 f
La Fontaine : Fables (Geruzez). 1 fr.
Lamartine : Morceaux choisis.   2 f
Molière : L'avare (Lavigne).   1 f
— Le misanthrope (Lavigne).   1 f
— Le tartuffe (Lavigne).   1 f
Racine : Andromaque (Lavigne).   75
— Les plaideurs (Lavigne).   75
Sévigné : Lettres choisies (Ad. Regnier
   Prix :   1 fr. 80
Théâtre classique (Ad. Regnier).   3
   D'autres auteurs sont en préparation.
Classiques français, format in-16. Éd
tions annotées par les auteurs dont le
noms sont indiqués entre parenthèses.
Bossuet : Discours sur l'histoire unive
selle (Olleris).   2 fr. 50
— Oraisons funèbres (Aubert). 1 fr. 60
Corneille : Théâtre choisi (Geruzez
   Prix :   2 fr. 50
Fénelon : Dialogues des morts (B. J
lien).   1 fr. 60
— Dialogues sur l'éloquence Delzons). 80
— Opuscules académiques.   80
La Bruyère : Caractères (G. Servoi
   Prix :   2 fr. 50
Massillon : Carême (Colincamp). 1 fr. 25
Montesquieu : Grandeur et décadence
Romains (C. Aubert).   1 fr. 25
Racine : Théâtre choisi (E. Geruze
   Prix :   2 fr. 50
Rousseau (J.-B.) : Œuvres lyriqu
(Geruzez).   1 fr. 50
Voltaire : Histoire de Charles XII (B
chard-Dauteuille).   1 fr. 60
— Siècle de Louis XIV (Garnier). 2 fr.
— Théâtre choisi (Geruzez).   2 fr. 50
Demogeot, agrégé de la Faculté des l

tres de Paris. *Histoire de la littérature française depuis ses origines jusqu'à nos jours.* 1 vol. in-16, broché. 4 fr.

— *Textes classiques de la littérature française*, extraits des grands écrivains français, avec notices, appréciations et notes; recueil servant de complément à l'*Histoire de la littérature française.* 2 vol. in 16, cartonnés. 4 fr. 50 c.

I. *Moyen âge,* XVIe et XVIIe *siècles.* 3 fr.

II. XVIIIe *et* XIXe *siècles.* 1 fr. 50 c.

Filon (A.). *Éléments de rhétorique française.* 1 vol. in-16, cartonné. 2 fr. 50 c.

— *Nouvelles narrations françaises,* avec des arguments, a l'usage des candidats au baccalauréat ès lettres. In-16, br. 3 fr. 50 c.

Labbé, professeur au collège Rollin. *Morceaux choisis des classiques français* (prose et vers) 3 vol. in-16, cartonnés :

Cours élémentaire. 1 vol. 1 fr.

Cours moyen. 1 vol. 1 fr. 50 c.

Cours supérieur. 1 vol 2 fr. 50 c.

Lafaye. *Dictionnaire des synonymes de la langue française.* 4e édition, suivie d'un supplément. 1 vol. gr. in-8, broché. 23 fr.

Le cartonnage en percaline gaufrée se paye en sus 2 fr. 75 c.; la demi-reliure en chagrin. 4 fr. 50.

Lehugeur (A.) *La chanson de Roland,* traduite en vers modernes, avec le texte ancien. 1 vol. in-16, broché 3 fr 50 c.

Littré. *Dictionnaire de la langue française,* contenant la nomenclature la plus étendue, la prononciation et les difficultés grammaticales, la signification des mots avec de nombreux exemples et les synonymes, l'histoire des mots depuis les premiers temps de la langue française jusqu'au XVIe siècle, et l'étymologie comparée. 4 vol. gr. in-4 à 3 colonnes, br. 100 fr.

La reliure en demi-chagrin se paye en sus 20 fr.

Littré et **Beaujean,** inspecteur de l'Académie de Paris. *Abrégé du Dictionnaire de la langue française de Littré,* contenant tous les mots qui se trouvent dans le dictionnaire de l'Académie française, plus un grand nombre de néologismes et de termes de science et d'art, avec l'indication de la prononciation, de l'étymologie, et l'explication des locutions proverbiales et des difficultés grammaticales; augmenté d'un supplément mythologique, historique, biographique et géographique. 1 vol. in-8 de 1 000 pages, broché. 13 fr.

Cartonné en toile verte. 14 fr. 50 c.

Relié en demi-chagrin. 17 fr.

— *Petit dictionnaire universel,* comprenant un abrégé du dictionnaire de la langue française de Littré, une partie mythologique, historique, biographique et géo-

graphique, fondue alphabétiquement avec la partie française. 1 v. gr. in-16, cart. 3 fr.

Merlet, professeur de rhétorique au lycée Louis-le-Grand. *Études littéraires sur les classiques français des classes supérieures et du baccalauréat ès lettres.* Nouvelle édition conforme aux programmes de 1880. 2 vol. in-16, brochés. 8 fr.

I. Corneille. — Racine. — Molière. 1 vol. 4 fr.

II. Chanson de Roland. — Joinville. — Montaigne — Pascal. — La Fontaine. — Boileau. — Montesquieu. — La Bruyère. — Bossuet. — Fénelon. — Voltaire — Buffon. 1 vol. 4 fr.

Méthode uniforme pour l'enseignement des langues, par M. E. Sommer, agrégé des classes supérieures, docteur ès lettres :

Abrégé de grammaire française. 1 vol. in-16, cartonné. 75 c.

Questionnaire sur l'Abrégé de grammaire française. 1 vol. in-16, cart. 40 c.

Exercices sur l'Abrégé de grammaire française. 1 vol. in-16, cart. 75 c.

Corrigé desdits exercices. In-16, br. 1 fr.

Exercices sur l'analyse grammaticale et sur l'analyse logique. In-16, cart. 1 fr.

Corrigé des exercices sur l'analyse grammaticale. 1 vol. in-16, broché. 2 fr.

Corrigé des exercices sur l'analyse logique. In-16, broché. 1 fr. 50 c.

Cours complet de grammaire française. 1 vol. in-8, cartonné. 1 fr. 50 c.

Exercices sur le Cours complet de grammaire française. In-8, cart. 1 fr. 50 c.

Corrigé des exercices. In-8, broché. 2 fr.

Voir pages 15 et 19, pour les *langues latine et grecque.*

Morceaux choisis des grands écrivains français du seizième siècle, accompagnés d'une grammaire et d'un dictionnaire de la langue du XVIe siècle, par M. Aug. Brachet. In-16, cart. 3 fr. 50 c.

Pellissier, professeur à Sainte-Barbe. *Morceaux choisis des classiques français,* en prose et en vers. Recueils composés d'après les programmes officiels des lycées, à l'usage des classes de grammaire et d'humanités. 6 vol. in-16, cartonnés :

Classe de Sixième. 1 vol. 1 fr.

Classe de Cinquième. 1 vol. 1 fr.

Classe de Quatrième. 1 vol. 1 fr.

Classe de Troisième. 1 vol. 2 fr.

Classe de Seconde. 1 vol. 2 fr.

Classe de Rhétorique. 1 vol. 2 fr.

— *Premiers principes de style et de composition.* (Abrégé de la rhétorique française.) 1 vol. in 16, cartonné. 1 fr. 50 c.

Pellissier. *Sujets et modèles de composi-tions françaises*, destinés à servir d'ap-plication aux premiers principes de style, à l'usage des classes élémentaires ; 2e édi-tion. 1 vol. in-16, cartonné.　　1 fr. 50 c.

— *Principes de rhétorique française.* 1 vol. in-16, cartonné.　　　　　　　2 fr. 50 c.

— *Sujets et modèles de compositions fran-çaises*, destinés à servir d'application aux principes de rhétorique, à l'usage des clas-ses supérieures et des candidats au bacca-lauréat ès lettres. 1 v. in-16, cart. 2 fr. 50

— *Les grandes leçons de l'antiquité clas-sique (Orient, Athènes, Rome)*, histoire de la civilisation gréco-romaine par ses mo-numents littéraires, depuis les temps pré-historiques jusqu'à Constantin. 1 vol. in-16, broché.　　　　　　　　　4 fr.

Pressard. professeur au lycée Louis-le-Grand. *Lectures littéraires et morales* tirées des meilleurs écrivains français, en prose et en vers ; exercices de récitation, avec des explications et des notes, à l'u-sage des classes élémentaires. 1 vol. petit in-16. cartonné.　　　　　　　　1 fr. 25 c.

Quicherat (L.). *Petit traité de versifica-tion française.* In-16, cartonné.　　1 fr.

Sommer. *Petit dictionnaire des rimes françaises*, précédé d'un précis des règles de la versification. In-18, cart. 1 fr. 80 c.

— *Petit dictionnaire des synonymes fran-çais*, avec : 1o leur définition ; 2o de nom-breux exemples tirés des meilleurs écri-vains ; 3o l'explication des principaux ho-monymes français. In-18, cart. 1 fr. 80 c.

— *Manuel de l'art épistolaire.* 2 vol. gr. in-18, brochés.　　　　　　　3 fr. 25 c.

— *Manuel de style*, ou préceptes et exercices sur l'art de composer et d'écrire en fran-çais. 2 vol. gr. in-18, brochés.　　3 fr. Voir *Méthode uniforme pour l'enseignement des langues*, pages 5, 15, 19.

Soulice (Th.). *Petit dictionnaire de la langue française.* In-18, cart. 1 fr. 50 c.

Soulice et Sardou. *Petit dictionnaire raisonné des difficultés et exceptions de la langue française.* In-18, cart.　　2 fr.

4o HISTOIRE, CHRONOLOGIE, MYTHOLOGIE

Bouillet. *Dictionnaire universel d'histoire et de géographie.* Édition entièrement refondue. 1 vol. gr. in-8, broché.　21 fr. Le cartonnage se paye en sus 2 fr. 75 c.

Ducoudray, agrégé d'histoire. *Histoire de France et histoire contemporaine*, de 1789 à la Constitution de 1875, rédigées conformément aux programmes de 1880, à l'usage de la classe de Philosophie. 1 fort vol. in-16, avec cartes, cartonné.　6 fr.

Duruy (V.). *Cours d'histoire*, rédigé conformément aux programmes de 1880, à l'usage des classes de grammaire et d'hu-manités. Nouvelle édition entièrement re-fondue contenant des cartes géographiques et des gravures. 6 vol. in-16, cartonnés :

Classe de Sixième : *Histoire ancienne des peuples de l'Orient.* 1 vol.　　　3 fr.

Classe de Cinquième : *Histoire de la Grèce ancienne.* 1 vol.　　　　3 fr.

Classe de Quatrième : *Histoire romaine.* 1 vol.　　　　　　　　　　3 fr. 50 c.

Classe de Troisième : *Histoire de l'Europe et particulièrement de la France, de 395 à 1270.* 1 vol.　　　　　　4 fr.

Classe de Seconde : *Histoire de l'Europe et particulièrement de la France, de 1270 à 1610.* 1 vol.　　　　4 fr. 50 c.

Classe de Rhétorique : *Histoire de l'Eu-rope et particulièrement de la France, de 1610 à 1789.* 1 vol.　　　4 fr. 50 c.

— *Petit cours d'histoire universelle.* Nou-velle édition avec des cartes et des gra-vures. Format in-16, cartonné :

Petite histoire ancienne.　　　　1 fr.
Petite histoire grecque.　　　　1 fr.
Petite histoire romaine.　　　　1 fr.
Petite histoire du moyen âge.　　1 fr.
Petite histoire moderne.　　　　1 fr.
Petite histoire de France.　　　1 fr.
Petite histoire générale.　　　　1 fr.

— *Petite histoire sainte.* In-18, cart. 80 c.

— *Histoire des Grecs*, depuis les temps le plus reculés jusqu'à la réduction de la Grèce en province romaine. 2 vol. in-8, brochés.　　　　　　　　　12 fr.

— *Histoire des Romains*, depuis les temps les plus reculés jusqu'à Dioclétien. 7 vol. in-8, brochés.　　　52 fr. 50 c.

— *Introduction générale à l'histoire de France.* 1 vol. in-16, broché.　3 fr. 50 c.

Duruy (G.).　　professeur au lycée Henri IV. *Biographies d'hommes célè-bres*, à l'usage de la classe Préparatoire. 1 vol. in-16, avec gravures, cart. 1 fr. 25

— *Histoire sommaire de la France, depuis l'origine jusqu'à Henri IV*, rédigée con-formément aux programmes de 1880, pour la classe de Huitième. 1 vol. in-16, avec cartes et gravures, cartonné.　1 fr. 25

— *Histoire sommaire de la France, depuis l'avènement de Henri IV jusqu'à nos jours.* Classe de Septième. 1 vol. in-16, avec cartes et gravures, cart. 1 fr. 25 c.

Les deux parties réunies en un seul vol. carlonné. 2 fr. 50 c.

Fustel de Coulanges. *La cité antique.* 1 vol. in-16, broché. 3 fr. 50 c.

— *Histoire des institutions politiques de l'ancienne France.* Première partie : l'Empire romain, les Germains, la royauté mérovingienne. 1 vol. in-8, br. 7 fr. 50 c.

Geruzez. *Petit cours de mythologie;* nouv. édit. avec 48 grav. In-16, cart. 1 fr. 25 c.

Histoire universelle, publiée par une société de professeurs et de savants, sous la direction de M. V. Duruy. Format in-16, broché.

La terre et l'homme, par M. Maury. 6 fr.

Chronologie universelle, par M. Dreyss. 2 vol. 12 fr.

Histoire générale, par M. Duruy. 4 fr.

Histoire sainte d'après la Bible, par le même. 3 fr.

Histoire ancienne des peuples de l'Orient, par M. Maspero. 5 fr.

Histoire grecque, par M. Duruy. 4 fr.

Histoire romaine, par le même. 4 fr.

Histoire du moyen âge, par le même. 4 fr.

Histoire des temps modernes, de 1453 jusqu'à 1789, par le même. 4 fr.

Histoire de France, par le même. 2 volumes. 8 fr.

Histoire d'Angleterre, par M. Fleury. 4 fr.

Histoire d'Italie, par M. Zeller. 5 fr.

Histoire de Russie, par M. Rambaud. 6 fr.

Histoire de l'Autriche-Hongrie, par M. Louis Leger. 5 fr.

Histoire de l'Empire Ottoman, par M de La Jonquière. 6 fr.

Histoire de la littérature grecque, par M. Pierron. 4 fr.

Histoire de la littérature romaine, par le même. 4 fr.

Histoire de la littérature française, par M. Demogeot. 4 fr.

Histoire des littératures étrangères, par le même. 2 vol. 8 fr.

Histoire de la littérature anglaise, par M. Augustin Filon. 6 fr.

Histoire de la littérature italienne, par M. Etienne. 4 fr.

Histoire de la physique et de la chimie, par M. Hoefer. 4 fr.

Histoire de la botanique, de la minéralogie et de la géologie, par le même. 4 fr.

Histoire de la zoologie, par le même. 4 fr.

Histoire de l'astronomie, par le même. 4 fr.

Histoire des mathématiques, par le même. 4 fr.

Dictionnaire historique des institutions, mœurs et coutumes de la France, par M. Chéruel. 2 vol. 12 fr.

Joran, professeur d'histoire au collège Stanislas. *Programme développé d'histoire des temps modernes et d'histoire littéraire,* à l'usage des candidats à l'école spéciale milit. de St-Cyr. 1 vol. in-16, br. 4 fr. 50

Lalanne (Ludovic). *Dictionnaire historique de la France.* 1 vol. gr. in-8, br. 21 fr.
Le cartonnage se paye en sus 2 fr. 75 c.

Lehugeur (Paul) *Sommaires d'histoire romaine.* 1 vol. in-16, cartonné. 1 fr. 50

Van den Berg. *Petite histoire ancienne des peuples de l'Orient.* 1 vol. petit in-16, avec cartes et gravures, cart. 3 fr. 50 c.

— *Petite histoire des Grecs.* 1 vol. petit in-16, avec 19 cartes et 85 gravures, cartonné. 4 fr. 50 c.

5° GÉOGRAPHIE

Atlas manuel de géographie moderne, composé de 54 cartes imprimées en couleur. 1 vol. in-folio, relié. 32 fr.

Bouillet. *Atlas universel d'histoire et de géographie.* Ouvrage faisant suite au *Dictionnaire d'histoire et de géographie* du même auteur, et comprenant : 1° LA CHRONOLOGIE : la concordance des principales ères avec les années avant et après Jésus-Christ et des tables chronologiques universelles ; 2° LA GÉNÉALOGIE : des tableaux généalogiques des dieux et de toutes les familles historiques, et un traité élémentaire de l'art héraldique avec 12 planches coloriées ; 3° LA GÉOGRAPHIE : 88 cartes de géographie ancienne et moderne avec un texte explicatif indiquant les ressources et les divisions de chaque pays. 1 vol. grand in-8, broché. 30 fr.
Le cartonnage se paye en sus 3 fr. 25 c.

Cortambert. ATLAS dressés sous sa direction :

1° *Atlas* (petit) *de géographie ancienne* (16 cartes). Gr. in-8, cart. 2 fr. 50 c.

2° *Atlas* (petit) *de géographie du moyen âge* (15 cartes). Gr. in-8, cart. 2 fr. 50 c.

3° *Atlas* (petit) *de géographie moderne* (21 cartes). Gr. in-8, cart 2 fr. 50 c.

4° *Atlas* (petit) *de géographie ancienne et moderne* (37 cartes). Gr. in-8. 5 fr.

5° *Atlas* (petit) *de géographie ancienne, du moyen âge et moderne* (52 cartes). Grand in-8, cart. 7 fr. 50 c.

6º *Atlas* (nouvel) *de géographie moderne*
(62 cartes). Gr. in-4, cart.   10 fr.

7º *Atlas complet de géographie,* contenant
en 94 cartes la géographie ancienne, la
géographie du moyen âge, la cosmographie et la géographie moderne.
Grand in-4, cartonné.   15 fr.
  Chaque carte séparement.   15 c.

— *Nouveau cours complet de géographie,* contenant les matières indiquées
par les programmes de 1880, à l'usage des
lycées et des collèges. 11 vol. in-16, cart.,
avec gravures dans le texte, et accompagnés d'atlas in-8 correspondant aux matières enseignées dans chaque classe :

*Notions élémentaires de géographie gé-
nérale et notions sur la géographie physique de la France,* suivies d'un cadre
pour une description de département
(classe Préparatoire).   80 c.
Atlas correspondant (8 cartes). 1 volume.
Prix :   1 fr. 50 c.
*Géographie élémentaire des cinq parties
du monde,* suivie d'un aperçu des
grands voyages et des principales dé-
couvertes (classe de Huitième).   80 c.
Atlas correspondant(20 cartes). 1 vol. 3 fr.
Géographie élémentaire de la France
(classe de Septième). 1 vol. 1 fr. 20 c.
Atlas correspondant (16 cartes). 1 vo-
lume.   2 fr. 50 c.
*Géographie générale de l'Europe et du
bassin de la Méditerranée* (classe de
Sixième). 1 vol.   1 fr. 50 c.
Atlas correspondant (26 cartes). 1 vo-
lume.   3 fr. 50 c.
*Géographie de l'Asie, de l'Afrique, de
l'Amérique et de l'Océanie* (classe de
Cinquième). 1 vol.   1 fr. 50 c.
Atlas correspondant (19 cartes).   3 fr.
*Géographie physique et politique de la
France* (classe de Quatrième). 1 vol.
Prix :   1 fr. 50 c.
Atlas correspondant (27 c.). 1 v. 3 fr. 50 c.
*Géographie physique, politique et écono-
mique de l'Europe,* moins la France
(classe de Troisième). 1 vol.   2 fr.
Atlas correspondant (34 cartes). 1 vol.
Prix :   4 fr. 50 c.
*Géographie physique, politique et éco-
nomique de l'Afrique, de l'Asie, de
l'Amérique et de l'Océanie,* précédée
d'un résumé de géographie générale
(classe de Seconde). 1 vol.   3 fr.
Atlas correspondant(40 cartes). 1 vol. 5 fr.
*Géographie physique, politique, admi-
nistrative et économique de la France
et de ses possessions coloniales* (classe
de Rhétorique). 1 vol.   3 fr.

Atlas correspondant(20 cartes). 1 vol. 3 fr.
Éléments de géographie générale (classe
de Mathématiques préparatoires). 1 volume.   1 fr. 50 c.
Géographie générale (classe de Mathématiques élémentaires). 1 vol.   5 fr.
— *Cours de géographie,* comprenant la
description physique et politique, et la
géographie historique des diverses con-
trées du globe. 1 vol. in-16, cart. 4 fr. 25 c.
— *Petit cours de géographie moderne.*
1 vol. in-16, cartonné.   1 fr. 50 c.

Joanne (A.) *Petit dictionnaire géographique de la France;* 2e édition. 1 vol.
in-16, cartonné en percaline.   6 fr.

Meissas et Michelot. *Atlas et cartes.*
  PETITS ATLAS FORMAT IN-8.
A. *Atlas élémentaire de géographie moderne* (8 cartes écrites).   2 fr. 50 c.
B. *Le même,* avec 8 cartes muettes (16
cartes), cartonné.   3 fr. 50 c.
C. *Atlas universel de géographie moderne* (17 cartes écrites).   5 fr.
D. *Le même,* avec 8 cartes muettes (25
cartes), cartonné.   6 fr.
E. *Atlas de géographie ancienne et moderne* (36 cartes écrites).   9 fr.
F. *Le même,* avec 8 cartes muettes (44
cartes), cartonné.   10 fr.
G. *Atlas universel de géographie ancienne, du moyen âge et moderne
et de géographie sacrée* (54 cartes
écrites).   14 fr.
H. *Le même,* avec 8 cartes muettes (62
cartes), cartonné.   15 fr.
Atlas de géographie ancienne (19 cartes
écrites).   5 fr.
Atlas de géographie du moyen âge
(10 cartes écrites).   3 fr. 50 c.
Atlas de géographie sacrée (8 cartes écri-
tes), cartonné.   2 fr.
Chacune des cartes écrites séparément. 35 c.
  GRANDS ATLAS FORMAT IN-FOLIO.
A. *Atlas élémentaire*(8 cartes écrites). 6 fr.
B. *Le même,* avec 8 cartes muettes (16
cartes), cartonné.   11 fr. 50 c.
C. *Atlas universel* (12 cartes écrites)
cartonné.   10 fr. 50 c.
D. *Le même,* avec 8 cartes muettes (20
cartes), cartonné.   15 fr.
E. *Atlas universel*(19 cartes écrites) 15 fr.
F. *Le même,* avec 8 cartes muettes (27
cartes). cartonné.   21 fr.
Chaque carte séparément.   1 fr.
— *Grandes cartes murales :*
Chaque carte murale est accompagnée d'un questionnaire qui est donné gratuitement aux acqué-
reurs de la carte à laquelle il se réfère. Chaque questionnaire se vend en outre séparément.
30 c.

Les cartes en 16 feuilles ont 1 m. 80 de hauteur sur 2 m. 30 de largeur. Celles en 20 feuilles ont 1 m. 80 de hauteur sur 2 m. 60 de largeur.

Le collage sur toile, avec gorge et rouleau, se paye en sus : 1º pour les cartes en 16 feuilles, 12 fr.; 2º pour les cartes en 20 feuilles, 14 fr.

Géographie ancienne.

Empire romain écrit. 16 feuilles.   10 fr.
Italie et Grèce écrites. 16 feuilles.   10 fr.

Géographie moderne.

Afrique écrite. 16 feuilles.   10 fr.
Amériques septentrionale et méridionale écrites. 20 feuilles.   12 fr.
Asie écrite. 16 feuilles.   10 fr.
Europe écrite. 16 feuilles.   9 fr.
France. Belgique et Suisse écrites. 16 feuilles.   9 fr.
Mappemonde écrite 20 feuilles.   12 fr.
Mappemonde muette. 20 feuilles.   10 fr.

— *Nouvelles grandes cartes murales* indiquant le relief du terrain, tirées en couleur sur 12 feuilles jésus mesurant 2 mètres de haut sur 2 mètres 10 de large

Le collage sur toile, avec gorge et rouleau, se paye en sus, 12 fr.

Europe muette ou *écrite.*   15 fr.
France muette ou *écrite.*   15 fr.

Il existe aussi une collection de *petites cartes murales*, dont le détail se trouve dans la Notice des livres élémentaires

— *Géographie ancienne.* In-16.   2 fr. 50 c.
— *Petite géographie ancienne.* In-18.   1 fr.
— *Nouvelle géographie méthodique.* 1 vol. in-16, cartonné.   2 fr. 50 c.
— *Géographie sacrée.* In-18, cart. 1 fr. 25 c.

Reclus (Onésime). *Géographie :* la terre à vol d'oiseau. 2 vol. in-16, br.   10 fr.
— *La France, l'Algérie et les colonies.* 1 vol. in-16, broché.   5 fr. 50 c.

6º PHILOSOPHIE, DROIT, ÉCONOMIE POLITIQUE

Bibliothèque philosophique, à l'usage des classes de Philosophie et des aspirants au baccalauréat ès lettres :

Aristote : Morale a Nicomaque, liv. VIII, traduction française de Thurot, sans le texte. 1 vol. in-16, broché.   75 c.
Arnauld : Logique de Port-Royal, avec une introduction et des notes. Édition publiée par M. Jourdain. In-16. 2 fr. 50 c.
Bossuet : De la connaissance de Dieu et de soi-même. 1 v. in-16, cart.   1 fr. 60
Cicéron : De la république, traduction de Le Clerc sans le texte. In-16. 1 fr. 50 c.
— Des biens et des maux, livres I et II, traduction française par M. Émile Charles. Petit in-16, br.   1 fr. 50
— Des devoirs, traduction de M. Sommer, sans le texte. Petit in-16, br.   1 fr. 50
— Des lois, liv. 1, trad. de Ch. de Rémusat. sans le texte. Petit in-16.   75 c.
— Les Tusculanes, trad. franç. d'Olivet et Bouhier, revue par Le Clerc, sans le texte. Petit in-16, broché.   2 fr.
Descartes : Discours de la méthode ; première méditation ; publiés par M. Charpentier. Petit in-16, cart 1 fr. 50
Épictète : Manuel, traduction française de Thurot, sans le texte. In-16.   1 fr.
Fénelon : Traité de l'existence de Dieu ; publié par M. Dantou, in-16. 1 fr. 60 c.
Leibniz : Extraits de la Théodicée, par M. Janet. Petit in-16, cart.   2 fr. 50 c.
— La Monadologie, par M. H. Lachelier. 1 vol. petit in-16, cartonné.   1 fr.

Platon : Gorgias, traduction française de Thurot, sans le texte. In-16. 1 fr. 60 c.
— Phédon, trad. française de Fr. Thurot, avec le texte. In-16, br.   1 fr 60 c.
— République. livre VII, traduction française, par M. Aubé, sans le texte Petit in-16, broché.   1 fr. 50 c.
— République, livre VIII, traduction française, par M. Aubé. In-16, br.   1 fr.
Sénèque : Choix de lettres morales à Lucilius, traduction de. M. Baillard, avec le texte. In-16, broché.   1 fr. 75 c.
— De la vie heureuse, traduction de M. Baillard, avec une introduction, par M. Delaunay, sans le texte. In-16. 75 c.
Xénophon : Entretiens memorables de Socrate, trad. française de M. Sommer, sans le texte. Petit in-16, br 1 fr. 75 c.

Bouillier, membre de l'Institut. *Du plaisir et de la douleur* 1 vol. in-16. 3 fr. 50 c.
— *La vraie conscience.* 1 volume in-16, broché.   3 fr. 50 c.

Caro, professeur à la Faculté des lettres de Paris. *L'idée de Dieu et ses nouveaux critiques.* 1 vol. in-16, br.   3 fr. 50 c.
— *Le matérialisme et la science.* 1 volume in-16, broché.   3 fr. 50 c.
— *Études morales sur le temps présent.* 2 vol. in-16, brochés.   7 fr.
— *Le pessimisme au XIXe siècle.* 1 vol. in-16, broché.   3 fr. 50 c.
— *La philosophie de Gœthe.* In-16. 3 fr. 50 c.
— *Problèmes de morale sociale.* 1 vol. in-8, broché.   7 fr. 50 c.

Carrau, professeur à la Faculté des lettres de Paris. *Étude sur la théorie de l'évolution.* 1 vol. in-16, broché.   3 fr. 50 c.

Fouillée, maître de conférences à l'École normale supérieure. *L'idée moderne du droit en Allemagne, en Angleterre et en France* 1 vol. in-16, broché.   3 fr. 50 c.

— *La science sociale contemporaine.* 1 vol. in-16, broché.   3 fr. 50 c.

Franck, membre de l'Institut : *Dictionnaire des sciences philosophiques.* 1 fort vol. grand in-8, broché.   35 fr.

Habert, inspecteur d'Académie : *Précis scolaire d'économie politique*, contenant les matières des programmes de 1880. 1 vol. in-16, cartonné.   1 fr. 50 c.

Jacques, Jules Simon et **Saisset**. *Manuel de philosophie.* 1 vol. in-8.   8 fr.

Joly, professeur à la Faculté des lettres de Paris *Psychologie comparée : l'homme et l'animal.* 1 vol. in-8, br.   7 fr 50 c.

Jouffroy (Th.). *Cours de droit naturel.* 2 vol. in-16, brochés.   7 fr.

— *Mélanges philosophiques.* 1 volume in-16, broché.   3 fr. 50 c.

— *Nouveaux mélanges philosophiques.* 1 volume in-16, broché.   3 fr. 50 c.

Jourdain (C.), membre de l'Institut. *Notions de philosophie, comprenant des notions d'économie politique.* 17e édition refondue conformément aux programmes de 1880. 1 vol. in-16, broché.   5 f

Le Roy (Albert). *Sujets et développements de compositions françaises (dissertations philosophiques) données à la Sorbonne, depuis 1866 jusqu'en 1883.* 1 vol. in-8, broché.   5 f

Simon (Jules). *La religion naturelle.* 1 vol. in-16, broché.   3 fr. 50

— *Le devoir.* 1 vol. in-16, br.   3 fr. 50

— *La liberté civile.* 1 vol. in-16.   3 fr. 50

— *La liberté politique.* In-16.   3 fr. 50

— *La liberté de conscience.* In-16. 3 fr. 50

— *L'école.* 1 vol. in-16, br.   3 fr. 50

— *L'ouvrière.* 1 vol. in-16, br.   3 fr. 50

— *Manuel de philosophie.* Voir Jacques Jules Simon et Saisset.

Taine. *Les philosophes classiques du XIXᵉ siècle en France.* In-16, br.   3 fr. 50

— *De l'intelligence.* 2 vol. in-16, br.   7 f

Zeller. *La philosophie des Grecs avant Socrate.* Traduction de l'allemand, par M. E. Boutroux, maître de conférences à l'École normale supérieure. 2 vol. grand in-8, brochés.   20 fr

7° SCIENCES ET ARTS

§ 1. *Arithmétique et applications diverses.*

Bertrand (Joseph). *Traité d'arithmétique* 1 vol. in-8, broché.   4 fr.

Girodde (P.-L.). *Leçons d'arithmétique.* 1 vol. in-8, broché.   4 fr.

Degranges (Edmond). *Arithmétique commerciale et pratique.* In-8, broché. 5 fr.

— *La tenue des livres.* In-8, broché. 5 fr.

Dupuis. *Tables de logarithmes* à sept décimales, d'après Callet, Vega, Bremiker, etc.; 1 vol. grand in-8, cart. 10 fr.

— *Tables de logarithmes* à cinq décimales, d'après de Lalande. 1 vol. grand in-18, cartonné.   2 fr. 50 c.

— *Tables de logarithmes* à quatre décimales. 1 vol. petit in-16, cartonné. 75 c.

Hoefer. *Histoire des mathématiques.* 1 vol. in-16, broché.   4 fr.

Maire. *Arithmétique, suivie des éléments du système métrique, du tracé des figures les plus simples de la géométrie plane*, rédigée conformément aux programmes de 1880. 2 vol. in-16, cart. :

Classes Préparatoire et de Huitième. 1 vol.   1 fr

Classe de Septième. 1 vol.   1 fr. 50 c

Pichot, censeur du lycée Condorcet. *Arithmétique usuelle*, rédigée conformément aux programmes de 1880, pour les classes de Septième, Sixième et Cinquième. 1 vol. in-16, cartonné.   1 fr. 25 c

— *Arithmétique élémentaire*, contenant les matières des programmes de 1880, à l'usage des classes de Quatrième, Troisième et Philosophie. 1 v. in-16, cart. 2 fr

— *Éléments d'arithmétique* à l'usage de la classe de Mathématiques élémentaires. 1 vol. in-8, broché.   3 fr

Sonnet. *Problèmes et exercices d'arithmétique et d'algèbre.* 2 vol. in-8, br.   5 fr

— *Dictionnaire des mathématiques appliquées.* 1 vol. grand in-8 d'environ 1500 pages avec 1920 figures, broché.   30 fr

Le cartonnage se paye en sus 2 fr. 75.

Tombeck. *Traité d'arithmétique.* 1 volume in-8, broché.   4 fr.

§ 2. Géométrie ; Arpentage ; Dessin

Bos, inspecteur d'Académie. *Géométrie élémentaire*, contenant les matières des programmes de 1880, à l'usage des classes de Quatrième, Troisième, Seconde, Rhétorique et Philosophie. 1 vol. in-16, cart. 2 fr.

Bos et **Rebière**. *Éléments de géométrie*, à l'usage de la classe de Mathématiques élémentaires. 1 vol. in-8, broché. 7 fr.

Bougueret, professeur de dessin au lycée Saint Louis. *Cours de dessin et notions de géométrie*, d'après les programmes de 1880, à l'usage des classes élémentaires de dessin des lycées et collèges. 50 planches in-4. 7 fr. 50 c.
On vend séparément :
Dessin et géométrie des figures planes. 23 planches. 3 fr. 50 c.
Dessin et géométrie des solides. 12 planches. 1 fr. 75 c.

Construction géométrique et lavis. 15 planches. 2 fr. 25 c.

Briot et **Vacquant**. *Arpentage, levé des plans, nivellement.* 1 vol. in-16, avec des figures et des planches, broché. 3 fr.

— *Éléments de géométrie :*
1o *Théorie.* In-8, avec figures. 5 fr.
2o *Application.* In-8, avec fig. 3 fr. 50 c.

Pichot. *Géométrie usuelle*, rédigée conformément aux programmes de 1880, pour les classes de Septième, Sixième et Cinquième. 1 vol. in-16, cart. 1 fr. 25 c.

Sonnet. *Géométrie théorique et pratique.* 2 vol. in-8, texte et planches. 6 fr.

Tombeck. *Traité de géométrie élémentaire.* 1 vol. in-8, broché. 5 fr.

— *Précis de levé des plans, d'arpentage et de nivellement.* 1 vol. in-8, br. 1 fr. 50 c.

§ 3. Algèbre ; Géométrie analytique ; Géométrie descriptive ; Trigonométrie.

Bertrand (Joseph), membre de l'Institut. *Traité d'algèbre :*
1re *partie*, à l'usage des classes de Mathématiques élémentaires. In-8. 5 fr.
2e *partie*, à l'usage des classes de Mathématiques spéciales. 1 vol. in-8, br. 5 fr.

Bos. *Éléments d'algèbre*, à l'usage de la classe de Mathématiques élémentaires et des candidats au baccalauréat ès sciences. 1 vol. in-8, broché. 5 fr.

Briot et **Vacquant**. *Éléments de géométrie descriptive*, à l'usage des classes de Mathématiques élémentaires et des candidats au baccalauréat ès sciences. 1 vol. in-8, avec figures, broché. 3 fr. 50 c.

Kiæs. *Traité élémentaire de géométrie descriptive :*
1re *partie*, à l'usage des classes de Mathématiques élémentaires et des candidats au baccalauréat ès sciences. 1 vol. in-8 de texte et 1 vol. in-8 de planches. 7 fr.
2e *partie*, à l'usage des classes de Mathématiques spéciales et des candidats aux Écoles normale supérieure, polytechnique et centrale. 1 vol. in-8 de texte et 1 vol. in-8 de planches, brochés. 10 fr.

Pichot. *Algèbre élémentaire*, contenant les matières des programmes de 1880, à l'usage des classes de Troisième, Seconde et Philosophie. 1 v. in-16, cart. 2 fr. 50 c.

— *Éléments de trigonométrie rectiligne*, à l'usage de la classe de Mathématiques élémentaires. 1 vol. in-8 br. 3 fr. 50 c.

Pichot et **de Batz de Trenquelléon**. *Géométrie descriptive*, à l'usage des candidats au baccalauréat ès sciences. 1 vol. in-8, avec figures, broché. 1 fr. 50 c.

— *Complément de géométrie descriptive*, à l'usage des candidats à Saint-Cyr. 1 vol. in-8, avec figures, broché. 2 fr.

Sonnet. *Algèbre élémentaire.* In-8, br. 6 fr.

— *Premiers éléments d'algèbre*, extraits du précédent ouvrage. In-16, br. 2 fr. 50 c.

Sonnet et **Frontera**. *Éléments de géométrie analytique*, rédigés conformément au dernier programme d'admission à l'École normale supérieure. In-8, br. 8 fr.

Tombeck. *Traité élémentaire d'algèbre*, à l'usage des classes de Mathématiques élémentaires. 1 vol. in-8, br ché. 4 fr.

— *Cours de trigonométrie rectiligne.* 1 vol in-8, broché. 2 fr 50 c.

— *Éléments de géométrie descriptive.* 1 vol. in-8, broché. 2 fr. 50 c.

§ 4. Mécanique.

Collignon, professeur à l'Ecole des ponts et chaussées *Traité de mécanique.* 4 v. in-8, avec figures, brochés :
1re partie, *Cinématique.* 1 vol. 7 fr. 50 c.
2e partie, *Statique.* 1 vol. 7 fr. 50 c.
3e partie, *Dynamique, et compléments.*
2 vol.   15 fr.

Mascart, professeur au Collège de France. *Eléments de mécanique*, rédigés conformément au programme de l'enseignement scientifique dans les lycées. In-8. 3 fr.

Mondiet et **Thabourin** : *Cours élémentaire de mécanique*, avec des énoncés et des problèmes, à l'usage de la classe de Mathématiques élémentaires. 3 vol. in-8 avec figures, brochés :

Tome I. *Principes ;* 3e éd. en 2 fascicules :
1er fascicule. *Statique.* 1 vol. 2 fr. 50 c.
2e fascicule. *Cinématique.* 1 v. 2 fr. 40 c.
Tome II. *Mécanismes.* 1 vol.   3 fr.
Tome III. *Moteurs.* 1 vol.   6 fr.

Pichot et **de Batz de Trenquelléon.** *Eléments de mécanique*, à l'usage de la classe de Mathématiques élémentaires. 1 vol. in-8, avec figures. br.   3 fr. 50 c.

Sonnet. *Notions de mécanique*, à l'usage des classes de Mathématiques spéciales. 1 vol. in-8, broché   5 fr.
— *Premiers éléments de mécanique appliquée.* 1 vol. in-16, avec planches.   4 fr.

Tombeck. *Notions de mécanique*, à l'usage des élèves des lycées. 1 vol. in-8. 2 fr.

§ 5. Cosmographie.

Pichot. *Traité élémentaire de cosmographie*, à l'usage de la classe de Mathématiques élémentaires. 1 vol. in-8, avec 207 figures et 2 planches, broché.   6 fr.
— *Cosmographie élémentaire*, contenant les matières des programmes de 1880, à

l'usage des classes de Rhétorique et de Philosophie. 1 vol. in-16, avec 147 fig., cartonné.   2 fr. 50 c.

Tombeck. *Cours de cosmographie.* 1 vol. in-8 avec figures, broché.   3 fr. 50 c.

§ 6. Physique ; Chimie.

Albert-Lévy. *Premiers éléments des sciences expérimentales*, rédigés conformément aux programmes de 1880, à l'usage de la classe de Septième. 1 vol. in-16, avec 190 figures, cart. 2 fr. 50 c.

Angot, ancien professeur de physique au lycée Condorcet. *Eléments de physique*, rédigés conformément aux programmes de 1880, à l'usage des classes de Troisième, Seconde, Rhétorique et Philosophie. 4 vol. in-16, avec de nombreuses figures, cartonnés, chaque volume.   2 fr.
— *Traité de physique élémentaire*, conforme aux programmes du baccalauréat ès sciences, et répondant aux derniers programmes pour l'admission à l'Ecole polytechnique. 1 vol. in-8, broché.   8 fr.
Relié en percaline.   9 fr.

Boutet de Monvel, professeur de physique et de chimie au lycée Charlemagne. *Notions de physique* à l'usage des classes de Troisième, Seconde et Rhétorique. 3 vol. in-16, cart., chaque vol.   2 fr.
— *Cours de chimie* à l'usage des classes de Mathématiques élémentaires. 1 vol. in-16, avec 140 figures, broché.   5 fr.

Demoulin (Mme). *Leçons de choses* (les solides — l'eau — l'air), rédigées conformément aux programmes de 1880, à l'usage de la classe Préparatoire. 1 vol. in-16, avec 179 gravures, cart. 1 fr. 50 c.

Ganot. *Traité élémentaire de physique*, suivi d'un recueil de 100 problèmes, avec solutions ; nouvelle édition refondue et complétée. 1 vol. in-16, avec figures, broché.   7 fr. 50 c.
Relié en percaline.   8 fr.

Payen. *Précis de chimie industrielle ;* 6e édition, revue et mise au courant par M. Vincent. 2 vol. in-8 de texte et 1 vol. de planches, brochés.   32 fr.

Privat-Deschanel, proviseur du lycée de Vanves. *Premières notions de physique*, rédigées conformément aux programmes de 1880, à l'usage de la classe de Sixième. Petit in-16, cart.   2 fr. 50 c.
— *Premières notions de chimie*, rédigées conformément aux programmes de 1880, à l'usage de la classe de Sixième. 1 vol. petit in-16, avec figures, cart. 1 fr. 25 c.
— *Traité élémentaire de physique*, à l'usage des candidats au baccalauréat ès sciences. 1 vol. grand in-8, avec

719 figures et 3 planches en couleur tirées à part, broché. 10 fr.

Privat-Deschanel et **Pichot.** *Notions élémentaires de physique*, contenant les matières des programmes de 1880, à l'usage des classes de Troisième, Seconde

et Rhétorique. 1 fort vol. in-16, avec 491 figures, cartonné. 5 fr.

Schützenberger, professeur au Collège de France *Éléments de chimie*, rédigés conformément aux programmes de 1880, à l'usage de la classe de Philosophie. 1 v. in-16, avec 124 figures, cartonné. 3 fr.

§ 7. *Histoire naturelle.*

Baillon, professeur à la Faculté de médecine de Paris. *Éléments d'histoire naturelle des végétaux*, rédigés conformément aux programmes de 1880, à l'usage de la classe de Huitième. 1 vol. in-16, avec 410 figures, cartonné. 2 fr. 50 c.
— *Cours élémentaire de botanique*, rédigé conformément aux programmes de 1880, à l'usage de la classe de Quatrième. 1 vol. in-16, avec 821 figures, cart. 3 fr.
— *Anatomie et physiologie végétales*, rédigées conformément aux programmes de 1880, à l'usage de la classe de Philosophie. In-8, avec 465 figures, br. 5 fr.

Delafosse. *Précis élémentaire d'histoire naturelle.* In-16, avec 368 figures. 6 fr.

Delage, professeur à l'École des sciences d'Alger. *Éléments d'histoire naturelle des pierres et des terrains*, rédigés conformément aux programmes de 1880 :
Classe de Septième. 1 vol. in-16, avec 109 figures, cartonné. 2 fr.
Classe de Quatrième. 1 vol. in-16, avec 172 figures, cartonné. 2 fr.

Gervais. *Éléments de zoologie*, comprenant l'anatomie, la physiologie, la classification et l'histoire naturelle des animaux ; 3e édition 1 vol. in-8, avec 604 figures et trois planches en couleur, broché. 8 fr.
— *Cours élémentaire d'histoire naturelle*, contenant les matières des programmes de 1880. 2 vol. in-16, avec de nombreuses figures dans le texte, cartonnés :
Zoologie. Classe de Cinquième (340 figures) 1 vol. 3 fr.
Géologie et Botanique. Classe de Quatrième (315 figures). 1 vol. 3 fr.

Perrier, professeur au Muséum d'histoire naturelle de Paris. *Éléments d'histoire naturelle des animaux*, rédigés conformément aux programmes de 1880, à l'usage de la classe de Huitième. 1 vol. in-16, avec 244 figures, cartonné. 2 fr. 50 c.
— *Éléments de zoologie*, rédigés conformément aux programmes de 1880, à l'usage de la classe de Cinquième. 1 vol. in-16, avec 435 figures, cartonné. 3 fr.
— *Anatomie et physiologie animales*, rédigées conformément aux programmes de 1880, à l'usage de la classe de Philosophie. 1 vol. in-8, avec fig., br. 8 fr.

8° ÉTUDE DE LA LANGUE LATINE

Asselin, professeur au collège Rollin. *Choix de dissertations françaises et latines, de vers et de thèmes grecs*, à l'usage des candidats à la licence es lettres: sujets et développements. 1 vol. in-8. 5 fr.
— *Compositions françaises et latines*, à l'usage des lycées, des collèges et des établissements d'instruction secondaire. 1 vol. in-8, broché. 6 fr.

Auteurs latins (les) expliqués d'après une méthode nouvelle par **deux traductions françaises,** l'une littérale et *juxtalinéaire,* présentant le mot à mot français en regard des mots latins correspondants; l'autre correcte et précédée du texte latin ; par une société de professeurs et de latinistes. Format in-16, broché :
Cette collection comprend les principaux auteurs qu'on explique dans les classes.
César : Guerre des Gaules, 2 vol. 9 fr.
Chaque volume se vend séparément.
— Guerre civile, livre I. 2 fr. 25 c.
Cicéron : Brutus. 4 fr.
— Catilinaires (les quatre). 2 fr.
— Des lois, livre I. 1 fr. 50 c.
— Des devoirs. 6 fr.
— Dialogue sur l'amitié. 1 fr. 25 c.
— — sur la vieillesse. 1 fr. 25 c.
— Discours pour la loi Manilia. 1 fr. 50 c.
— Discours pour Ligarius. 75 c.
— Discours pour Marcellus. 75 c.

— Discours sur les statues.   3 fr.
— Discours sur les supplices.   3 fr.
— Plaidoyer pour Archias.   90 c.
— Plaidoyer pour Milon.   1 fr. 50 c.
— Plaidoyer pour Murena.   2 fr. 50 c.
— Seconde philippique.   2 fr.
— Songe de Scipion.   50 c.
Cornelius Nepos.   5 fr.
Heuzet : Histoires choisies des écrivains
profanes, 2 vol.   12 fr.
Chaque volume séparément.   6 fr.
Livre I.   1 fr.
Livre II.   1 fr. 25 c.
Livre III.   5 fr.
Livre IV.   3 fr. 50 c.
Livre V.   4 fr.
Horace : Art poétique.   75 c.
— Épitres.   2 fr.
— Odes et Épodes. 2 vol.   4 fr. 50 c.
Les livres I et II des Odes.   2 fr.
Les livres III et IV des Odes et les
Épodes.   2 fr. 50 c.
— Satires.   2 fr.
Justin: Histoires philippiques. 2 v.   12 fr.
Chaque volume se vend séparément.   6 fr.
Lhomond: Abrégé de l'histoire sainte. 3 fr.
— Sur les hommes illustres de la ville de
Rome.   4 fr. 50 c.
Lucrèce : Morceaux choisis de M. Poyard.
Prix :   3 fr. 50 c.
Ovide : Choix des métamorphoses.   6 fr.
Phèdre : Fables.   2 fr.
Plaute : Aululaire.   1 fr. 75 c.
Quinte-Curce : Histoire d'Alexandre le
Grand. 2 vol.   12 fr.
Chaque volume se vend séparément.   6 fr.
Salluste : Catilina.   1 fr. 50 c.
— Jugurtha.   3 fr. 50 c.
Sénèque : De la vie heureuse.   1 fr. 50 c.
Tacite : Annales, 4 vol.   18 fr.
Chaque volume se vend séparément.
— Germanie (la).   1 fr.
— Vie d'Agricola.   1 fr. 75 c.
Térence : Adelphes.   2 fr.
— Andrienne.   2 fr. 50 c.
Tite-Live. Livres XXI et XXII.   5 fr.
— Livres XXIII, XXIV et XXV. 7 fr. 50 c.
Virgile : Bucoliques (les).   1 fr.
— Géorgiques (les).   2 fr.
— Énéide : 4 volumes.   16 fr.
Chaque volume séparément.   4 fr.
Chaque livre séparément.   1 fr. 50 c.
Bloume. *Une première année de latin,*
8e édition. 1 vol. in-16, cartonné   2 fr.
Bréal, professeur de grammaire comparée
au collège de France, et **Bailly**, pro-
fesseur au lycée d'Orléans : *Leçons de
mots :* les mots latins groupés d'après le

sens et l'étymologie ; ouvrage rédigé
conformément aux programmes de 1880 :
Cours élémentaire, à l'usage de la
classe de Sixième. 1 vol. in-16. 1 fr. 25 c.
Cours intermédiaire, à l'usage des
classes de Cinquième et de Quatrième.
1 vol. in-16.   2 fr. 50 c.
Cours supérieur, à l'usage des classes
de Lettres. 1 vol. in-8.   » »
Chassang, inspecteur général de l'instruction publique. *Modèles de composition
latine,* avec des arguments, des notes et
des préceptes sur chaque genre de composition. 1 vol. in-16, cartonné.   2 fr.
Chatelain, chargé de conférences à la
Faculté des lettres de Paris. *Lexique
latin-français,* rédigé conformément au
décret du 19 juin 1880, à l'usage des candidats au baccalauréat ès lettres. 1 vol.
in-16, cart.   6 fr.
Reconnu conforme à la note officielle du
29 janvier 1881.

Classiques latins ; nouvelle collection,
format petit in-16, publiée avec des notices, des arguments analytiques et des
notes en français.
Ces éditions se recommandent par la pureté du
texte, la concision des notes, la commodité du
format, l'élégance et la solidité du cartonnage.

Cicéron : Extraits des discours (F. Ra-
gon).   2 fr. 50 c.
— Extraits des ouvrages de rhétorique
(V. Cucheval, professeur de rhétorique
au lycée Condorcet.)   2 fr.
— Choix de lettres (V. Cucheval).   2 fr.
— De amicitia (E. Charles).   50 c.
— De finibus bonorum et malorum, libri
I et II (E. Charles, recteur).   1 fr. 50
— De legibus, livre I (Lucien Lévy, pro-
fesseur au lycée d'Amiens).   75 c.
— De re publica (E. Charles). 1 fr. 50 c.
— De senectute (E. Charles).   40 c.
— In M. Antonium oratio philippica se-
cunda (Gantrelle).   1 fr.
— In Catilinam orationes quatuor (Noël,
professeur au lycée de Versailles). 60 c.
— Orator (C. Aubert).   1 fr.
— Pro Archia poeta (Noël).   30 c.
— Pro lege Manilia (Noël).   30 c.
— Pro Ligario (Noël).   30 c.
— Pro Marcello (Noël).   30 c.
— Pro Milone (Noël).   40 c.
— Pro Murena (Noël).   40 c.
— Somnium Scipionis (V. Cucheval). 30 c.
Cornelius Nepos (Monginot, professeur au
lycée Condorcet).   90 c.
Heuzet : Selectæ e profanis scriptoribus
historiæ (J. Lemaire).   1 fr. 75 c.

Jouvency : Appendix de diis et heroibus (Edeline). 70 c.

Lhomond : De viris illustribus urbis Romæ (Chaine). 1 fr. 10 c.

— Epitome historiæ sacræ (Pressard, prof. au lycée Louis-le-Grand). 60 c.

Lucrèce : Morceaux choisis (Poyard, professeur au lycée Henri IV). 1 fr. 50 c.

Pères de l'Eglise latine : Morceaux choisis (Nourrisson). 2 fr. 25 c.

Phèdre : Fables (Talbert, ancien directeur du collège Rollin). 80 c.

Plaute : L'aululaire (Benoist, professeur à la Faculté des lettres de Paris). 80 c.

— Morceaux choisis (Benoist). 2 fr.

Pline le Jeune : Choix de lettres (Waltz, recteur d'Académie). 1 fr. 80 c.

Quinte-Curce (Dosson). 2 fr. 25 c.

Salluste (Lallier). 1 fr. 80 c.

Sénèque : De vita beata (Delaunay, profes. à la Faculté des lettres de Rennes). 75 c.

Tacite : Annales (Jacob, professeur au lycée Louis-le-Grand). 2 fr. 50 c.

— Vie d'Agricola (Jacob). 75 c.

Térence : Adelphes (Psichari). 80 c.

Tite-Live : (Riemann, maître de conférences à la Faculté des lettres de Paris, et Benoist).

Livres XXI et XXII. 1 vol. 2 fr.

Livres XXIII, XXIV et XXV. 1 vol. 2 fr. 25 c.

Livres XXVI à XXX. 1 vol. » «

Virgile (Benoist). 2 fr. 25 c.

Classiques latins, format in-16. Éditions publiées avec des notes en français, par les auteurs dont les noms sont indiqués entre parenthèses.

Cicero : De officiis (H. Marchand). 1 fr.

— De oratore (Bétolaud). 1 fr. 50 c.

— In Verrem oratio de signis (J. Thibault). 50 c.

— In Verrem oratio de suppliciis (O. Dupont). 50 c.

— Tusculanarum quæstionum libri V (Jourdain). 1 fr. 50 c.

Horatius : Opera (Sommer). 2 fr.

Justinus : Historiæ philippicæ (Pessonneaux). 1 fr. 50 c.

Lucain : La Pharsale (Naudet). 2 fr.

Narrationes selectæ e scriptoribus latinis (Chassang) 2 fr. 25 c.

Ovidius : Selectæ fabulæ ex libris metamorphoseon (G. Lesage). 1 fr. 40 c.

Pline l'Ancien : Morceaux extraits de l'Histoire naturelle (Chassang). 1 fr. 50

Sénèque : Choix de lettres morales à Lucilius (Sommer). 1 fr. 25 c.

Titus Livius : Narrationes selectæ et res memorabiles (Sommer). 1 fr. 40 c.

Voir ci-dessus *Classiques latins* (nouvelle collection, format petit in-16).

Delestrée. *Recueil de versions latines,* dictées à la Sorbonne pour les examens du baccalauréat ès lettres de 1878 à 1882. 2 vol. in-16; *textes et traductions.* br. 3 fr.

Éditions à l'usage des professeurs. Textes latins publiés d'après les travaux les plus récents de la philologie, avec des commentaires critiques et explicatifs, des introductions et des notices. Format grand in-8, broché.

EN VENTE :

Cicéron : Discours pour le poète Archias, par M. Émile Thomas, professeur à la Faculté des lettres de Douai. 1 volume. 2 fr. 50 c.

Cornelius Nepos, par M. Monginot, professeur au lycée Condorcet. 1 vol. 6 fr.

Tacite : Annales, par M. Jacob, professeur à Louis-le-Grand. 2 vol. 15 fr.

Virgile, par M. Benoist, professeur à la Faculté des lettres de Paris. 3 vol. :

Bucoliques et Géorgiques. 1 vol. 7 fr. 50 c.

Énéide; 3e tirage. 2 vol. 15 fr.

Chaque volume. 7 fr. 50 c.

Guérard et Molliard, directeurs des études au collège Sainte-Barbe. *Petit dictionnaire latin-français.* 1 vol. in-16, cartonné. 4 fr.

Le Roy. *Sujets et développements de compositions latines* (discours, lettres, dialogues, narrations, dissertations). 1 vol. in-8, broché. 3 fr. 50 c.

— *Sujets et développements de compositions* données dans les Facultés, de 1860 à 1873, ou proposées comme exercices préparatoires pour les examens de la licence ès lettres (dissertations latines, dissertations françaises, vers latins, thèmes grecs, avec des observations de M. Dübner). 2e édition. 1 vol. in-8, broché. 4 fr.

Lhomond. *Éléments de la grammaire latine.* 1 vol. in-16, cart. 80 c.

Marais. *Recueil de versions latines* dictées dans les Facultés, depuis 1874 jusqu'en 1881, pour l'examen du baccalauréat ès sciences; *textes et traductions.* 2 vol. in-8, brochés. 6 fr.

Chaque volume séparément. 3 fr.

Méthode uniforme pour l'enseignement des langues, par E. Sommer;

Abrégé de grammaire latine. In-16, cartonné. 1 fr. 25 c.

Questionnaire sur l'Abrégé de grammaire latine. In-16, cartonné. 50 c.

Exercices sur l'Abrégé de grammaire latine. 1 vol. in-16, cart. 1 fr. 25 c.

Corrigé desdits exercices. In-16.1 fr.50 c.
Cours de versions latines, extraites du Recueil de Jacobs. 1re partie. 1 vol. in-16, cartonné.   1 fr.
Corrigé. 1 vol. in-16, broché. 1 fr. 25 c.
Cours de versions latines. 2e partie. 1 vol. in-16, cart.   1 fr.
Corrigé. 1 vol. in-16, broché. 1 fr. 25 c.
Cours de thèmes latins. 1u-16. 1 fr 50 c.
Cours complet de grammaire latine. 1 vol. in-8, cartonné.   2 fr. 50 c.
Exercices sur le Cours complet de grammaire latine. Iu-8, cart.   2 fr. 50 c.
Corrigé desdits exercices. Iu-8, br. 3 fr.
Voir pages 5 et 19 pour les *langues française et grecque*.

Noël. *Dictionnaire français-latin ;* nouvelle édition revue par M. Pessonneaux, professeur au lycée Henri IV. 1 vol. grand in-8, cartonné.   8 fr.
— *Dictionnaire latin-français ;* nouvelle édition, revue par M. Pessonneaux. 1 vol. grand in-8, cartonné.   8 fr.
— *Gradus ad Parnassum*, ou dictionnaire poétique latin-français ; nouvelle édition, revue par M. de Parnajon, professeur au lycée Henri IV. 1 vol. grand in-8, cartonné.   8 fr.

Patin. *Études sur la poésie latine.* 2 vol. in-16, brochés.   7 fr.

Pierron. *Histoire de la littérature romaine.* 1 vol. in-16, broché.   4 fr.

Pierrot-Deseilligny. *Choix de compositions françaises et latines*, avec les matières ou les arguments. Recueil publié par J. Pierrot-Deseilligny; 5e édition, revue et augmentée par M. Julien Girard, proviseur du lycée Condorcet. 1 fort vol. in-8, broché.   9 fr.

Pressard, professeur au lycée Louis-le-Grand : *Premières leçons de latin :* grammaire latine élémentaire, avec exercices oraux et écrits de thèmes et de versions. 1 vol. in-16, cartonné.   2 fr. 50 c.

Quicherat (L.), membre de l'Institut. *Dictionnaire français-latin.* 1 vol. grand in-8, cartonné en toile.   9 fr. 50 c.
— *Nouvelle prosodie latine.* 1 vol. in-16, cartonné.   1 fr.
— *Thesaurus poeticus linguæ latinæ*, ou dictionnaire prosodique et poétique de la langue latine. 1 vol. grand in-8, cartonné en toile.   8 fr. 50 c.
— *Traité de versification latine.* 1 vol. in-16, cartonné.   3 fr.

Quicherat et Daveluy. *Dictionnaire latin-français*, suivi d'un *Vocabulaire latin-français des noms propres de la langue latine*, par M. L. Quicherat. Gr. in-8, cartonné en toile.   9 fr. 50 c.

Sommer. *Lexique français-latin*, à l'usage des classes élémentaires, extrait du Dictionnaire français latin de M. Quicherat, et augmenté de toutes les formes de mots irréguliers ou difficiles. In-8, c. 3 f. 75 c.
— *Lexique latin-français*, a l'usage des classes élémentaires, extrait du Dictionnaire latin-français de MM. Quicherat et Daveluy, et augmenté de toutes les formes de mots irréguliers ou difficiles. In-8, cartonné.   3 fr. 75 c.
Voir *Méthode uniforme pour l'enseignement des langues*, pages 5, 15 et 19.

Thurot, ancien maître de conférences à l'École normale, et **Chatelain.** *Prosodie latine.* 1 vol. in-16, cart. 1 fr 25 c.

Traductions françaises des chefs-d'œuvre de la littérature latine, sans le texte latin, à 3 fr. 50 c. le volume format in-16 :
Le nom des traducteurs est indiqué entre parenthèses.
Horace (Jules Janin), 1 vol.
Juvénal et Perse (E. Despois), 1 vol.
Lucrèce (Patin). 1 vol.
Plaute (E. Sommer), 2 vol.
Sénèque (J. Baillard), 2 vol.
Tacite (J.-L. Burnouf), 1 vol.
Tite-Live (Gaucher), 4 vol.
Virgile (Cabaret-Dupaty), 1 vol.

9° ÉTUDE DE LA LANGUE GRECQUE ANCIENNE

Alexandre (C. . *Dictionnaire grec-français*, suivi d'un *Vocabulaire grec-français, des noms propres de la langue grecque*, par A. Pillon. 1 vol. grand in 8, cartonné en toile.   15 fr.
— *Abrégé du dictionnaire grec-français*, par le même auteur. 1 volume gr. in-8, cartonné.   7 fr. 50 c.

Alexandre, Planche et Defaucompret. *Dictionnaire français-grec.* 1 vol. in 8. cartonné en toile.   15 fr.

Auteurs grecs (les) expliqués d'après une méthode nouvelle, par deux traductions françaises, l'une littérale et *juxtalinéaire*, présentant le mot à mot français en regard des mots grecs correspondants, l'autre correcte et précédée du texte grec, avec des sommaires et des notes en français, par une société de professeurs et d'hellénistes. Format in-16 : Cette collection comprend les principaux auteurs qu'on explique dans les classes.

Aristophane : Plutus. 2 fr. 25 c.
— Morceaux choisis de M. Poyard. 6 fr.
Aristote : Morale à Nicomaque, livre VIII. 1 fr. 50 c.
— Poétique. 2 fr. 50 c.
Babrius : Fables. 4 fr.
Basile (S.) : De la lecture des auteurs profanes. 1 fr. 25 c.
— Contre les usuriers. 75 c.
— Observe-toi toi-même. 90 c.
Chrysostome (S. Jean) : Homélie en faveur d'Eutrope. 60 c.
— Homélie sur le retour de l'évêque Flavien. 1 fr.
Démosthène : Discours contre la loi de Leptine. 3 fr. 50 c.
— Discours pour Ctésiphon ou sur la couronne. 3 fr. 50 c.
— Harangue sur les prévarications de l'ambassade. 6 fr.
— Les trois Olynthiennes. 1 fr. 50 c.
— Les quatre Philippiques. 2 fr.
Denys d'Halicarnasse : Première lettre à Ammée. 1 fr. 25 c.
Eschine : Discours contre Ctésiphon. 4 fr.
Eschyle : Prométhée enchaîné. 3 fr.
— Sept (les) contre Thèbes. 1 fr. 50 c.
— Morceaux choisis de M. Weil. 5 fr.
Esope : Fables choisies. 1 fr. 25 c.
Euripide : Alceste. 2 fr.
— Electre. 3 fr.
— Hécube. 2 fr.
— Hippolyte. 3 fr. 50 c.
— Iphigénie à Aulis. 3 fr.
Grégoire de Nazianze (S.) : Eloge funèbre de Césaire. 1 fr. 25 c.
— Homélie sur les Machabées. 90 c.
Grégoire de Nysse (S.) : Contre les usuriers. 75 c.
— Eloge funèbre de saint Mélèce. 75 c.
Hérodote : Morceaux choisis. 7 fr. 50 c.
Homère : Iliade. 6 volumes. 20 fr.
Chaque volume séparément. 3 fr. 50 c.
Chaque chant séparément. 1 fr.
— Odyssée. 6 vol. 24 fr.
Chaque volume séparément. 4 fr.
Les chants 1, 2, 6, 11 et 12 se vendent séparément, chacun. 1 fr.
Isocrate : Archidamus. 1 fr. 50 c.
— Conseils à Démonique. 75 c.
— Eloge d'Evagoras. 1 fr.
— Panégyrique d'Athènes. 2 fr. 50 c.

Luc (S.) : Evangile. 3 fr.
Lucien : Dialogues des morts. 2 fr. 25 c.
— De la manière d'écrire l'histoire. 2 fr.
Pères grecs (choix de discours tirés des). Prix : 7 fr. 50 c.
Pindare : Isthmiques (les). 2 fr. 50 c.
— Néméennes (les). 3 fr.
— Olympiques (les). 3 fr. 50 c.
— Pythiques (les). 3 fr. 50 c.
Platon : Alcibiade (le 1er). 2 fr. 50 c.
— Apologie de Socrate. 2 fr.
— Criton. 1 fr. 25 c.
— Gorgias. 6 fr.
— Phédon. 5 fr.
— République, livre VIII. 2 fr. 50 c.
Plutarque : De la lecture des poëtes. 3 fr.
— Sur l'éducation des enfants. 2 fr.
— Vie d'Alexandre. 3 fr.
— Vie d'Aristide. 2 fr.
— Vie de César. 2 fr.
— Vie de Cicéron. 3 fr.
— Vie de Démosthène. 2 fr. 50 c.
— Vie de Marius. 3 fr.
— Vie de Pompée. 5 fr.
— Vie de Solon. 3 fr.
— Vie de Sylla. 3 fr.
— Vie de Thémistocle. 2 fr.
Sophocle : Ajax. 2 fr. 50 c.
— Antigone. 2 fr. 25 c.
— Electre. 3 fr.
— Œdipe à Colone. 2 fr.
— Œdipe roi. 1 fr. 50 c.
— Philoctete. 2 fr. 50 c.
— Trachiniennes (les). 2 fr. 50 c.
Théocrite : Œuvres complètes. 7 fr. 50 c.
Thucydide : Guerre du Péloponèse :
Livre I. 6 fr.
Livre II. 5 fr.
— Morceaux choisis de M. Croiset. 5 fr.
Xénophon : Anabase (les 7 liv.), 2 v. 12 fr.
Chaque livre séparément. 2 fr.
— Apologie de Socrate. 60 c.
— Cyropédie, livre I. 1 fr. 25 c.
— — livre II. 1 fr. 25 c.
— Economique. chap. I à XI. 2 fr.
— Entretiens mémorables de Socrate (les quatre livres). 7 fr. 50 c.
— Morceaux choisis de M. de Parnajon. Prix : 7 fr. 50 c.

Bréal, professeur de grammaire comparée au Collège de France, et Bailly, professeur au lycée d'Orléans : Leçons de mots : les mots grecs groupés d'après le sens et l'étymologie. Ouvrage rédigé conformément aux programmes de 1880 1 vol. in-16, cartonné. 1 fr. 50 c.

Classiques grecs, nouvelle collection, format petit in-16, publiée avec des notices, des arguments analytiques et des notes eu français.

Ces éditions se recommandent par la pureté du texte, la concision des notes, la commodité du format, l'élégance et la solidité du cartonnage.

Aristophane : Morceaux choisis (Poyard, professeur au lycée Henri IV).   2 fr.

Aristote : Morale à Nicomaque, livre VIII (Lucien Lévy, professeur au lycée d'Amiens.)   1 fr.

— Poétique (Egger, membre de l'Institut).   1 fr.

Démosthène : Discours de la couronne (Weil, membre de l'Institut). 1 fr. 25 c.

— Les trois Olynthiennes (Weil).   60 c.

— Les quatre Philippiques (Weil).   1 fr.

— Sept Philippiques (H. Weil). 1 fr. 50 c.

Denys d'Halicarnasse : Première lettre à Ammée (Weil).   60 c.

Élien : Morceaux (J. Lemaire). 1 fr. 10 c.

Épictète : Manuel (Thurot).   1 fr.

Eschyle : Morceaux choisis (Weil). 1 fr. 60

— Les Perses (Weil).   1 fr.

— Prométhée enchaîné (Weil).   1 fr.

Euripide : Théâtre (Weil). Alceste; — Electre; — Hécube; — Hippolyte; — Iphigénie à Aulis ; — Iphigénie en Tauride. Chaque tragédie.   1 fr.

— Morceaux choisis (Weil).   2 fr.

Hérodote : Morceaux choisis (Tournier, maître de conférences l'Ecole normale). 1 vol.   2 fr.

Homère : Iliade (A. Pierron). 3 fr. 50 c.

Les chants 1, 2, 6, 9, 10, 18, 22 et 24 se vendent séparement, chacun,   25 c.

— Morceaux choisis de l'Iliade (A. Pierron). 1 fr. 60 c.

Lucien : De la manière d'écrire l'histoire (Lehugeur).   75 c.

— Dialogues des morts (Tournier). 90 c.

— Morceaux choisis (Talbot, professeur au lycée Condorcet).   2 fr.

Platon : République, livre VII (Aubé, professeur au lycée Condorcet).   1 fr. 50

— République, livre VIII (Aubé). 1 fr. 50

— Criton (Ch. Waddington).   50 c.

— Morceaux choisis (Poyard).   2 fr.

Plutarque : Vie de Cicéron (Graux). 1 fr.

— Vie de Démosthène (Graux).   1 fr.

— Morceaux choisis des biographies (Talbot). 2 vol. :

1° les Grecs. 1 vol.   2 fr.

2° les Romains. 1 vol.   2 fr.

— Morceaux choisis des œuvres morales (V. Bétolaud). 1 vol.   2 fr.

Sophocle : Théâtre (Tournier). Ajax; — Antigone; — Electre ; — Œdipe à Colone; — Œdipe roi; — Philoctète; — les Trachiniennes. Chaque tragédie. 1 fr.

Le même théâtre, sans notes.   2 fr

Sophocle : Morceaux choisis (Tournier) Prix :   2 fr

Thucydide : Morceaux choisis (A. Croiset, maître de conférences à la Faculté des lettres de Paris).   2 fr

Xénophon : Economique, chap. I-X (Graux).   90 c

— Morceaux choisis (de Parnajon, professeur au lycée Henri IV).   2 fr

Classiques grecs, format in-16. Editions publiées avec des notes en français par les auteurs dont les noms sont indiqués entre parenthèses.

Aristophane : Plutus (Ducasau).   1 fr

Babrius : Fables (Th. Fix).   60 c

Basile (Saint) : Discours sur la lecture des auteurs profanes (Sommer).   50 c

— Homélie sur le précepte : Observe-toi toi-même (Sommer).   30 c

Chrysostome (Saint Jean) : Discours sur le retour de l'évêque Flavien (Sommer).   40 c

— Homélie en faveur d'Eutrope (Sommer).   30 c

Démosthène : Discours contre la loi de Leptine (Stiévenart).   90 c

— Harangue sur les prévarications de l'ambassade Stiévenart). 1 fr. 10 c

Eschyle : Sept contre Thèbes (les) (Materne).   1 fr

Esope : Fables choisies (Sommer). 1 fr

Grégoire (S.) de Nazianze. Homélie sur les Machabées (Sommer).   40 c

Hérodote : Livre premier, Clio (Sommer).   1 fr. 50 c

Homère : Odyssée (Sommer). 3 fr. 50 c

Les chants 1, 2, 6, 11 et 12 se vendent séparement, chacun,   25 c

Isocrate : Archidamus (Leprévost). 50 c

— Eloge d'Evagoras (Sommer).   50 c

— Panégyrique d'Athènes (Sommer). 80 c

Lucien. Nigrinus (C. Leprévost).   40 c

— Songe (le) ou sa Vie (Leprévost). 40 c

Pères grecs : Choix de discours (Sommer).   1 fr. 75 c

Pindare : Isthmiques (les) (Fix et Sommer).   60 c

— Néméennes (les) (id.).   90 c

— Olympiques (les) (id.).   1 fr. 50 c

— Pythiques (les) (id.).   1 fr. 50 c

Platon : Alcibiade (le premier).   65 c

— Alcibiade (le second) (Mablin). 50 c

— Apologie de Socrate (Talbot).   60 c

— Gorgias (Sommer).   1 fr. 50 c

— Phédon (Sommer).   60 c

Plutarque : De la lecture des poètes (Ch. Aubert).   75 c

— De l'éducat. des enfants (C. Bailly). 60 c

Plutarque : Vie d'Alexandre (Bétolaud).
Prix : 1 fr.
— Vie d'Aristide (Talbot). 1 fr.
— Vie de César (Materne). 1 fr.
— Vie de Pompée (Druon). 1 fr.
— Vie de Solon (Deltour). 1 fr.
— Vie de Thémistocle (Sommer). 1 fr.
Théocrite : Idylles choisies (L. Renier).
Prix : 1 fr 25 c.
Thucydide : Guerre du Péloponèse :
Livre I (Legouëz). 1 fr. 60 c.
Livre II (Sommer). 1 fr. 60 c.
Xénophon : Anabase, les sept livres (de
Parnajon). 3 »
Chaque livre séparément. 75 c.
— Cyropédie, livre I (Huret). 75 c.
— Cyropédie, livre II (Huret). 75 c.
— Entretiens mémorables de Socrate
(Sommer). 2 fr.
Voir ci-dessus *Classiques grecs* (nouvelle col-
lection, format petit in-16).
Dübner. *Lexique français-grec,* à l'usage des classes élémentaires. 1 vol. in-8, cartonné. 6 fr.
— *Lhomond grec,* ou premiers éléments de la grammaire grecque. 1 volume in-8, cartonné. 1 fr. 50 c.
— *Exercices* ou versions et thèmes sur les premiers éléments de la grammaire grecque, précédés d'un traité élémentaire d'accentuation. 1 vol. in-8, cart. 2 fr.
— *Corrigé des Exercices.* In-8, br. 1 fr.
Editions à l'usage des professeurs. Textes grecs, publiés d'après les travaux les plus récents de la philologie, avec des commentaires critiques et explicatifs et des notices. Format grand in-8, br.
EN VENTE :
Démosthène : Les harangues, par M. H. Weil, membre de l'Institut ; 2e édition. 1 vol. 8 fr.
— Les plaidoyers politiques, 1re série, par M. H. Weil. 1 vol. 8 fr.
Euripide : Sept tragédies, par M. H. Weil ; 2e édit. 1 vol. 12 fr.
Homère : L'Iliade, par M. A. Pierron. 2 vol. 16 fr.
— L'Odyssée, par M. A. Pierron. 2 vol. Prix : 16 fr.
Sophocle : Tragédies, par M. Tournier, maître de conférences à l'École normale ; 2e édition. 1 vol. 12 fr.
Lancelot. *Le jardin des racines grecques,* réunies par Claude Lancelot et mises en vers par Le Maistre de Sacy. Nouvelle édition, par M. Ad. Regnier, professeur honoraire de rhétorique au lycée Charlemagne. 1 vol. in-16, cartonné. 3 fr.
Luc (Saint). *Evangiles.* In-18, cart. 70 c.

Méthode uniforme pour l'enseignement des langues, par E. Sommer :
Abrégé de la grammaire grecque. In-16, cartonné. 1 fr. 50 c.
Questionnaire sur l'Abrégé de grammaire grecque. 1 vol. in-16, cart. 90 c.
Exercices sur l'Abrégé de grammaire grecque. 1 vol in-16, cart. 1 fr. 50 c.
Corrigé desdits exercices. In-16. 2 fr.
Cours de versions grecques, extraites du Recueil de Jacobs. 1re partie. 1 vol. in-16, cartonné. 1 fr.
Corrigé, 1 vol. in-16, broché. 1 fr. 25 c.
Cours de versions grecques. 2e partie. 1 vol. in-16, cartonné. 1 fr.
Corrigé. 1 vol. in-16, broché. 1 fr. 25 c.
Cours de thèmes grecs. In-16, 1 fr. 50 c.
Corrigé des thèmes grecs. In-16. 2 fr.
Cours complet de grammaire grecque. 1 vol. in-8, cartonné. 3 fr.
Exercices sur le Cours complet de grammaire grecque. In-8, cart. 3 fr.
Corrigé desdits. In-8, br. 3 fr. 50 c.
V. p. 5 et 15 pour les *langues française et latine.*
Ozaneaux. *Nouveau dictionnaire français-grec.* 1 vol. in-8, cartonné. 15 fr.
Patin. *Etudes sur les tragiques grecs,* ou examen critique d'Eschyle, de Sophocle et d'Euripide, précédé d'une histoire de la tragédie grecque. 4 vol. in-16, br 14 fr.
Pères grecs. *Choix de discours,* texte grec publié avec des arguments et des notes par M. Sommer. In-16, cart. 1 fr. 75
Pierron. *Histoire de la littérature grecque.* 1 vol. in-16, broché. 4 fr.
Planche. *Dictionnaire grec-français,* refondu entièrement par Vendel-Heyl et A. Pillon. Nouvelle édition augmentée d'un vocabulaire des noms propres, par A. Pillon. 1 vol. grand in-8, cart. 9 fr. 50
Quicherat (L.). *Chrestomathie, ou premiers exercices de traduction grecque,* avec un lexique. Grand in-18, cart. 1 fr. 25 c.
— *Traduction française* des exercices. Grand in-18, broché. 1 fr. 25 c.
Sommer. *Lexique grec-français,* à l'usage des classes élément. 1 vol. in-8, cart. 6 fr.
Voir *Méthode uniforme pour l'enseignement des langues,* pages 5, 15 et 19.
Tournier, maître de conférences de l'École normale. *Clef du vocabulaire grec.* 1 vol. in-16, cartonné. 2 fr. 50 c.
Tournier et Riemann, maîtres de conférences à l'École normale supérieure. *Premiers éléments de grammaire grecque.* 1 vol. in-8, cartonné. 1 fr. 50 c.
Traductions françaises des chefs-d'œuvre de la littérature grecque,

sans le texte grec, à 3 fr. 50 c. le volume, format in-16.

Le nom des traducteurs est indiqué entre parenthèses.

Anthologie grecque, 2 vol.
Aristophane (C. Poyard), 1 vol.
Diodore de Sicile (F. Hoefer), 4 vol.
Eschyle (Ad. Bouillet), 1 vol.
Euripide (Hinstin), 2 vol.
Hérodote (P. Giguet), 1 vol.

Homère (P. Giguet), 1 vol.
Lucien (E. Talbot), 2 vol.
Plutarque. Vies des hommes illustres (E. Talbot). 4 vol.
— *Œuvres morales* (Bétolaud), 5 vol.
Sophocle (Bellaguet), 1 vol.
Strabon (A. Tardieu), 3 vol.
Thucydide (E. Bétant), 1 vol.
Xénophon (E. Talbot), 2 vol.

10° ÉTUDE DES LANGUES VIVANTES

1° LANGUE ALLEMANDE

Auerbach. *Choix de récits villageois de la Forêt-Noire.* Texte allemand, publié et annoté par M. B. Lévy, inspecteur général de l'instruction publique, avec l'autorisation exclusive pour la France de l'auteur et des éditeurs. 1 vol. petit in-16, cartonné. 3 fr.
Le même ouvrage, traduction française, par M. Lang, maître de conférences à la Faculté des lettres de Paris, sans le texte 1 vol. petit in-16, br. 3 fr. 50 c.
Bacharach. *Grammaire allemande*, à l'usage des classes supérieures. In-16. 3 f. 75 c.
— *Grammaire abrégée de la langue allemande.* 1 vol. in 16, cart. 1 fr. 80 c.
— *Cours de thèmes allemands*, accompagnés de vocabulaires, In-16, cart. 3 fr. 25 c.
Benedix *Le procès*, comédie extraite du théâtre de famille. Texte allemand, publié et annoté, par M. Lange, prof. au lycée Louis-le-Grand. Petit in-16, cart. 60 c.
Le même ouvrage, traduction française de Mme Boullenot, avec le texte. 1 vol. in-16, broché. 75 c.
Le même ouvrage, traduction *juxtalinéaire*, par M. Lang. In-16 br. 1 fr. 50 c.
Braeunig, sous-directeur de l'École Alsacienne, et **Dax.** *Exercices pratiques de langue allemande*; format in-16, cart.
Classe Préparatoire. 1 vol. 1 fr. 50 c.
Classe de Huitième. 1 vol. 1 fr. 50 c.
Classe de Septième. 1 vol. 1 fr. 50 c.
Campe. *Le jeune Robinson.* Texte allemand. 1 vol. in-16, cartonné. 1 fr. 50 c.
Chamisso. *Pierre Schlemihl.* Texte allemand, annoté par M. Koell, professeur au lycée Louis-le-Grand. Petit in-16. 1 fr.
Le même ouvrage, traduction française. 1 vol. petit in-16, broché. 1 fr.
Chasles et Eguemann. *Les mots et les genres de la langue allemande.* 1 vol. in-8, cartonné. 2 fr. 50 c.
Voir *Eguemann.*

Contes et morceaux choisis de Schmid, Krummacher, Liebeskind, Lichtwer, Hebel, Herder et Campe. Nouveau recueil publié avec des notices et des notes, par M. Scherdlin, professeur au lycée Charlemagne. 1 vol. petit in-16, cartonné. 1 fr. 50 c.
Contes populaires tirés de Grimm, Musæus, Andersen et des Feuilles de palmier par Herder et Liebeskind, publiés avec des notices et des notes par M. Scherdlin. Petit in-16, cart. 2 fr. 0 c.
Desfeuilles. *Abrégé de grammaire allemande.* In-16, cartonné. 1 fr. 50 c.
— *Exercices* sur l'Abrégé de grammaire allemande. In-16, cartonné. 1 fr. 50 c.
— *Corrigé* des exercices. In-16, br. 2 fr.
Eguemann. *Le premier livre des mots, des racines et des genres en allemand.* 1 vol. in-18, cartonné. 75 c.
Voir *Chasles et Eguemann.*
Eichhoff. *Cours de versions allemandes.* 1 vol. in-16, cartonné. 2 fr.
— *Morceaux choisis* en prose et en vers des classiques allemands. 3 vol. in-16, cart. :
Ier vol. : Cours de Troisième. 1 fr. 50 c.
IIe vol. : Cours de Seconde 2 fr. 50 c.
IIIe vol. : Cours de Rhétorique. 3 fr.
— *Cours de thèmes allemands*, précédés d'un résumé de grammaire. 1 vol. in-16, cart. 2 fr.
Goethe. *Campagne de France.* Texte allemand, publié avec sommaires et notes par M. Lévy. Petit in-16, cart. 1 fr. 50 c.
Le même ouvrage, traduction française, par M. Porchat, sans le texte. 1 vol. petit in-16, broché. 2 fr.
Goethe. *Faust*, 1re partie. Texte allemand, annoté par M. Büchner, professeur à la Faculté des lettres de Caen. In-16, cart. 2 fr.
Le même ouvrage, traduction française, par M. Porchat, sans le texte allemand. 1 vol. petit in-16, broché. 2 fr.

— *Hermann et Dorothée*. Texte allemand publié avec des notes par M. Lévy. 1 vol. in-16, cartonné. 1 fr.
Le même ouvrage, traduction française, par M. Lévy, avec le texte allemand et des notes. 1 vol. in-16. 1 fr. 50 c.
Le même ouvrage, traduction *juxtalinéaire*, par M. Lévy. In-16. 3 fr. 50 c.
— *Iphigénie en Tauride*. Texte allemand, publié avec une introduction et des notes par M. Lévy. Petit in-16, cart. 1 fr. 50 c.
Le même ouvrage, traduction française, par M. Lévy, avec le texte allemand et des notes. 1 vol. in-16, broché. 2 fr.
Le même ouvrage, traduction *juxtalinéaire*, par M. Lang. In-16. 3 fr. 50 c.
— *Le Tasse*. Texte allemand, publié et annoté, par M. Lévy. 1 vol. petit in-16, cartonné. 1 fr. 80 c.
Le même ouvrage, traduction française par M. Porchat, sans le texte allemand. 1 vol. in-16, broché. 2 fr.
Le même ouvrage, traduction *juxtalinéaire* par M. Lang. In-16. 3 fr. 50 c.
— *Morceaux choisis*. Texte allemand, publié avec des notices et des notes par M. Lévy. 1 vol. petit in-16, cartonné. 3 fr.
Hauff. *Lichtenstein*. Texte allemand. In-16, cartonné. 1 fr. 50 c.
Heinhold. *Petit dictionnaire français-allemand et allemand-français*. 1 volume in-16, cart. en percaline gaufrée. 4 fr.
Herder. *Idées sur la philosophie de l'histoire de l'humanité*. Texte allemand ; édition complète. In-16, cart. 4 fr. 50 c.
Koch, professeur au lycée Saint-Louis. *La classe en allemand*, nouveaux dialogues à l'usage des lycées et des collèges. 1 vol. petit in-16, cartonné. 1 fr. 25 c.
— *Cours primaire d'allemand*. 1 vol. in-16, cartonné. 2 fr.
— *Lexique français-allemand*, rédigé conformément au décret du 19 juin 1880, à l'usage des candidats au baccalauréat ès lettres. 1 vol. in-16, cartonné 5 fr.
Reconnu conforme à la note officielle du 29 janvier 1881.
Krummacher. *Paraboles*. Texte allemand. In-16, cartonné. 1 fr. 50 c.
Lectures géographiques. Textes extraits des écrivains allemands, par M. Kuhff, avec exercices et cartes. In-16, cart. 3 fr.
Le Roy. *Recueil de versions allemandes*. Textes et Traductions. 2 vol. in-16. 2 fr.
Lessing. *Fables*, publiées avec des notes, par M. Boutteville. In-16, cart. 1 fr.
Le même ouvrage, trad. *juxtalinéaire*, par M. Boutteville. In-16, br. 1 fr. 50 c.

— *Dramaturgie de Hambourg*. Extraits publiés avec une notice et des notes, par M. Cottler, professeur au lycée Charlemagne. 1 vol. petit in-16, cart. 1 fr. 50 c.
Le même ouvrage, traduction française, par M. Desfeuilles, avec le texte en regard. 1 vol. in-16. » »
Le même ouvrage, expliqué par deux traductions françaises, l'une littérale et *juxtalinéaire*, l'autre correcte et précédée du texte allemand, par M. Desfeuilles. 1 vol. in-16. » »
— *Lettres sur la littérature moderne et lettres archéologiques*. Extraits publiés avec une notice et des notes, par M. Cottler. 1 vol. petit in-16, cart. 2 fr.
Le même ouvrage, traduction française par M. Cottler, sans le texte. 1 vol. petit in-16, broché. 2 fr. 50 c.
— *Laocoon*. Texte allemand, publié avec une notice et des notes par M. Lévy. 1 vol. petit in-16, cartonné. 2 fr.
Le même ouvrage, trad. fr. par M. Courtin, sans le texte. 1 vol. in-16, br. 2 fr.
— *Minna de Barnhelm*, comédie en prose. Texte allemand, publié avec notice et notes par M. Lévy. Petit in-16, cart. 1 fr. 50 c.
Lévy (B.), inspecteur général de l'instruction publique: *Exercices de conversation allemande*. 3 vol. in-16, cartonnés :
I. *Exercices sur les parties du discours*, à l'usage des cours élémentaires. 1 volume. 1 fr. 25 c.
Traduction française, par M. Hildt. 1 vol. in-16, br. 1 fr. 50 c.
II. *Sujets de conversation*, à l'usage des cours moyens. 1 volume. 1 fr. 75 c.
Traduction française, par M. Schmitt. 1 vol. in-16, br. 2 fr.
III. *Sujets de conversation*, à l'usage des cours supérieurs. 1 volume. 3 fr.
Traduction française, par M. Schmitt. 1 vol. in-16, br. 3 fr. 50 c.
— *Recueil de lettres allemandes*, avec notes en français. 1 vol. in-16, cart. 2 fr.
Le même ouvrage, reproduit en écritures autographiques, pour exercer à la lecture des manuscrits allemands. 1 vol. in-8, cartonné. 3 fr. 50 c.
Lévy (J.). *Méthode rationnelle d'écriture allemande*. 1 vol. petit in-18, cart. 25 c.
— *Cours d'écriture allemande suivant la méthode rationnelle*, composé de cinq cahiers in-4°. Chaque cahier. 15 c.
Niebuhr. *Histoires tirées des temps héroïques de la Grèce*. Texte allemand, publié avec un vocabulaire et des notes, par M. Koch. 1 vol. petit in-16, cart. 1 fr. 50

Le même ouvrage, traduction française, par Mme Koch, avec le texte allemand. 1 vol. in-16, br. 1 fr. 75 c.

Le même ouvrage, traduction *juxtalinéaire*, par Mme Koch. 1 vol. in-16, broché. 2 fr. 50

Scherdlin. *Cours de thèmes allemands*, à l'usage des candidats au baccalauréat ès lettres et à l'Ecole Saint-Cyr. In-16. 3 fr.

— *Traduction allemande* du Cours de thèmes. In-16, cartonné. 3 fr. 50 c.

— *Lectures enfantines*, à l'usage des classes Préparatoires. In-16, cart. 1 fr. 25 c.

— *Morceaux choisis d'auteurs allemands*, en prose et en vers, publiés avec des notes et un vocabulaire, à l'usage des classes des lycées, depuis la Huitième jusqu'à la Philosophie, format in-16, cartonné ; en vente :

Classe de Huitième. 1 vol.　　　75 c.
Classe de Septième. 1 vol.　　　75 c.
Classe de Sixième. 1 vol.　　　1 fr.
Classe de Cinquième. 1 vol.　　　1 fr.
Classe de Quatrième. 1 vol.　　　1 fr.

Les autres classes sont en préparation.

Schiller. *Histoire de la guerre de Trente ans*. Texte allemand, publié et annoté par MM. Schmidt et Leclaire. 1 vol. petit in-16, cartonné. 2 fr. 50 c.

Le même ouvrage, traduction française de M. Ad. Regnier, sans le texte allemand. 1 vol. petit in-16, br. 3 fr. 50 c.

— *Histoire de la révolte qui détacha les Pays-Bas de la domination espagnole*. Texte allemand, publié avec une notice, des notes et un vocabulaire historique et géographique, par M. Lange, maître de conférences à la Faculté des lettres de Paris. 1 vol. petit in-16, cart. 2 fr. 50 c.

Le même ouvrage, traduction française, par M. Ad. Regnier, sans le texte. 1 vol. in-16, broché. 3 fr.

— *Guillaume Tell*, drame. Texte allemand, publié avec des notes, par M. Th. Fix. In-16, cartonné. 1 fr. 50 c.

Le même ouvrage, traduction française, avec le texte en regard, par M. Fix. 1 vol. in-16, broché. 2 fr. 50 c.

Le même ouvrage, traduction juxtalinéaire, par M. Fix. 1 vol. in-16, br. 5 fr.

— *La fiancée de Messine*. Texte allemand, publié avec des notes par M. Scherdlin. 1 vol. petit in-16, cartonné. 1 fr. 50 c.

Le même ouvrage, traduction française par M. Ad. Regnier, avec le texte. 1 vol. in-16, broché. 2 fr.

Le même ouvrage, traduction *juxtalinéaire*, par M. Schnaufer. 1 vol. in-16, broché. 3 fr. 50 c.

— *Marie Stuart*, tragédie. Texte allemand, annoté par M. Fix. In-16, cart. 1 fr. 50 c.

Le même ouvrage, traduction française avec le texte en regard, par M. Fix. 1 vol. in-16, broché. 4 fr.

Le même ouvrage, traduction *juxtalinéaire*, par M. Fix. 1 vol. in-16. br. 6 fr.

— *Morceaux choisis*, publiés et annotés par M. Lévy. Petit in-16, cartonné. 3 fr.

— *Wallenstein*. Texte allemand, publié et annoté par M. Cottler. 1 vol. petit in-16, cartonné. 2 fr. 50 c.

Le même ouvrage, traduction française, par M. Ad. Regnier, sans le texte. 1 vol. petit in-16, broché. 3 fr.

Schiller et **Gœthe**. *Extraits de leur correspondance*. Texte allemand, publié et annoté par M. B. Lévy. Petit in-16, cartonné. 3 fr.

Le même ouvrage, trad. franç., par M. B. Lévy. 1 vol. petit in-16, br. 3 fr. 50 c.

Schmid. *Les œufs de Pâques*. Texte allemand, publié et annoté par M. Scherdlin. 1 vol. petit in-16, cart. 1 fr. 25 c.

Suckau. *Dictionnaire allemand-français et français-allemand*, complètement refondu et remanié par M. Th. Fix. 1 fort vol. grand in-8, cart. en toile. 15 fr.

Le *Dictionnaire allemand-français* et le *Dictionnaire français-allemand* se vendent chacun séparément, relié. 8 fr.

2° LANGUE ANGLAISE

Battier et **Legrand**, agrégés de l'Université. *Lexique français-anglais*, rédigé conformément au décret du 19 juin 1880, à l'usage des candidats au baccalauréat ès lettres. 1 vol. in-16, cartonné. 5 fr.

Reconnu conforme à la note officielle du 29 janvier 1881.

Beljame (A.), maître de conférences à la Faculté des lettres de Paris. *First english reader*, à l'usage de la classe Préparatoire. 1 vol. in-16, cart. 1 fr. 50 c.

— *Second english reader*. Classe de Huitième. In-16, cartonné. 1 fr. 50

— *Première année d'anglais*. In-16. 1 fr. 25

— *Deuxième année d'anglais*. In-16. 1 f. 50 c.

— *Cours pratique de prononciation anglaise*. 1 vol. in-8, cartonné. 2 fr.

— *Exercices oraux de langue anglaise*. In-16, cartonné. 1 fr. 50 c.

Byron. *Childe Harold*. Texte anglais, publié avec une introduction, des sommaires et des notes, par M. Emile Chasles, inspecteur général de l'instruction publique. 1 vol. petit in-16, cartonné. 2 fr.
Le même ouvrage, traduction de M. Bellet, avec le texte. In-16, broché. 3 fr.
Le même ouvrage, traduction *juxtalinéaire*, par M. Bellet. 1 vol. in-16. 6 fr.
Chacun ces trois premiers chants. 1 fr. 50 c.
Le quatrième chant. 2 fr. 50 c.

Cook (le capitaine). *Voyages*. Texte anglais. Édition abrégée et annotée par M. Angellier. 1 vol. petit in-16, cartonné. 2 fr.

Corner (Miss). *Histoire d'Angleterre*. Texte anglais; édition complète. In-16, cartonné. 3 fr. 50 c.
— *Abrégé de l'Histoire d'Angleterre*. Texte anglais. In-18, cartonné. 2 fr.
— *Histoire de la Grèce*. Texte anglais; édition complète. In-16, cart. 3 fr. 50 c.
— *Abrégé de l'Histoire de la Grèce*. Texte anglais. In-18, cartonné. 2 fr.
— *Histoire de Rome*. Texte anglais; édition complète. In-18, cartonné. 3 fr. 50 c.
— *Abrégé de l'Histoire de Rome*. Texte anglais. In-18, cartonné. 2 fr.

Dickens. *Histoire d'Angleterre*. Texte anglais. In-16, cartonné. 2 fr. 50 c.
— *David Copperfield*. Texte anglais. In-16, cartonné. 4 fr. 50 c.
— *Nicolas Nickleby*. Texte anglais. In-16, cartonné. 4 fr. 50 c.

Edgeworth (Miss). *Contes choisis*, annotés par M. Motheré, professeur au lycée Charlemagne. 1 vol. petit in-16, cart. 2 fr.
— *Forester*. Texte anglais, annoté par M. A. Beljame. Petit in-16. 1 fr. 50 c.
Le même ouvrage, traduction française de M. Beljame. In-16, broché. 1 fr. 50

Eichhoff. *Morceaux choisis* en prose et en vers des classiques anglais. 3 vol. in-16, cartonnés :
1er vol.: Cours de Troisième. 1 fr. 50 c.
IIe vol.: Cours de Seconde. 2 fr. 50 c.
IIIe vol.: Cours de Rhétorique. 3 fr.

Filon (Augustin). *Histoire de la littérature anglaise*. 1 vol. in-16, br. 6 fr

Fleming. *Abrégé de grammaire anglaise*. 1 vol. in-16, cartonné. 1 fr. 25 c.
— *Exercices*. In-16, cart. 1 fr. 25 c.
— *Corrigé* desdits. In-16, br. 1 fr. 50 c.
— *Cours complet de grammaire anglaise*. In-8, cartonné. 3 fr.
— *Exercices* par M. Aug. Beljame. In-8. 3 fr.

Foe (Daniel de). *Vie et aventures de Robinson Crusoé*. Texte anglais, annoté par M. A. Beljame. Petit in-16. 1 fr. 50 c.

Goldsmith. *Le vicaire de Wakefield*. Texte anglais, annoté par M. A. Beljame. 1 vol. petit in-16, cartonné. 1 fr. 50 c.
— *Le voyageur ; le village abandonné*. Texte anglais, annoté par M. Motheré. 1 vol. petit in-16, cartonné. 75 c.
Le même ouvrage, traduction française de M. Legrand, avec le texte. 1 vol. in-16, broché. 75 c.
Le même ouvrage, traduction *juxtalinéaire*, par M. Legrand. In-16. 1 fr. 50
— *Essais choisis*. Texte anglais, annoté par M. Mac-Enery. Petit in-16, cart. 1 fr. 50

Gousseau et Koch. *La classe en anglais*. Nouveaux dialogues, à l'usage des lycées et des collèges. Petit in-16, cart. 1 fr. 25 c.

Hughes. *Les jours de classe de Tom Brown*. Texte anglais. In-16, cart. 2 fr. 50

Irving (Washington). *Le livre d'esquisses* (The sketch book). Texte anglais, édition classique. In-16, cartonné. 2 fr. 50 c.
— *La vie et les voyages de Christophe Colomb*. Texte anglais, édition abrégée par M. E. Chasles, inspecteur général. 1 vol. petit in-16, cartonné. 2 fr.

Le Roy. *Recueil de versions anglaises*. textes et traductions. 2 volumes in-16, brochés. 2 fr.

Macaulay. *Morceaux choisis des essais*. Texte anglais, publié et annoté par M. A. Beljame. 1 vol. petit in-16, cart. 2 fr. 50 c.
Le même ouvrage, traduction française de M. Aug. Beljame. In-16, br. 4 fr. 50 c.
— *Morceaux choisis de l'histoire d'Angleterre*. Texte anglais, publié et annoté par M. Hattier, professeur au lycée Saint-Louis. 1 vol. petit in-16, cart. 2 fr. 50 c.

Mac Enery, professeur au lycée Condorcet. *L'anglais mis à la portée de tout le monde*. 1 vol. in-16, cartonné. 2 fr.

Milton. *Paradis perdu*, livres I et II. Texte anglais, annoté par M. A. Beljame. 1 vol. petit in-16, cartonné. 90 c.
Le même ouvrage, traduction *juxtalinéaire*, par M. Legrand. In-16. 2 fr. 50 c.

Morel, professeur au lycée Louis-le-Grand. *Cours de thèmes anglais*, à l'usage des classes supérieures et des candidats au baccalauréat ès lettres. 1 vol. in-16, cartonné. 2 fr. 50 c.

Passy. *Premiers éléments de langue anglaise*. 1 vol. in-16, broché. 1 fr. 25 c.

Pope. *Essai sur la critique*. Texte anglais, annoté par M. Motheré. Petit in-16. 75 c.
Le même ouvrage, traduction française, par M. Motheré, avec le texte. In-16. 1 fr.

Le même ouvrage, traduction *juxtali-néaire*, par M. Motheré. In-16. 1 fr. 50 c.

Shakespeare. *Coriolan.* Texte anglais, publié avec des notes, par M. Fleming. 1 vol. in-16, cartonné.   2 fr.
Le même ouvrage, traduction *juxtali-néaire.* 1 vol. in-16, broché.   6 fr.

— *Jules César.* Texte anglais, annoté par M. Fleming. Petit in-16, cart. 1 fr. 25 c.
Le même ouvrage, traduction par M. Montégut, avec le texte. In-16. 1 fr. 50 c.
Le même ouvrage, traduction *juxtali-néaire*, par M. Legrand. In 16. 2 fr. 50

— *Henri VIII.* Texte anglais, annoté par M. Morel. Petit in-16, cart. 1 fr. 25 c.
Le même ouvrage, traduction française par M. Montégut. In-16, cart. 1 fr. 50
Le même ouvrage, traduction *juxtali-néaire*, par M. Morel In-16, cart. 3 fr.

— *Macbeth.* Texte anglais, annoté par M. O'Sullivan. 1 vol. in-18, cart.   1 fr.
Le même ouvrage, traduction française de M. Montégut, avec le texte. 1 vol in-16, broché.   1 fr. 50 c.
Le même ouvrage, traduction *juxta-*

linéaire, par M. Angellier. 1 vol. in-16, broché.   2 fr. 50 c.

— *Othello.* Texte anglais annoté par M. Morel. 1 vol. in-16, cart. 1 fr. 80 c.
Le même ouvrage, traduction française par M. Montégut, avec le texte. 1 vol. in-16, broché.   1 fr. 50 c.
Le même ouvrage, traduction *juxtali-néaire*, par M. Legrand. 1 vol. in-16. 3 fr.

— *Richard III.* Texte anglais. In-18. 1 fr.
Le même ouvrage, traduction française par M. Bellet. In-16, broché.   2 fr.
Le même ouvrage, traduction *juxtali-néaire*, par M. Bellet. In-16, br. 4 fr.

Stuart Mill. *La liberté.* Texte anglais. 1 vol. in-16, cartonné.   1 fr 60 c.

Walter Scott. *Extraits des contes d'un grand-père.* Texte anglais, annoté par M. Talandier. Petit in-16, cart. 1 fr 50 c.

— *Morceaux choisis* annotés par M. Battier. 1 vol. petit in-16, cartonné.   3 fr.

— *Les puritains d'Ecosse* (Old mortality). Texte anglais. In-16, cartonné.   2 fr.

— *L'antiquaire.* Texte anglais. In-16, c. 2 fr.

— *Rob Roy.* Texte anglais. In-16, c.   2 fr.

— *Ivanhoe.* Texte anglais. In-16, c.   2 fr.

3° LANGUE ITALIENNE

Dante. *L'enfer*, 1er chant. Texte italien, annoté par M. Melzi. Petit in-16.   75 c.
Le même ouvrage, traduction *juxta-linéaire.* 1 vol. in-16, broché.   1 fr.

Machiavel. *Discours sur la première dé-cade de Tite-Live.* Texte italien, réduit à l'usage des classes, et précédé d'une introduction en français, par M. de Tré-verret, professeur à la Faculté des lettres de Bordeaux. 1 vol. in-16, br. 2 fr. 50 c.

Manzoni. *Les fiancés.* Texte italien, pré-cédé d'une introduction en français, par M. de Tréverret. 1 vol. in-16. 2 fr. 50 c.

Morceaux choisis en prose et en vers des classiques italiens, publiés par M. Louis Ferri. 1 vol. petit in-16, cartonné. 2 fr.

Paoli. *Abrégé de grammaire italienne*, 1 vol in-16, cartonné.   1 fr. 25 c.

Rapelli. *Exercices sur l'Abrégé de la grammaire italienne.* In-16, 1 fr. 25 c.

— *Corrigé des exercices.* In-16. 1 fr. 50 c.

Tasse. *La Jérusalem délivrée.* Texte ita-lien, expurgé à l'usage des classes, et précédé d'une introduction en français, par M. de Tréverret. 1 vol. in-16. 2 fr. 50 c.

4° LANGUE ESPAGNOLE

Bustamante (Corona). *Diccionario fran-ces-español.* 1 vol. in-8, relié.   17 fr.

Calderon de la Barca. *Le magicien prodigieux.* Texte espagnol, publié et annoté par M. Magnabal. 1 vol. petit in-16, cartonné.   1 fr. 50 c.

Cervantès. *Le captif*, texte espagnol extrait de don Quichotte, publié avec des notes, par M. J. Merson. In-16.   1 fr.
Le même ouvrage, traduction française, avec le texte en regard, par M. J. Mer-son. In-16, broché.   2 fr.
Le même ouvrage, traduction *juxtali-néaire*, par M. J. Merson. In-16. 3 fr.

Fonseca (J. da). *Dictionnaire français-espagnol et espagnol-français.* 1 vol. in-8, cartonné.   10 fr.

Hernandez. *Abrégé de grammaire espa-gnole.* 1 vol. in-16, cartonné. 1 fr. 25 c.

— *Exercices.* In-16, cartonné. 1 fr. 25 c.

— *Cours complet de grammaire espagnole.* 1 vol in-8, cartonné.   3 fr. 50 c.

Mendoza (Hurtado de). *Morceaux choisis de la guerre de Grenade.* Texte espagnol, publié par M. Magnabal, avec notice et argument. 1 vol. petit in-16, cart. 90 c.

Morceaux choisis en prose et en vers des classiques espagnols, publiés par MM. Hernandez et Le Roy. 1 vol. in-16, cartonné.   2 fr.

Solis (Antonio de). *Morceaux choisis de la conquête du Mexique.* Texte espagnol, publié par M. Magnabal. 1 vol. petit in-16, cartonné.   1 fr. 80 c.

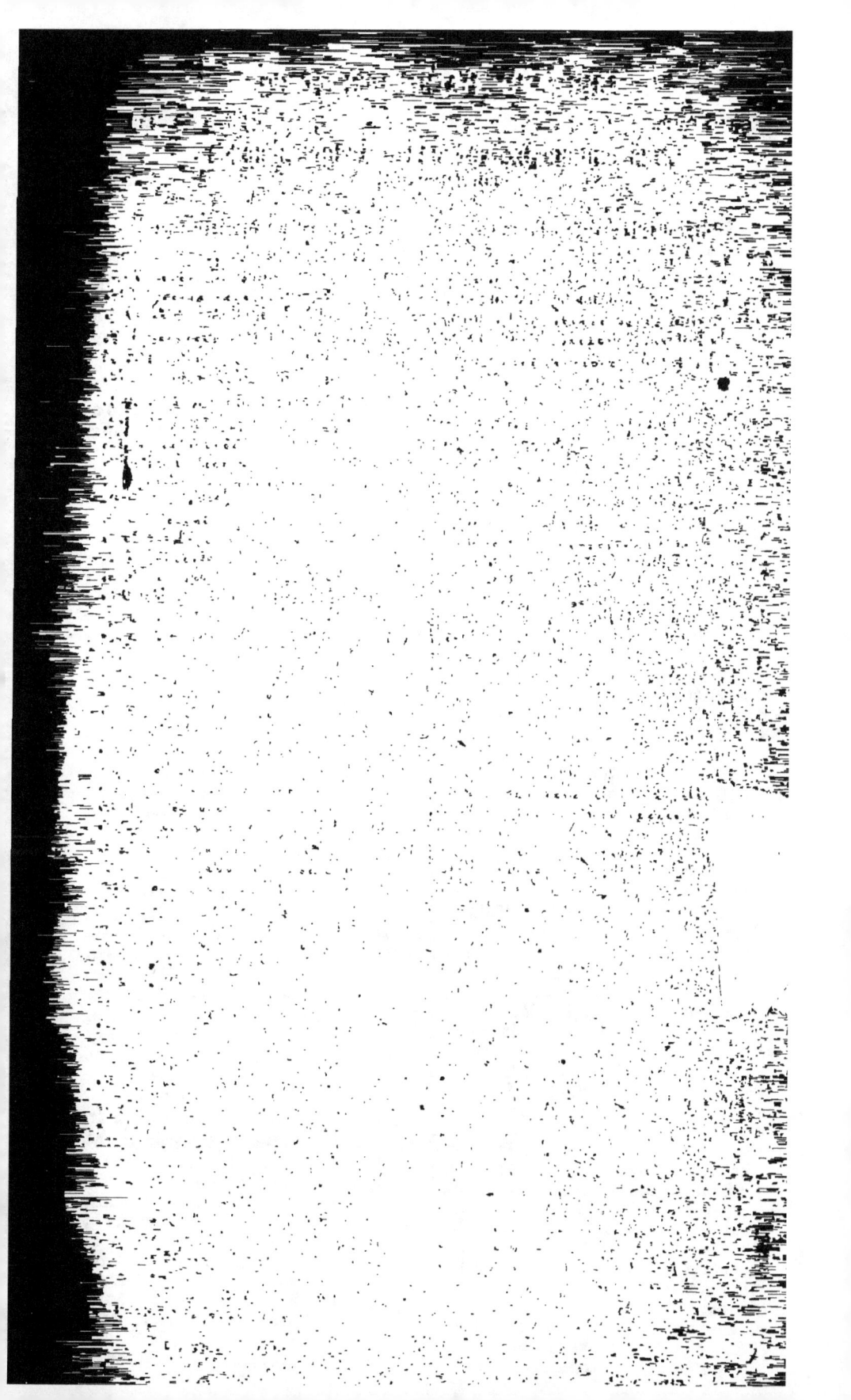

LIBRAIRIE HACHETTE ET Cⁱᵉ

TRADUCTIONS JUXTALINÉAIRES
DES PRINCIPAUX AUTEURS CLASSIQUES GRECS
FORMAT IN-16.

Cette collection comprend les principaux auteurs qu'on explique dans les classes

ARISTOPHANE : Plutus, 2 fr. 25 c.
— Morceaux choisis de M. Poyard. 5 fr.
ARISTOTE : Morale à Nicomaque,
livre VIII............... 1 fr. 50 c.
— Poétique.............. 2 fr. 50 c.
BABRIUS: Fables............ 4 fr.
BASILE (Saint): De la lecture des
auteurs profanes........ 1 fr. 25 c.
— Contre les usuriers......... 75 c.
— Observe-toi toi même....... 90 c.
CHRYSOSTOME (S. JEAN): Homé-
lie en faveur d'Eutrope...... 60 c.
— Homélie de l'évêque Flavien. 1 fr.
DÉMOSTHÈNE : Discours contre la
loi de Leptine .... 3 fr. 50 c.
— Discours sur la couronne. 3 fr. 50 c.
— Harangue sur les prévarications de
l'ambassade............... 5 fr.
— Les trois Olynthiennes. 1 fr. 50 c.
— Les quatre Philippiques..... 2 fr.
DENYS D'HALICARNASSE : Pre-
mière lettre à Ammée.... 1 fr. 25 c.
ESCHINE: Disc. contre Ctésiphon. 4 fr.
ESCHYLE: Prométhée enchaîné. 3 fr.
— Les Sept contre Thèbes. 1 fr. 50 c
— Morceaux choisis de M. Weil. 5 fr.
ÉSOPE : Fables choisies. 1 fr. 25 c.
EURIPIDE : Alceste.......... 2 fr.
— Électre................. 3 fr.
— Hécube................. 2 fr.
— Hippolyte. .... 3 fr. 50 c.
— Iphigénie à Aulis........ 3 fr.
GRÉGOIRE DE NAZIANZE (Saint):
Éloge funèbre de Césaire. 1 fr. 25 c.
— Homélie sur les Machabées. . 90 c.
GRÉGOIRE DE NYSSE (Saint) :
Contre les usuriers........ 75 c.
— Éloge funèbre de saint Mélèce. 75 c.
HÉRODOTE: Morceaux choisis. 7 f. 50
HOMÈRE : Iliade, 6 volumes. 20 fr.
Chants I à IV. 1 vol.... 3 fr. 50 c.
Chants V à VIII. 1 vol... 3 fr. 50 c.
Chants IX à XII. 1 vol... 3 fr. 50 c.
Chants XIII à XVI. 1 vol... 3 fr. 50 c.
Chants XVII à XX. 1 vol.. 3 fr. 50 c.
Chants XXI à XXIV. 1 vol. 3 fr. 50 c.
Chaque chant séparément. 1 fr.
— Odyssée. 6 vol............. 24 fr.
Chants I à IV. 1 vol........ 4 fr.
Chants V à VIII. 1 vol....... 4 fr.
Chants IX à XII. 1 vol...... 4 fr.
Chants XIII à XVI. 1 vol.... 4 fr.
Chants XVII à XX. 1 vol.... 4 fr.
Chants XXI à XXIV. 1 vol.... 4 fr.
Les chants I, II, VI, XI et XII sé-
parément. Chacun...... 1 fr.

ISOCRATE : Archidamus. 1 fr. 50 c.
— Conseils à Démonique........ 75 c.
— Éloge d'Évagoras........... 1 fr.
— Panégyrique d'Athènes. 2 fr. 50 c.
LUC (Saint): Évangile........ 3 fr.
LUCIEN : Dialogues des morts. 2 fr. 25
— De la manière d'écrire l'histoire. 2 fr.
PÈRES GRECS : Discours. 7 fr. 50 c.
PINDARE : Isthmiques (les) 2 fr. 50 c.
— Néméennes (les)........... 3 fr.
— Olympiques (les)...... 3 fr. 50 c.
— Pythiques (les)........ 3 fr. 50 c.
PLATON : Alcibiade (le 1ᵉʳ). 2 fr. 50 c.
— Apologie de Socrate......... 2 fr.
— Criton................. 1 fr. 25 c.
— Gorgias................. 6 fr.
— Phédon................. 3 fr.
— République, livre VIII. 2 fr. 50 c.
PLUTARQUE: Lect. des poètes. 3 fr.
— Sur l'éducation des enfants.. 2 fr.
— Vie d'Alexandre............ 3 fr.
— Vie d'Aristide............. 2 fr.
— Vie de César.............. 2 fr.
— Vie de Cicéron............. 3 fr.
— Vie de Démosthène. ... 2 fr. 50 c.
— Vie de Marius............. 3 fr.
— Vie de Pompée............. 3 fr.
— Vie de Solon.............. 3 fr.
— Vie de Sylla.............. 3 fr.
— Vie de Thémistocle......... 2 fr.
SOPHOCLE : Ajax....... 2 fr. 50 c.
— Antigone............... 2 fr. 25 c.
— Électre................. 3 fr.
— Œdipe à Colone............ 2 fr.
— Œdipe roi........... 1 fr. 50 c.
— Philoctète.......... 2 fr. 50 c.
— Trachiniennes (les).... 2 fr. 50c.
THÉOCRITE : Œuvres. 3 fr. 50 c.
THUCYDIDE : Guerre du Péloponèse,
livre I.................... 6 fr.
— Guerre du Péloponèse, liv. II. 3 fr.
— Morceaux choisis de M. Croi-
set..................... 5 fr.
XÉNOPHON : Les sept livres de l'A-
nabase................. 12 fr.
Chaque livre séparément... 2 fr.
— Apologie de Socrate........ 60 c.
— Cyropédie, livre I....... 1 fr. 25 c.
— livre II..... 1 fr. 25 c.
— Économique, chapitres I à XI. 2 fr.
— Entretiens mémorables de Socrate
(les quatre livres)...... 7 fr. 50 c.
Chaque livre séparément.. 2 fr.
— Morceaux choisis de M. de
Parnajon. .... 7 fr. 50 c.

www.ingramcontent.com/pod-product-compliance
Lightning Source LLC
Chambersburg PA
CBHW070616100426
42744CB00006B/497